市场经济与共同富裕
中国收入分配研究

MARKET ECONOMY AND COMMON PROSPERITY
A STUDY ON INCOME DISTRIBUTION IN CHINA

王小鲁◎著

中国出版集团
中译出版社

图书在版编目（CIP）数据

市场经济与共同富裕 / 王小鲁著 . -- 北京：中译出版社, 2022.2
　　ISBN 978-7-5001-6921-5

Ⅰ . ①市… Ⅱ . ①王… Ⅲ . ①收入分配—研究—中国 Ⅳ . ① F124.7

中国版本图书馆 CIP 数据核字（2021）第 272071 号

市场经济与共同富裕

著　　　者：	王小鲁
策划编辑：	龙彬彬
责任编辑：	龙彬彬　方荟文
文字编辑：	薛　宇　李梦琳　黄秋思
营销编辑：	吴一凡　杨　菲
出版发行：	中译出版社
地　　　址：	北京市西城区车公庄大街甲 4 号物华大厦六层
电　　　话：	（010）68359827；68359303（发行部）； 68005858；68002494（编辑部）
邮　　　编：	100044
电子邮箱：	book @ ctph. com. cn
网　　　址：	http : //www. ctph. com. cn

印　　刷：	北京顶佳世纪印刷有限公司
经　　销：	新华书店
规　　格：	787mm×1092mm　1/16
印　　张：	22.75
字　　数：	277 千字
版　　次：	2022 年 2 月第 1 版
印　　次：	2022 年 2 月第 1 次印刷

ISBN 978-7-5001-6921-5　　　　定价：78.00 元

版权所有　侵权必究
中 译 出 版 社

再版前言

本书第一版完稿于2012年末，出版于2013年8月，当时接受出版机构建议定名为《国民收入分配战略》。本书是作者对中国的收入分配状况进行大约8年研究后形成的一个综合性成果，不仅进行了关于收入分配的理论回顾和国际比较，对中国的收入分配状况进行了多角度描述和多方面的数据分析，更对中国收入分配面临的突出问题进行了深入思考，分析了隐藏在这些问题背后的深层次体制原因，就如何推进相关的体制改革和政策调整以全面改善收入分配状况，提出了系统性的看法。因此本书不仅包括了关于改善收入分配的战略性思考，也是一本研究中国收入分配状况的学术性著作。

自本书第一版出版，迄今已经过了8年，其间一些具体情况发生了变化。重读本书后，作者认为，书中对我国收入分配基本状况的总体描述和判断，对影响收入分配的关键因素和症结的分析，对如何继续推进体制改革以改善收入分配的基本观点，都仍然是有效的。因此在出版社的支持下，决定将这本书再版，献给读者。作者希望通过此书的再版，为推动相关讨论、促进改善收入分配和实现共同富裕贡献一份微薄的力量。

本书共分七章。作者除增加了本"再版前言"外，本次再版还将每一章前面的简短"提要"改写为"作者提示"，一方面对本章主要内容和主要观点做了概述，同时也对本书初版以后哪些重要情况发生了变化、作者对哪些问题有了新的认识，做了简要说明，供读者参考。作者还在本书必要的地方增补了超过 30 条脚注，针对一些具体情况和数据的变化作了补充，并指出了少数当时作者说法有误或不准确的地方。这些脚注都标明"作者 2021 年注"，以与原来的脚注相区别。对书中的内容，只对已发现的极个别文字错漏进行了校正。除此之外，全书内容不作修改，按照原样奉献给读者。论述的对与错，交给读者评判。

王小鲁
2021 年 11 月

初版前言

国家强盛,经济繁荣,社会稳定,人民安康,这是古今中外开明有为的政治家共同的追求目标。但只有少数有远见卓识的政治家能够认识到,人民安康才是实现上述所有其他目标的基础。

两千三百年前,中国先哲孟子提出:"民为贵,社稷次之,君为轻。"把人民、国家、君主之间的轻重关系做了一个明确的排序:人民排在第一位,国家次之,君主最后。尽管这一思想不可能在当时的政治制度设计上体现出来,但给后人留下了一笔极其宝贵的思想遗产,历经两千多年而丝毫未丧失其光华。

两百多年前,美国《独立宣言》和法国《人权宣言》先后提出,人人生而平等,天生具有生存、自由和追求幸福的权利。政府的权力来自人民,是为了保障人民的上述权利才建立的,这是其合法存在的依据。这两个宣言的思想,不是对"民为贵"思想的简单重复,而是对政府权力合法性来源的明确界定,奠定了现代社会的政治理念基础。

时至今日,一个社会怎样充分保证人民大众的基本权利,促进全体人民的幸福,仍然是一个没有完全解决的问题。今天摆在我们面前的收入分配问题,是这个问题中的一个突出方面。

从改革开放到现在,中国经济获得了迅速发展,从低收入国家跃升至中上等收入国家,人均国内生产总值从 200 美元提高到 5 400 美元。蛋糕做大了许多倍,但是怎样切蛋糕变成了一个突出问题。一个时期以来，收入差距急剧扩大，基尼系数持续上升，尤其是收入分配不公平和腐败的程度日趋严重，少数人来源不明的收入和财富急剧膨胀。不公平的收入分配，严重影响了社会稳定，也必然对未来的经济发展、对国家和民族的前途带来严重影响。经济增长能不能继续惠及大众、造福于全民，成为全社会关注的焦点。

这些问题说明，我国的经济、政治和社会管理体制诸方面，仍然存在一系列尚待改革的制度性缺陷，需要从大局出发，以战略性视野，系统推进相关的体制改革来解决这些问题。

回顾既往，可以说始于1978年的改革开放是一个决定中华民族命运的、正确的历史选择。而站在今天的历史发展十字路口上，怎样继续改革不合理的体制，怎样从战略高度进一步界定中国未来的经济、政治、社会及其相关的收入分配模式，将对中国未来的发展具有同样至关重要的影响。

在本书中，作者将讨论关于收入分配的国际和历史经验教训，分析我国过去几十年收入差距的变动趋势、影响因素及其对经济发展的影响，特别对当前影响收入分配的制度性因素进行重点分析，讨论哪些制度因素影响了收入分配，探讨如何通过多方面的体制改革来改善国民收入分配状况，讨论适合我国国情的国民收入分配战略。

本书并不代表关于国民收入分配和相关改革的国家战略，而是作者在近些年研究的基础上，对国民收入分配现状、问题和成因的一个系统性分析，以及关于国民收入分配战略的思考。书中提出的观点，尽管吸纳了学术界许多已有的成果，但仍然是作者的一家之言，意在抛砖引玉，推动相关的研究和讨论，以期为促进改革进程、改善我国的收入分配状况贡献一份力量。

王小鲁

2012年12月

目　录

第一章　关于收入分配的国际视角
　　第一节　关于收入分配的理论和历史回顾 / 005
　　第二节　发达国家的收入分配转型：美国模式与欧洲模式 / 016
　　第三节　中等收入陷阱：拉美与东亚模式的反差 / 031
　　第四节　中国需要一个怎样的收入分配模式 / 036

第二章　我国收入分配格局的演变
　　第一节　改革前后的收入差距变化 / 045
　　第二节　城乡、地区、阶层间的居民收入差距 / 048
　　第三节　劳动报酬比重为什么长期偏低 / 056
　　第四节　政府、企业、居民间的收入分配 / 062
　　第五节　农村贫困与公共服务 / 068
　　第六节　哪些因素影响收入差距 / 080

第三章　收入分配失衡与经济结构失衡
　　第一节　收入分配对消费和储蓄的影响 / 099
　　第二节　消费需求不足导致经济失衡 / 111
　　第三节　有没有一个"黄金储蓄率" / 124

第四章　收入差距与灰色收入
　　第一节　数据冲突背后的隐性收入 / 139

第二节　城镇居民收入调查方法和分析方法 / 145

　　第三节　求解真实的居民收入 / 156

　　第四节　重新审视国民收入结构 / 167

　　第五节　巨额隐性收入和灰色收入说明什么 / 174

第五章　影响收入分配的体制与政策

　　第一节　财政体制、政府权力与腐败 / 184

　　第二节　土地的资本化 / 196

　　第三节　垄断性行业的收益分配 / 207

　　第四节　企业与市场 / 223

　　第五节　城市化中的公共服务与社会保障 / 244

第六章　推进改革，优化分配的战略思考

　　第一节　改革行政管理体制和财税体制 / 269

　　第二节　改革生产要素收益分配制度 / 282

　　第三节　提高居民收入和劳动报酬的途径 / 293

　　第四节　走向民主与法制的政权建设 / 302

第七章　建设以人为本的社会

　　第一节　城市化与户籍制度改革 / 309

　　第二节　建立全民覆盖的社会保障体系 / 318

　　第三节　改善公共服务，实现公共服务均等化 / 327

　　第四节　改革教育体制，提升人力资本 / 332

　　第五节　同舟共济，和谐发展，共同富裕 / 341

资料来源 / 349

第一版后记 / 355

第一章

关于收入分配的国际视角

作者提示

本章从理论和国际经验的角度考察收入分配。在这一章里，作者首先简要评述几位有代表性的经济学家和思想家马克思、凯恩斯、刘易斯和库兹涅茨有关收入分配的理论，及这些理论在实践中所经受的检验；然后以美国为例考察发达国家收入分配的制度转型过程，对美国、西欧和北欧等几种收入分配模式的异同做了简要比较，讨论了公平和效率这两大原则之间既有冲突、又有互补的关系；接下来对落入中等收入陷阱的拉美国家和跨入高收入经济体行列的东亚国家及地区的收入分配状况和经济增长历程进行了比较，分析了其历史经验教训。在理论评述部分中，原文对凯恩斯理论的评价有欠准确的地方，这次作者用增添脚注的形式对此进行了纠正。

在本章的最后一节，作者对中国需要一个怎样的收入分配模式，提出了若干原则性看法。作者相信，这些基本原则今天仍然是站得住的。简述如下：

我们需要在市场经济的基础上实现共同富裕，而不能回到平均主义和低效率的计划经济体制；

我们需要既鼓励市场自由竞争，承认收入差距，又以再分配和社会保障来保护每个公民基本生存权利和基本生活条件，把收入差距限制在合理范围内的现代市场经济制度，而不是"适者生存、赢者通吃"的原始资本主义制度；

我们需要有制度保障的市场公平竞争，而不是少数人权钱勾结、侵害社会公众利益的权贵资本主义；

我们需要一套覆盖全民、对每个人提供基本服务和保障的公共服务和社会保障体系，但也要避免超过经济承受能力和养懒汉的过高福利。

我们的经济发展，根本目的是全体人民走向共同富裕和进步，必须通过改革形成一套制度来保证国家权力始终为此根本目的服务。

作者于 2021 年 10 月

第一节　关于收入分配的理论和历史回顾

收入分配问题，是发达国家和发展中国家都遇到过，并且仍然普遍面对的重大问题。事实上，所有发达国家在它们的发展过程中，都曾经历过收入差距很大、社会冲突不断的时期。20世纪后半期以来，在一些发达国家和某些新兴工业化国家，这个问题解决得比较好，一方面保证了收入分配比较公平，社会比较和谐；另一方面也没有明显导致对经济效率的负面影响。但在相当多的国家，要么收入差距过大，社会矛盾尖锐，导致社会不稳定；要么存在政府对收入分配过度干预，分配过于平均，福利过高，政府负担过重，干扰了市场机制对优化资源配置和促进效率提高的作用，从而影响了经济发展。这后两种情况，都很难长久持续，因而都可能引起政治动荡和政策大幅度左右摇摆，进而影响社会经济的发展。

因此，非常有必要对发达国家和走在我们前面的发展中国家所走过的道路进行研究，从它们的成功经验和失败教训中吸取教益，可以让我们少走弯路，从中获益。在这一节里，将首先回顾几个有代表性的经济学家关于收入分配的理论。他们是：马克思、凯恩斯、刘易斯和库兹涅茨。

一、马克思关于收入分配的理论

十九世纪，针对当时资本主义国家收入分配很不公平、贫富两极分化严重的现象，马克思主义应运而生。在马克思的理论著作《资本论》第一卷（1867）和第三卷（1894）中，他分析和抨击了当时的资本主义分配制度，认为这种制度是对劳动者的剥夺，导致了劳动大众的绝对贫困化和社会两极分化，形成了尖锐的阶级冲突。他还从经济运行机制上就收入分配对宏观经济的影响进行了理论分析，认为收入分配问题是当时资本主义经济危机的基本原因，并在此基础上对资本主义经济的未来趋势进行了预测。

马克思认为，资本主义生产方式是一种"社会化大生产"的方式，极大地解放了生产力，超越了以往任何一种生产方式，使生产能力迅速提高。但是资本主义的分配制度使得劳动者报酬被压低，使生产成果集中到资本家手中，造成了社会大众消费需求不足的局面。一方面生产能力迅速扩张；另一方面社会消费能力不足，商品生产出来卖不出去，就会不断导致生产过剩。而每当生产过剩积累到一定程度，就会爆发周期性的经济危机。在危机中，大量过剩产品被销毁，大量的过剩生产能力由于企业破产倒闭而被消灭，通过强制破坏一部分生产能力的办法使供给和需求得到再平衡。但这只是暂时的缓解。危机之后，经济一旦复苏，下一轮失衡又会再度抬头并愈演愈烈，直至下一次危机爆发。

因此马克思认为，同资本主义分配制度与生俱来的社会消费能力不足，是导致周期性资本主义危机的根本原因。他进而认为，生产能力的迅速扩张和大众消费不足导致的生产过剩，构成了资本主义不可解决的根本矛盾。在他看来，这种周期性的经济危机只能愈演愈烈，最后将导致整个经济制度崩溃。因此他认为，只有建立社会主义制度才是唯一出路，社会主义必然要顺理成章地代替资本主义制度。只有剥夺资本家，建立全社会公有制，实现全社会有计划地共同生产、共同分配，才能够根本解决这个矛盾（马克思，1867、1894）。

马克思的经济理论，明显地具有对前人思想的继承性。第一，他的经济学分析继承了亚当·斯密和李嘉图的古典经济学分析框架，并运用了德国古典哲学的思辨能力将经济学的理论分析发挥到极致，在经济学中建立了一座开拓性的里程碑。第二，他的经济学分析背后的道德批判和未来构想，吸收了前人的空想社会主义学说。这三者的结合，使他和恩格斯把他们关于未来社会的理论称为科学社会主义理论，而与空想社会主义相区别。但后来的事实也证明，这些理论和学说也与人类思想史上所有其他学说一样，不可避免地带有自己的历史局限性，而并不像一些后来的学说继承者所宣称的那样，成为超历史的终极真理。

站在今天的时空位置，重新回顾一百多年前的这些论述，我们仍然能够看到马克思对当时经济体制进行的理论分析相当透彻。他关于资本主义社会消费需求不足的论断在提出以后的半个多世纪中，不断得到验证。从《资本论》发表后的 1870 年代到 1930 年代的经济大萧条，西方国家发生了 7 次经济危机，平均每 8—10 年发生一次。在危机中，一方面社会下层群众的贫困和消费品匮乏加剧，另一方面大量产品和生产能力过剩、劳动者大量失业。尤其 1929—1933 年的危机特别严重，美国经济连续 4 年猛烈下挫，经济总量在 1929—1933 年期间萎缩了 30%，失业率从 3% 猛增到 25%。经过 10 年的萧条和复苏，直到 1939 年，国民生产总值才恢复到了 1929 年的水平（数据见 U.S. Department of Commerce，Bureau of the Census，1975，即美国商务部普查局，1975）。

但另一个显著的事实是，马克思关于资本主义制度走向崩溃的预言并未被后来的历史进程所证实。资本主义在 20 世纪的发展史，没有沿着马克思预言的方向走向崩溃，反而在保持基本的资本主义市场经济体制的同时，吸收了社会主义思潮的积极成果，通过建立社会保障、公共福利和转移支付体系等一系列制度改革，以及比较透明化、有利于公众监督的政府管理体制，在相当程度上解决了收入分配两极分化的问题，缩小了收入差距，形成了中产阶级占主体地位的社会结构。从而保持了经济继续发展，创造了今天发达国家的高度文明。因此，考察整个20世纪发达国家在收入分配和其他制度上的转型，对于研究中国的收入分配问题具有十分重要的借鉴意义。

另一方面，在20世纪，苏联、东欧和中国等社会主义阵营基于马克思当年的理论构想所进行的社会主义计划经济实践，虽然做到了缩小收入差距，同时却遭遇了严重的经济效率下降和权力过度集中带来的一系列弊病，在与经过改良的资本主义经济制度的竞赛中处于下风地位。在中国，在改革前从1952—1978年的26年间，虽然保持了平均6%的经济增长率，但中间经历了几次因中央决策失误导致的经济大起大落，包括"大跃进"期间的经济高烧，"三年困难"期间的大饥荒，"三线建设"时期的资源错误配置，"文革"期间的经济下降。其中尤以1959—1961年"三年困难"期间灾难性的大饥荒后果最为严重。

改革前的二十多年计划经济时期，人民群众收入和生活水平提高非常缓慢，直到1978年开始改革时，城镇居民人均年收入仅达到343元，而占全国人口80%以上的农村人口人均年收入只有133元。超过30%的农村人口（2.5亿）人均收入低于100元，处于赤贫状态。根据作者自己在改革前在农村生活的经历和改革初期在各地进行农村调查的经历，农村中食不果腹、衣不遮体、房不避雨、家徒四壁的情况相当常见。这些情况佐证了中央计划经济体制的失败。现在有些人不顾历史，歪曲事实，否定改革开放，打着"社会主义"旗号，为早已失败的中央计划经济体制大唱赞歌，试图把中国拉回到改革开放以前的时代。他们的政治主张与人民大众的利益诉求背道而驰，对此必须保持高度的警惕。

无可否认，中国过去三十多年市场化取向的经济体制改革给绝大多数老百姓带来了实惠。这期间，中国从人均国民收入 200 美元的低收入国家发展为人均国民收入超过 5 000 美元的中等收入国家，以不变价格计算的人均可支配收入也增长了约 10 倍。但是当前一个突出问题，是收入差距越来越大和分配不公越来越严重。这不是靠市场机制能够自动解决的。解决这个问题，还需要从经济理论的发展和世界各国的实践中，获取知识和经验。

二、凯恩斯的总需求理论与收入分配

发达国家在 20 世纪怎样走出了马克思所预言的、由收入分配失衡导致的、愈演愈烈的周期性经济危机死胡同？这在很大程度上与凯恩斯有关[①]。

1929—1933 年，美国爆发了大萧条，并蔓延到整个欧美世界。在大萧条期间，英国经济学家凯恩斯发表了著名的《就业、利息与货币通论》（1936），书中系统表述了关于总需求不足的理论。他指出，由于边际消费倾向在各种主观和客观因素的影响下通常小于 1，因此当总产出增加时，就需要由投资的增长来弥补消费需求与产出之间的差额，使投资等于储蓄。但没有什么必然的机制保证投资自动等同于储

---

① 这一小节里作者对凯恩斯理论的评价不够准确，虽然也批评了其不足，但仍然高估了凯恩斯的贡献，低估了其他因素变化对经济危机产生机制的改变。例如在美国，1890—1910 年，工资增长幅度确实显著慢于以人均 GNP 代表的经济增长幅度（35% vs.55%），而在 1910—1928 年（大萧条爆发前），工资增长幅度已经超过了人均 GNP 增长幅度（33% vs.22%）。1929 年，居民消费支出已占到 GNP 的 75% 左右，这是一个相当高的比例。更深入的研究发现，美国大萧条的基本原因并非消费不足，而是当局持续实行宽松的货币政策导致了产能过剩和股市泡沫等结构失衡。作者近年对此有专门研究，详见王小鲁：《美国大萧条与新政再思考》，《比较》2020 年第 2 辑，102-139 页。——作者 2021 年注

蓄，事实上投资常常小于储蓄，于是就会发生总需求不足，导致生产过剩和失业。他还指出，恰恰在那些更富裕的国家，边际消费倾向更低而储蓄倾向更高，因而也就更容易出现总需求不足的情况。凯恩斯将这种情况称为"富饶中的贫困"。

这层薄薄的窗户纸一经捅破，道理看起来是如此简单合理。凯恩斯的理论和马克思的理论有一个明显的共同点，即认为经济危机来自需求不足，但是和马克思又有显著的不同。他不像马克思那样，认为总需求不足是资本主义社会无法解脱的矛盾，而是建议用增加政府投资，或者降低利率以刺激私人投资的方法，来填补需求缺口。他还指出，政府投资会通过放大乘数效应影响总需求。边际消费倾向越高，乘数就越大，对总需求的带动就越有效。

凯恩斯学派的理论指出，当我们说社会总需求不足时，这个总需求是由消费和投资两大因素组成。对一个开放经济体来说，还要加上净出口这第三个因素。假设在初始阶段经济处于均衡状态，但如果消费、投资和净出口三个因素中，无论哪一个出于某种原因发生了下降，而没有另外两个因素的上升来补充，都会造成总需求不足。

在微观经济中，某种产品的供给状况发生了变化，就会引起市场价格变化，从而引起需求方面的调整，最终导致重新建立供求之间的平衡，即恢复均衡状态。反之亦然，需求方面的变化也会引起供给方面的调整。而在宏观世界，消费和储蓄由消费者决定，投资和出口由生产者决定。没有一种机制使消费、投资和出口这三种需求因素共同与总供给保持一种平衡关系。因此，例如当消费者决定减少消费、增加储蓄，而生产者并不因此而相应增加投资时，就会发生储蓄大于投资的情况，因此总需求不足就发生了。

和马克思不同，凯恩斯关心的不是历史发展的长过程，而是怎样解决眼前的问题。他并非不关心消费。他提出的"节俭悖论"，意思就是说如果消费者储蓄过多,就有可能带来需求不足,引起生产下降。但他主要强调的影响因素是投资而不是消费。这是因为,消费是由老百姓决定的,政府无法改变消费者的消费和储蓄倾向,但是能够采取扩张性财政政策来增加政府投资,或者采取扩张性货币政策来刺激私人投资,这样就扩大了总需求。

自从凯恩斯主义理论发展起来以后,西方国家在应对经济危机方面应该说有了一个相当有效的手段,这就是通过扩张性的财政和货币政策,能够在一定程度上减轻经济危机的影响程度,缩短危机影响的时间,使经济运行相对平稳。更早期的马克思曾经判断,总需求不足这个基本弊病是资本主义社会无法克服的。然而自从凯恩斯主义政策诞生后,这成为在某种程度上可以解决的问题。

但是仍然存在很多问题。经过多年的实践,人们发现凯恩斯主义的扩张性财政政策和货币政策常常在短期内有效,但长期会导致通货膨胀,而对经济增长的带动效果则越来越弱;最后常常造成通货膨胀和经济停滞相伴而行,即通常所说的滞涨。其原因在于凯恩斯主义刺激投资的做法,在短期内增加需求,而在中长期则起增加供给的作用。对于一个投资不足的经济体,这种做法是有效的。但对于消费需求不足的经济来说,用投资需求代替消费需求只能起短期的作用。投资行为在短期增加了对原材料、生产设备和劳动力的需求,但一旦投资完成,形成了新的生产能力,扩张后的生产能力就要求更大的需求来满足。而在消费需求没有同步增长的情况下,需求疲软的情况就会更加严重。或者至少,刺激投资并不能使消费这条短腿加长,因此一旦刺激政策退出,原来的结构失衡就会重演。

这说明,凯恩斯主义解决的主要是短期问题,但并没有从根本上消除危机产生的机制性原因,并没有从制度上解决收入分配问题。而在这一前提下,在消费需求不足的情况下,仅靠扩张性政策拉动投资，必然使生产能力的扩张快于消费的增长，因此为下一轮的供给过剩和需求不足准备了条件。因此，凯恩斯主义政策的应用是有条件的。如果以为凯恩斯主义的扩张政策是对付经济危机的万应灵药，是必然要碰壁的。

三、刘易斯的二元经济理论

美国经济学家刘易斯在其奠定发展经济学基础的著名论文《劳动力无限供给条件下的经济发展》（Lewis，1954）中，提出了一个二元经济模型。他利用这个模型研究了一国经济发展过程中，劳动者的工资收入在什么情况下会长期不增长，而在什么条件下工资收入将会随着经济发展而增长。

他指出，当一个国家同时存在传统的农业部门和现代的资本主义产业部门，而农业部门存在大量剩余劳动力时，农业劳动力会源源不断向现代产业部门转移，形成劳动力无限供给的局面。这种劳动力供过于求的形势，会限制工资水平的上升，使工资持续停留在仅仅维持工人生活的水平上。现代产业部门因此能够享受廉价劳动力带来的好处，使资本收益更快地增长。这种情况直到农业剩余劳动力转移完毕，才会改变。

这一点，被后人称为"刘易斯拐点"。在达到这一点后，如果现代产业部门的生产继续扩张，需要更多工人，就只有依赖提高工资，才能把农业部门的劳动力继续吸引出来。工资水平因此会随着劳动的边际生产率提高而提高。而农业劳动力继续减少，也会导致农业劳动生产率提高。这将使农业部门劳动者的收入水平也随之提高。

刘易斯模型是从劳动力供求关系的角度出发研究收入分配的一个杰作。该模型对于解释资本和劳动之间的分配关系，以及城市经济与农村经济之间的分配关系有十分重要的意义。按照这一理论进行推论，当存在农业剩余劳动力、存在二元经济的条件下，劳动报酬的增长可能停滞不前，而资本收益可以持续增长，因此分配关系将有利于资本而不利于劳动。劳动报酬在国民收入中的相对比重会不断收缩。只有当剩余劳动力吸收完毕，工资水平的增长才可能与经济增长相同步，同时农业劳动者收入的增长也将真正开始。

在刘易斯的文章发表之后，拉尼斯和费景汉（Ranis and Fei, 1961）进一步发展了刘易斯模型，把农产品供求关系引进了他们的模型，并对上述转型过程进行了更详细的分析，对"刘易斯拐点"进行了进一步分解，提出了仍然存在隐蔽性失业的"第一拐点"和农业剩余劳动力吸收完毕的"第二拐点"。

刘易斯的二元经济理论及其后来的发展，产生于对发达国家过去工业化过程的考察。但由于我国仍然处在工业化和城市化过程中，在某种意义上相当于发达国家的早期发展阶段，因此这一理论对于研究我国收入分配格局的变化，具有非常重要的借鉴意义。

四、库兹涅茨"倒 U 形曲线"

半个世纪前，美国经济学家库兹涅茨基于对美、英、德等国历史数据的分析，提出了一个著名的论断：随着经济发展，上述发达国家的收入分配不平等程度，都曾经经历过先扩大、而后逐渐缩小的趋势（Simon Kuznets, 1955）。这意味着这些国家的收入差距和经济发展水平（通常以人均国内生产总值表示）之间存在着倒 U 字形的函数曲线关系，被后人称为"库兹涅茨曲线"。

半个世纪来，围绕这一发现争论不断。有些经济学家以"库兹涅茨曲线"为依据，试图说明收入差距的扩大是一个在一定发展阶段上不可避免的事情，对此不必过分担心。因为经济增长最终会自发地导致更加公平的收入分配。或者换句话说，效率最终会带来公平。另一些经济学家则通过理论分析或者实证分析，对此提出了怀疑和挑战。近些年来一些基于各国数据的实证研究发现，有许多国家在长时期内并未经历收入差距缩小。即使是美国这样的发达国家，在最近二三十年里也经历了收入差距重新扩大。

有些研究者还进一步指出，收入分配反过来对于经济增长有非常重要的影响，严重的收入不平等现象会阻碍经济增长（Galor and Zeira 1993，Bourguignon 2003）。而在经济发展停滞的状况下，贫困和收入不平等的问题又变得更加难以解决，如同在撒哈拉以南非洲和某些拉丁美洲国家发生的那样，陷入所谓"拉美发展陷阱"。

世界银行近年来的若干研究报告指出，经济增长在减少贫困方面发挥着决定性的作用，但其效果在不同的国家有很大的差别。同时，经济增长在缩小收入差距方面没有表现出明显的作用。相反，过大的收入差距的确会导致频繁的社会冲突，会直接影响经济增长。因此，对于消除贫困和减小过大的收入差距来说，经济增长是必要的，但仅有经济增长是不够的（The World Bank，2000，2003，2005）。人们必须面对社会收入分配不公平的现实，主动解决公平分配的问题，而不能等待社会公平自发到来。

事实上，认真读一读库兹涅茨文章的原文就会发现，他本人并不认为收入差距会无条件地随经济发展而先上升后下降。相反，他认为这种收入差距的变化是当时一系列经济、政治、社会和人口条件造成的，并对其中一些因素做了认真的研究。他批评了两种观点，一种观点认为后来的发展中国家一定会在收入差距及其影响条件方面简单重复发达国家走过的道路，也就是说会简单重复先上升后下降的"库兹涅茨曲线";另一种观点认为当代发展中国家面临的是全新的问题,与发达国家经历过的历史过程毫无关系。他认为这两种观点都不可取,需要的是对这些历史的和现实的条件进行深入的研究。他并不认为发展中国家应当像早期资本主义国家那样听任收入差距扩大。他特别批评了那些关于不要"惩罚性的累进税制和其他类似东西"、只要"完全的自由市场"的观点,认为"这样的争辩是危险的"(Kuznets,1955,29)。

库兹涅茨还重点探讨了几个因素对收入差距变动的影响。其中两个最重要而且互相关联的因素是工业化和城市化。他发现在一定条件下,农业人口向非农业和城市转移会在一个阶段内导致收入差距扩大,但在随后的阶段会导致收入差距缩小。另一个影响因素是储蓄率变化。他指出,富人的储蓄率远远高于穷人,在工业化的早期阶段,储蓄大量转化为资本,从而为富人带来更多的资本收益,导致收入差距扩大。但后来的一些政府政策变化,例如针对富人财产的遗产税、针对资本的征税以及政府采取的通货膨胀政策等,减弱了富人的资本积累速度,会在某种程度上缩小收入差距。他认为,人口也是一个影响因素。传统社会在进入工业化阶段时,人口变化会从"高生育—高死亡"模式转向"高生育—低死亡"模式,首先导致低收入人群的人口负担加重,但随后会进入"低生育—低死亡"模式,有利于缩小收入差距。

库兹涅茨还指出,制度因素是导致收入差距变化的又一个原因。他认为,通常在工业化早期,旧的制度框架不能对既得利益集团进行有效的约束,因此难以避免独裁体制利用人口作为获取经济利益的炮灰,从而难以避免收入不平等程度的扩大。而发达国家则普遍经历了大规模的民主化政治体制改革,有些通过和平方式,有些则是通过内战的方式实现了政治改革,从而跨越了这一收入分配差距扩大的阶段。

第二节　发达国家的收入分配转型：美国模式与欧洲模式

今天的发达国家在其早期发展阶段，大体上实行的是"适者生存"、完全自由放任的原始资本主义政策。国民收入在初次分配中分割为劳动报酬和资本收益，而资本所有者处于相对强势地位，就往往使收入分配的天平向资本所有者一方倾斜。劳动报酬主要用于劳动者维持生活，而资本收入则会成为追加的资本，反复循环的结果，就可能使财富越来越集中，收入分配也越来越向少数人倾斜，造成巨大的贫富差距。到了19世纪，这种情况使得社会矛盾日益尖锐，冲突不断，也因此造就了以马克思和当时的左翼政党为代表、以阶级斗争理论为武器、以推翻资本主义社会、建立社会主义社会为目标的社会主义和共产主义思潮。

面对社会矛盾的白热化，一些欧洲国家出现了主动进行制度调整，试图干预收入分配，适当缩小收入差距，缓和社会冲突的尝试。这些调整，当然也常常不是主动为之，而是在客观压力的逼迫下完成的。下面将分别简要讨论美国和欧洲发达国家的收入分配转型。

一、美国的大萧条与制度转型

1929年，美国发生了经济危机，随后演变为愈演愈烈、持续数年并冲击整个西方世界的20世纪30年代大萧条。经济萧条或衰退的基本特征，是生产持续过剩，产品找不到销路，导致大量企业倒闭和工人失业。凯恩斯对此给出的解释是总需求不足。而更深层的原因，如马克思所说，是当时的大工业生产方式与收入分配方式之间的冲突。在这种工业化生产方式之下，生产能力不断扩张，而社会分层则保持着金字塔型结构，处于金字塔下层的劳动者占了人口的大多数。他们的消费能力受到其仅仅维持生存的收入水平的限制，不可能追上生产增长的步伐。因此，生产能力供过于求成为常态，生产过剩随时可能发生。一旦某个导火索被点燃，就可能发生连锁反应，导致经济萧条。

美国布鲁金斯研究所1934年的一篇研究论文这样写道：

> "美国呈现出了收入分配日益不均的趋势，至少在二十年代前后是如此。这就是说，这个时期人民群众的收入有所增长，而上层阶层的收入水平提高得更快。由于随着上层阶层高额收入的实现，他们的收入中节约部分增加得比消费部分快，也就出现了大富豪及其家族把积累的收入越来越多地作为投资的趋势。"[①]

这段描述简明扼要地道出了大萧条发生的背景条件，同时也使我们联想到当代中国面临的问题。按照凯恩斯的理论，投资和消费都构成总需求，两者可以互相代替。只要增长的储蓄不断用于新的投资，危机就不会发生。但是，投资固然能够带动当期的设备和原材料需求，但一个投资项目一旦完成，就形成了新的生产能力。

而扩大的生产能力需要有相应扩大的消费能力来吸收。如果消费能力的增长慢于生产能力的增长，就导致进一步的生产过剩或生产能力过剩。为利润而生产的企业家，不会在明知产能过剩的情况下持续不断投资，因此必然出现投资小于储蓄，因而总需求不足的情况。在

---

① 参见吉尔伯特·C. 菲特、吉姆·E. 里斯合著的《美国经济史》，699–702 页。

这种情况下，一些企业会因需求不足、生产过剩而倒闭，而这又会减少对上游产品的需求，并导致更多工人失业，进一步减少消费需求，从而使危机愈演愈烈。下面的两张照片（图1-1和图1-2）是20世纪30年代大萧条期间，美国普通工人生活状况的真实写照。图1-3则是1929年大萧条爆发时美国华尔街的黑色星期四街头实景。

图1-1　大萧条期间的美国贫民窟

资料来源：百度百科，"大萧条"条目。

图1-2　大萧条期间的一个普通美国家庭（亚拉巴马州，1935年）

资料来源：百度百科，"大萧条"条目。

第一章　关于收入分配的国际视角

图 1-3　华尔街的黑色星期四：1929

资料来源：百度百科，"大萧条"条目。

在美国 20 世纪 30 年代大萧条期间，罗斯福替代胡佛担任总统（图 1-4），实行了"罗斯福新政"。罗斯福新政可以简要概括为三个 R：Recover（复苏）、Relief（救助）、Reform（改革）。

促进经济复苏的主要措施是整顿金融秩序和扩大公共支出。前者是形势的需要，后者与凯恩斯的主张完全一致，即由政府投资建设公共基础设施，如修路、修桥、种树。同时也实行了宽松的货币政策，以此扩大就业和带动经济复苏①。

---

① 需要指出，作者此处的评价当时受到某些流行观点影响，是不准确的。作者此后对美国大萧条的更深入研究发现，罗斯福新政与凯恩斯主义扩张政策有重要区别。新政时期的政府投资政策和货币政策都是相当稳健的。政府投资只在 1933—1934 年间增长较快，但在整个新政时期（按 1933—1940 年计）政府投资增长低于经济增长。货币宽松的幅度也很有限，1934—1940 年 M2 年均增长率只比 GNP（国民总收入）实际增长率高 1 个百分点。新政期间，最突出的政策变化是政府支出结构做出重大调整，压缩其他政府支出，把政府资源大量用于失业救济、以工代赈和建立社会保障体系等民生用途，这促进了大众消费回升，也有效带动了经济复苏。详见王小鲁《美国大萧条与新政再思考》，《比较》2020 年第 2 辑。——作者 2021 年注

救助政策一方面是应对大量工人失业这一社会危机的需要，另一方面实际上也构成了凯恩斯主义政策的一部分。对失业工人的救助主要采取了以工代赈的方式，把大批失业工人吸引到公共建设和公益服务项目中来。他们的工资收入带动了消费，推动了复苏。

但是，如果认为美国三十年代大萧条仅仅是靠凯恩斯主义政策来摆脱的，这一认识是不全面的。我们还需要关注罗斯福时期的改革政策。这主要是建立社会保障和劳工保护制度，通过了《社会保险法》和《公平劳动标准法》，基本上形成了社会保障体系。同时还建立了累进所得税和遗产税制度，形成了一套收入再分配的机制，通过这些方式改善收入分配状况，缩小收入差距。这套制度的建立，使美国脱离了完全自由放任的早期资本主义阶段，走上了一个通过制度来保障社会公平分配、弥补市场缺陷的现代市场经济阶段。

事实上，正是凯恩斯主义政策和制度变革这两方面因素，才把美国从大萧条中拯救出来。当然，这些改革也触动了美国的既得利益集团，遭到许多反对和诋毁，使对罗斯福新政的评价至今莫衷一是。

图1-4　富兰克林·罗斯福

美国后来特别是第二次世界大战（下称二战）以后的政策导向，更加强调自由的市场经济，不主张高的社会福利。美国较少采用再分配的方式改变初次收入分配格局，没有像欧洲那么高程度的社会保障、公共福利和转移支付，因此在二战以后也导致了美国国内收入差距和贫富差距的重新扩大，基尼系数从20世纪50年代的0.36回升到2000年的0.41，是近些年来发达国家中唯一一个基尼系数超过 0.4 的国家。[①]

不过，对于美国的状况，国内仍然有不少误解。实际上今天的美国经济，也并不是传说中那种纯粹自由市场、没有政府干预的私人经济。2010 年，美国政府预算收入 43 707 亿美元，占 GDP 比重为 29.8%，政府总支出为 57 988 亿美元，占 GDP 的比重为 39.6%[②]。美国联邦政府的个人所得税税率在 10% 至 35% 之间累进，单身年收入 5 700 美元以上者都要交税，而且很少有人能够逃税。在美国，私人买房有交易税（2%—4%），住房要交房产税，年率大致为房价的 1%—3%。美国的政府支出中有大量用于社会保障、公共福利和转移支付（尽管也有大量用于军费），美国政府对老人、儿童、失业者和低收入者有大量福利、补贴和救济。

尽管如此，与多数欧洲国家相比，美国政府收入的比例和社会保障及福利程度都是比较低的。美国在过去三十年间（但不包括战后 20 年），经济增长也确实相对快一些。根据世界发展经济学家安格斯·麦迪森（Angus Maddison）的计算，美国的人均 GDP 增长率，在 1950—1973 年间年均 2.5%，显著慢于西欧 12 国的 3.9%，而在 1973—1998 年间为 2.0%，略微超过了西欧 12 国的 1.8%。另据世界银行数据，美国在 1990—2000 年和 2000—2009 年的 GDP 增长率分别为 3.6% 和 2.0%，高于欧元区的 2.1% 和 1.5%。（见麦迪森，2003；世界银行，2011b）。

按照流行的说法，公平和效率之间存在替代关系，照顾公平必然会影响经济效率。美国的新自由主义经济学家也一直以美国相对于欧洲国家较少的转移支付和社会福利，以及相对较好的经济状况，来说

---

① 基尼系数是一个衡量收入分配平等程度的指标，取值在 0 到 1 之间。0 表示收入绝对平等，1 表示收入差距极大。国际学术界一般认为，基尼系数超过 0.4 就表示收入差距过大，会带来社会不稳定，因此将 0.4 视为收入分配差距的警戒线。
② 有些网上文章称，美国政府收入只占 GDP 的百分之十几。这显然是个严重的误解，把联邦政府收入当作了全部政府收入，忽略了州政府和地方政府收入。

明这一点。不过，2008年爆发的世界金融危机给我们提供了观察这段历史的一个新的视角，使我们从中得到一些新的认识。

长期以来，美国在国内收入差距较大的情况下，以另一种方式找到了扩大国内需求的办法，这就是通过负债的方式扩大消费。穷人尽管缺乏购买力，但可以靠信用卡不断借新债还旧债来消费，还可以靠长期住房贷款来购买住房，这种方式确实在相当长时期内刺激了普通百姓的消费，使低收入居民也可以用不储蓄甚至负储蓄的办法，满足其消费需求。借债消费使美国能够在不改变收入分配较大差距的情况下，缓和国内各阶层之间的社会矛盾，保持了社会稳定。

美国政府收税相对较少，但同样可以用借债的方式维持高额政府支出。美国长期保持了巨额的财政赤字，2011年更高达1.3万亿美元，占到GDP的8.6%。与此同时，美国保持了占全世界军费支出总额43%的巨额军费开支（2010年，据斯德哥尔摩国际和平研究所数据）。美国拥有了世界最大的核武库，在世界各地拥有军事基地，有游弋在全球各大洋的远洋舰队，在半个多世纪中打了朝鲜战争、越南战争、海湾战争、科索沃战争以及入侵阿富汗和伊拉克的战争。这些军费支出的相当部分，也是靠债务支撑的。

到2008年危机爆发的时候，美国普通居民负债总额14万亿，相当于美国一年的GDP总额，再加上联邦政府负债、州政府负债、企业负债和银行负债，总共50万亿，相当于GDP的三倍半。通过寅吃卯粮的方式来扩大国内消费和政府支出，美国保持了相当长时间的经济增长（见表1-1）。

表1-1 美国政府、居民和企业未偿债务（万亿美元）

年份	政府负债	居民负债	非金融企业负债	金融机构负债	负债合计	GDP	负债/GDP（%）
1950	0.24	0.08	0.14	—	—	0.29	—

续表

年份	政府负债	居民负债	非金融企业负债	金融机构负债	负债合计	GDP	负债/GDP（%）
1970	0.45	0.46	0.51	0.13	1.55	1.04	149
1990	3.49	3.60	3.75	2.61	13.45	5.80	232
2007	7.31	13.82	10.59	16.15	47.87	13.81	347

资料来源：CEIC 数据库；美国商务部普查局（1975）：《美国历史统计：殖民地时期到1970》。

按照索罗斯的说法，美国这样一个长期靠负债维持的消费盛宴，实际上从20世纪50年代就开始了，并且泡沫越吹越大，直到金融危机才破灭。危机爆发后，美国一度出现了增加储蓄、减少消费的结构调整迹象，但目前又故技重演，再次走上了靠政府印发钞票和扩大债务制造繁荣的老路。

美国的政府负债模式，使美国在根本不储蓄的情况下，长期维持了强大的国力和强势的国际地位。但这种天上掉下来的馅饼，并非随便哪个国家都有资格享受。美国能够做到这一点，主要是靠了美元国际货币地位的支撑。二战后，布雷顿森林体系赋予了美元以世界货币的地位。1971年，美元摆脱了与黄金挂钩和兑换的义务，导致了布雷顿森林体系解体，然而美元的国际货币地位却继续得以保持。这意味着美国可以通过通货膨胀来不断冲销自己的债务，通过这种方式把债务负担转嫁给世界各国。也就是说，为美国的过度消费买单的，实际上是全世界所有使用美元结算的国家和人民，其中长期利益受损最大的就是以中国为首的美国的债权国。

回到关于收入分配的话题，上述情况提示我们，美国经济看起来有较高的效率，主要原因并不来自较少的国内"公平"，而是另有其特殊条件，即可以通过负债消费来抵消收入分配高度不均的负面效应，又凭借美元的国际货币地位把债务负担悄悄转嫁给其他国家。换句话说，那种说美国保持了很大的收入差距，因此才会有更高的效率的说法，是缺乏充分理由的。以美国为例来证明公平和效率之间只是或主要是相互替代的关系，而不是互补的关系，也缺乏充分的说服力。

二、欧洲的收入分配制度

欧洲的收入分配制度转型最早大概可以追溯到英国 1601 年的《伊丽莎白济贫法》。德国从 1881 年开始，建立了包括疾病、工伤和养老在内的社会保险制度，于 1911 年形成了一套比较完整的《社会保险法典》。

德国包括收入分配制度在内的经济制度具有相当典型的意义，很值得考察。二战以后，联邦德国长期实行了"社会市场经济"的政策，即把自由竞争的市场经济原则与保障社会公平与和谐的社会政策结合在一起，从而保证了德国的长期社会稳定和健康的经济发展。德国不仅有一套覆盖全民的社会保障制度和医疗、教育等公共服务体系，而且通过转移支付保持了较小的收入差距。

在德国，经济发达的州有责任向相对落后的州进行财政转移，保证落后州的人均财政收入不低于全国平均水平的 92%。德国实行累进的个人所得税，税率从 15% 逐级上升到 42%。通过这些措施，使德国保持了相当小的收入差距，基尼系数从税前的 0.44 降到税后的 0.28。这不仅显著低于美国（0.41），也低于英国（0.36）、法国（0.33）、意大利（0.36）等西欧国家。在德国，2010 年最高收入 10% 家庭的收入和最低收入 10% 家庭的收入，分别占居民收入总额的 3.2% 和 22.1%。也就是说，最高收入 10% 家庭和最低收入 10% 家庭的人均收入之比只有 7 倍。（数据来自世界银行，2011b；上述国家的基尼系数多为

2000年数据）[①]。在德国，社会福利和保障体系覆盖了90%以上的人口。低收入居民都可以享受社会福利住房或房租补贴。2010年，德国政府财政收入和财政支出占GDP的比重，分别为43.3%和46.6%。

但是，德国高额的政府收入、大量的转移支付和全面的社会保障及福利制度，看来并没有妨碍市场机制发挥作用。德国政府主要把财政收入用于民生支出，并不试图过度干预和控制实体经济，并不大量参与竞争性领域的投资活动，并不扭曲市场价格。迄今为止，德国仍保持了世界第四位的经济规模，德国的制造业在世界上仍然具有很强的国际竞争力，并长期保持了贸易顺差。当欧洲部分国家（主要是几个过度消费、大量举债的南欧国家）发生偿债危机时，德国仍然居于主要救援者的地位。

1987年，作者作为国家体改委代表团的成员第一次访问联邦德国，对其经济体制进行考察。当时得到的一个最突出印象，是一直被我们视为资本主义世界最主要成员之一的西德，实际上是一个地地道道的"混合经济"。那里一方面保持着一个相当完整、运转良好的市场经济体制，另一方面在收入分配体制上却表现出一些明显的社会主义特征（当然并不是平均主义的特征）。在那里，各国共产党人一直要消灭、但一直未能消灭的城乡差别、工农差别、脑力劳动和体力劳动的差别，已经基本消灭。那里基本上没有穷人，也罕见拥有特权的超级富豪和权势者。

在欧洲，还有一些国家在收入分配方面具有某种典型特征，那就是北欧国家的分配模式。这些国家在市场经济体制的基础上，实行了

[①] 与此相比，我国城乡最高收入10%家庭与最低收入10%家庭的人均收入之比，按城乡住户调查数据推算是23倍（据国家统计局，2011）。但众所周知该调查数据对高收入居民及其收入有大量遗漏。作者基于调查对此进行了估算和调整，发现2008年这两个10%家庭的实际人均收入之比为65倍（王小鲁，2010）。

高税收、高转移支付、高社会福利的政策，在程度上均超过其他欧洲国家。其中丹麦的累进个人所得税最高税率曾达到过68%。目前国家和地方个人所得税合计，最高税率仍超过50%。政府收入大约占GDP的一半，但主要用于公众福利。老百姓的生老病死、上学看病，基本上都由政府包了。长期以来，北欧国家的基尼系数都保持在0.25左右的超低水平。

也有一些批评意见认为北欧国家的福利政策影响了经济效率，但作者在访问北欧国家期间的观察发现，这些国家总体而言社会稳定和谐，居民生活安定舒适。与此同时，在自1990年以来的20年中，这些北欧国家大致保持了不低于或略高于高收入国家平均水平的增长率。目前没有看到明显的证据证明这些国家的经济效率低于西欧和北美等发达国家。表1-2列出了美国、日本、几个主要西欧国家（法、德、英）和北欧国家（丹麦、芬兰、挪威、瑞典）过去20年的GDP增长率，以进行比较。

表1-2　美、日、西欧、北欧国家1990—2009年GDP年均增长率比较（%）

国家	1990—2000年	2000—2009年	国家	1990—2000年	2000—2009年
美国	3.6	2.0	丹麦	2.7	1.2
日本	1.0	1.1	芬兰	2.7	2.5
法国	1.9	1.5	挪威	3.9	2.1
德国	1.8	1.0	瑞典	2.3	2.4
英国	2.8	2.0	—	—	—
算术平均	2.2	1.5	算术平均	2.9	2.1

数据来源：世界银行，2011b，194-196。

从表中的情况看，北欧国家1990—2009年的经济增长速度，总体上略高于美、日、英、法、德这几个主要发达国家。在后几个国家中，西欧增长率偏低，日本更低，美国在20世纪90年代较高，而在

2000—2009年期间明显降低了,甚至略低于北欧国家的平均增长率。

在收入分配方面,表1-3列出了美、日和一些西欧、北欧国家半个世纪以来(1950—2000年)的基尼系数变动情况。表中显示,美国的收入差距从20世纪70年代以后显著扩大了,现在是发达国家中收入差距最大的国家。在这些国家中,收入差距居中的是英、法、德等西欧国家和日本,在0.3左右,这与世界多数国家相比还是偏低的。而瑞典、丹麦、挪威、芬兰这些北欧国家收入差距最小,只有0.25上下。从表中还可以看到,这些国家在二战以后也曾经历过收入差距很大的阶段,但在20世纪后半期差距逐步缩小。

比较上述这些国家的经济业绩与收入差距状况,我们还不能得出北欧国家较高的平等程度影响了它们的经济效率的结论。

表1-3 半世纪来欧美发达国家的收入差距变动(基尼系数)

国家	1950年	1975年	2000年
美国	0.360	0.344	0.408
日本	0.310	0.344	0.303
法国	0.490	0.430	0.327
德国	0.396	0.306	0.283
英国	0.356	0.376	0.360
丹麦	0.401	0.270	0.247
芬兰	0.411	0.264	0.269
挪威	0.400	0.319	0.258
瑞典	0.557	0.314	0.250

注:有些国家在注明年份无数据,以最接近注明年份的数据代替。
资料来源:世界发展经济学研究所(WIDER,2005),世界银行(World Bank,2005a,2011b)。

毫无疑问,以中国现在的发展水平,我们既不可能照搬欧洲的高福利模式,也不可能模仿美国的高负债、高消费模式。但发达国家的历史经验和其他新兴工业化国家的经验都证明,通过制度改革,把社会收入差距限制在适当范围内，并且建立适合国情的、覆盖全民的公共福利及保障体系，是有利于发展的。中国的收入差距，即使与发达国家中收入差距最大的美国相比，也明显更大。根据世界银行的计算，中国 2004 年的基尼系数是 0.47。而 2008~2009 年一些经济学家的计算显示，中国的基尼系数已达到 0.5 左右，明显高过世界上大多数国家，已经接近一些收入差距特别大的拉丁美洲国家水平。我们已经到了需要对收入分配现状进行深刻反思的时刻。

三、美国模式与欧洲模式：平等与效率

关于美国、西欧和北欧这几种模式究竟孰优孰劣，一直都存在争论。一些美国主流经济学家批评西欧和北欧国家福利太高，因此缺乏效率；而不少欧洲经济学家和政治家则主张，放任过大的社会分配差距，会导致社会不稳定、不和谐，也会降低经济效率。还有些人认为，社会公平（或者社会平等）是一个社会不可缺少的、不能用金钱衡量的独立价值体系，不应当从属于经济效率。这两种说法各有各的道理，但公平和效率（或者平等与效率）之间究竟是替代关系还是互补关系？如果存在替代关系，可选择的最佳点在哪里？并没有一个公认的结论。因为无论美国还是多数西欧和北欧国家的经济，直到今天仍然显示出很强的生命力，也都在继续发展。这恐怕还要经过更长期的历史检验，才能得到一个更确切的结论。[①]

但至少有两点需要指出。

[①] 严格说来，公平（equity 或者 fairness）和平等（equality）的含义并不完全一致。前者主要强调的是公正合理，后者更多强调的是一致性或较小的差距。某种程度上可以认为后者是前者的结果。当然，也有人强调只要机会平等就够了，不必追求结果的平等。

第一，在平等和效率之间确实存在某种替代关系。过分平等就变成平均主义，必然导致效率低下。在我国和其他所有实行过社会主义计划经济制度的国家过去的实践中，这已经是明白无误的惨痛教训。事实上奉行平均主义的社会并不公平，因为个人努力得不到合理报偿，偷懒者却能安然享受别人的劳动成果。

所谓"多劳多得"的社会主义分配原则，在计划经济国家的实践中是充满矛盾的。这不仅仅因为"多劳"和"少劳"在实践中常常难以清楚地度量和界定（例如，农民在同一块田里集体劳动，就很难准确度量每个人付出了多少劳动，以及他们各自干活的质量怎样；而且人们付出的劳动量多少，未必与他们工作的成效和对社会的贡献成正比）。在这些问题难以解决的情况下，在实践中就不得不代之以平均主义的分配。

此外，真正允许"多劳多得"，就要允许收入差别、允许财富的积累，进而要承认私人财产权；接下来还要允许个人财富用于投资，使资源能够得到有效利用，以获取收益；最终要承认市场经济根据生产要素的贡献决定分配的原则。这必然与"按劳分配"的计划经济原则发生冲突。而想要避免这一结果，就必然走上既不讲效率实际又不公平的平均主义道路。"三年困难"和"文革"时期的中国，以及今天的某些国家，农业效率低到连让老百姓吃饱饭都做不到。这不能责怪劳动者不努力，而是经济机制和分配原则出了根本性的问题。

第二，平等与效率并不仅仅有互相替代的关系，也有协同或互补的关系。一个社会的分配过于不平等，贫富分化严重，就会导致社会不稳定、冲突不断，必然造成效率的丧失。这种情况在西方国家的早期资本主义阶段曾经大量出现，在当今世界上也有许多现实的例子。拉美国家遭遇的所谓"中等收入陷阱"，其实在很大程度上就是这种情况的写照。在这种情况下，改善收入分配，在保证市场经济基本原则的前提下，在合理的限度内提高分配的平等程度，不仅不会影响效率，反而有助于效率的提高。

人类社会过去的大量实践已经证明，追求过度平等而否定市场竞争原则的左派社会主义思潮，和主张彻底的"物竞天择"，反对一切再分配的原始资本主义思潮，是两种极端主义思潮，都不利于社会的健康发展。两者都常常造成扭曲的社会结构、不公平的分配和严重的低效率。在历史发展中，这两种极端主义思潮往往是互为因果、互相替代的。

一个收入分配极度不平等的社会，很可能引发革命，从而导致极端平均主义或称民粹主义的政策。这种情况，20世纪的苏联、东欧集团和中国都经历过，而且在当代一些低收入和中等收入国家，也在不断重演。同样，极端平均主义带来的低效率和不公平，也可能导致向原始资本主义复归的要求和可能性。所谓"矫枉必须过正，不过正不能矫枉"，是这两种极端主义思潮的共同诉求。一旦这类主张占据主导地位，社会就可能像钟摆一样在极左和极右这两极之间震荡，社会和经济发展就很难走上健康的轨道。

我们从不同模式的发达国家走过的道路中，还可以得到的一个重要经验教训，是除了有关收入分配和社会保障的制度调整和改善以外，发达国家在对公共资金的管理和对政府及其官员的监督方面也建立了越来越严格的制度，从而在很大程度上避免了政府滥用职权、侵占公共利益。这些方面的管理制度得以建立并被认真执行，得益于比较完善的民主制度，使社会公众能够对政府进行监督。后者与社会保障和公共服务体系的建立是相互配套的，是对前者的保障。如果没有这些制度，当政府集中大量社会资源用于公共服务和再分配时，就会产生极大的腐败风险，这些资源有可能被滥用、被盗窃，流入与权力有关的少数人手中，反而导致更加不公平的收入分配。

发达国家上述这些制度的建立，是社会体制的转型和创新，这标志着这些国家从早期资本主义社会转型到了现代社会。现代社会并不简单地以自由市场经济作为唯一的基石，而是建立在三方面的制度体系的基础之上：（1）保护个人权利、鼓励个人努力、个人创造和自由发展的自由竞争的市场经济制度；（2）以防止收入差距过大和贫富两极分化、保障公平分配、满足全体社会成员的基本生存需要为目的的社会保障、公共福利和收入再分配制度；（3）以防止权力垄断资源和对社会的侵害、保障全体社会成员平等权利为目的的民主和法制体系。

第三节　中等收入陷阱：拉美与东亚模式的反差

在收入分配问题上，另一组对中国非常有参考价值的国家是拉丁美洲国家，它们的经验教训很值得我们借鉴。这些国家大多长期保持了巨大的收入差距，这也给它们的经济带来了非常严重的影响，使它们在中等收入阶段的相当长时期，经济发展陷于停滞。这常常被称为"拉美陷阱"或"中等收入陷阱"。

一、拉美国家的收入差距与中等收入陷阱

表1-4列出了8个人口超过一千万人的拉丁美洲国家半个多世纪的基尼系数变化情况。可以看到，早在20世纪50年代，有数据的4个拉美国家基尼系数都超过了0.4，其中巴西超过了0.5。这说明它们

当年就存在很大的收入差距。20 世纪 70 年代，8 个拉美国家中有 6 个基尼系数超过 0.4，其中 3 个超过 0.5。而到 20 世纪末，8 个国家中有 7 个超过了 0.5，其中巴西接近 0.6。它们的收入差距在这期间不仅没有缩小，反而进一步急剧扩大了。只是进入 21 世纪以来，多数国家收入差距出现了轻微的缩小，但仍然有 5 个国家基尼系数超过 0.5。

表 1-4　拉丁美洲 8 国半个世纪的收入差距（基尼系数）

国家＼年份	1950 年	1973 年	1998 年	2008 年
阿根廷	0.412	0.353	0.522	0.458
玻利维亚	—	0.420	0.585	0.573
巴西	0.540	0.352	0.591	0.539
智利	0.456	0.532	0.571	0.523
哥伦比亚	—	0.591	0.575	0.585
墨西哥	—	0.463	0.531	0.517
秘鲁	—	0.457	0.530	0.480
委内瑞拉	0.420	0.556	0.495	0.435

注：有些国家在注明年份无数据，以最接近注明年份的数据代替。
资料来源：同表 1-3。

与此同时，这些拉美国家的经济增长也相对缓慢。按照安格斯·麦迪森（2003）的计算，这些国家早在 1950 年人均 GDP 就都已达到中等收入国家水平，在 2 000—7 000 美元。但直到 20 世纪末，它们的人均 GDP（按国际可比价格）仍然停留在中等收入国家的行列。尤其是在收入差距急剧扩大的 20 世纪 70—90 年代，它们多数国家的人均 GDP 几乎没有变化，有的甚至下降了。到 2008 年，它们的人均 GDP 按购买力平价计算也还在 1 万美元上下。按现价汇率计算的人均国民总收入（GNI），都不超过 1 万美元，仍然都是中等收入国家。见表1-5。

表1-5 拉丁美洲8国半世纪的人均GDP（购买力平价美元，1990年价格）

国家\年份	1950	1973	1998	2008a	2008b	2008c
阿根廷	4 987	7 973	9 219	13 991	14 020	7 200
玻利维亚	1 919	2 357	2 459	3 057	4 140	4 510
巴西	1 672	3 882	5 459	6 920	10 070	7 350
智利	3 821	5 093	9 753	13 625	13 270	9 400
哥伦比亚	2 153	3 499	5 317	7 500	8 510	4 660
墨西哥	2 365	6 097	6 655	7 877	14 270	9 980
秘鲁	2 263	3 952	3 666	5 748	7 980	3 990
委内瑞拉	7 462	10 625	8 965	12 524	12 830	9 230

注：1950—1998年数据来自安格斯·麦迪森按购买力平价计算的1990年不变价"国际元"（International Dollars）。2008a是根据世界银行人均GDP增长率，从麦迪森的1998年数据推算得到的"国际元"（由于世界银行数据和麦迪森数据的计算方法不同，这一结果并非准确数据，仅供参考）。2008b是世界银行按购买力平价美元计算的现价人均GDP。2008c是世界银行按汇率计算的现价人均国民总收入（GNI）。
资料来源：安格斯·麦迪森，2003；世界银行（World Bank，2005a，2010a，2011b）。

二、公平与效率：拉美国家与东亚国家和地区的比较

有些学者认为，之所以会有"中等收入陷阱"，是因为处在中等收入阶段的国家面临较多的挑战，例如比较优势发生变化、人口增长模式发生变化等等，因此会导致增长放慢。在我看来，这些解释有一定意义，但不足以说明问题。在表1-6、1-7、1-8中，作者对表1-4和表1-5所列8个拉美国家（简称"拉美8国"）和5个东亚国家与地区（日本、韩国、新加坡、中国台湾、中国香港，简称"东亚5区"）的长期经济增长指标和收入分配指标做一个简单比较，能够比较清楚地看到区别何在。

表1-6 拉美8国和东亚5区平均基尼系数

国家或地区	平均基尼系数			
	1950年	1973年	1998年	2008年
拉美8国	0.457	0.466	0.550	0.518
东亚5区	0.436	0.380	0.359	—

表1-7 拉美8国和东亚5区人均GDP

国家或地区	人均GDP（国际元）			
	1950年	1973年	1998年	2008年
拉美8国	3 330	5 435	6 437	8 905
东亚5区	1 614	7 766	18 082	26 286

表1-8 拉美8国和东亚5区人均GDP增长率

国家或地区	人均GDP增长率		
	1950—1973年	1973—1998年	1998—2008年
拉美8国	2.2%	0.7%	3.3%
东亚5区	7.1%	3.4%	3.8%

注：人均GDP为1990年不变价格。两组基尼系数和人均GDP分别是各国数据的算术平均，未加权。"—"表示无数据。增长率按人均GDP的各国平均值计算。

资料来源：据表1-4、表1-5以及麦迪森（2003）、世界银行（World Bank，2005a，2010a，2011b）数据计算。2008年人均GDP是根据麦迪森计算的1998年数据和世界银行的1998—2008年期间以购买力平价计算的人均GDP增长率推算的。

从表中数据可见，1950年拉美8国和东亚5区的平均基尼系数都超过0.4，显示当时它们的收入差距大致在同一水平上。此后拉美8国的收入差距不断扩大，而东亚5区的收入差距则持续缩小。到20世纪末，前者基尼系数平均高达0.55，后者平均只有0.36。1950年，拉美8国的人均GDP为3 330美元，大约是东亚5区的两倍（按1990年不变价格计算）。而到1998年，两者的经济发展水平发生了戏剧性的逆转，东亚5区已经进入了高收入国家和地区的行列，人均GDP大致达到了拉美8国的3倍。到2008年，仍基本维持了这一相对格局。拉美8国在收入差距急剧扩大的1973—1998年，实际人均GDP增长率只有0.7%，近乎停顿。最近十来年，拉美国家的收入差距有缩小的趋势，8国平均基尼系数从0.55下降到0.52，同时经济增长也在加快。但仍然没有走出中等收入区间。

拉美8国和东亚5区都是市场经济体，基本上都奉行自由竞争的市场原则。但不同的是，这些拉美国家历史上都曾经沦为西方国家的殖民地，也大都经历过长期的军人独裁统治、频繁的军事政变、政权更替和政局动荡，其政府常常被既得利益集团把持，放任收入差距扩大，使贫富分化严重，走了一条权贵资本主义的道路。这导致了尖锐的社会冲突，有时演变为社会动荡和暴力斗争，导致停滞和混乱；有时通过和平方式实现政权交替，导致权贵集团和左派势力轮流上台。而当激进的左翼政府奉行民粹主义或平均主义的主张，推行反市场的政策时，也往往与经济效率原则发生冲突，同样难以持久。

近年来，有些拉美中左政府采取比较稳健的政策，一方面维护市场机制，另一方面主动调节收入分配，维护大众利益，取得了较好的经济成绩。这可能为进入21世纪以来拉美国家基尼系数下降，而经济增长加快的现象，提供了一个解释。事实证明公平与效率之间并不总是互相替代的关系。在严重社会不公平的情况下，促进社会公平不仅不会降低效率，反而有助于提高效率。

在东亚地区，上述这些经济体都在市场经济的基础上，先后建立了较完整的公共福利、社会保障和转移支付体系，通过主动的制度建设和政策调节来缩小收入差距。其中，日本、韩国和中国台湾做得比较彻底，它们的基尼系数在20世纪末都降到了0.3左右。新加坡和中国香港在20世纪末基尼系数仍然高于0.4。不过它们在这半个世纪中，收入差距大致也呈缩小趋势（如新加坡的基尼系数从0.50降到了0.42），只是变化相对较慢。

拉美和东亚两组经济体在过去半个世纪中，经济表现天壤之别，令人深思。放任收入差距无限扩大，和通过制度建设弥补市场机制不足、主动调整收入差距，导致的不仅是收入差距大小的差别、社会和谐稳定与否的差别，也是经济和社会发展水平的巨大差别。或许可以说，这是原始资本主义和现代市场经济的差别。

第四节　中国需要一个怎样的收入分配模式

目前在中国，收入分配已经成为一个社会高度关注的问题和争论的焦点。我们究竟需要一个怎样的收入分配模式，并没有形成广泛的社会共识，在一些重大问题上还存在严重分歧。事实上收入分配模式只是一个国家整体经济模式的一个方面，不可能脱离整个国家的整体经济模式和基本经济制度而独立存在，并与政治体制、社会管理体制有密切的联系。因此，讨论收入分配模式，不能离开对基本经济制度的讨论。在整体改革的大方向不明确的情况下制定收入分配改革方案、设计收入分配政策，恐怕也难以取得有效的成果。回顾过去百年来关于收入分配的理论发展，20 世纪以来世界各国在收入分配实践方面的历史经验和教训，以及中国半个多世纪以来的经验教训，我们不妨在更具体深入的考察之前，先对中国应该建立一个什么样的经济模式以界定其收入分配，提出若干粗线条的基本原则，以供进一步讨论。

一、计划体制还是市场体制

中国自 1978 年以来的改革方向是明确的，即摆脱原来中央集权的计划经济体制，转向市场经济体制。但是一段时期以来在这个问题上出现了许多模糊的认识，有些人混淆了市场化导致的一定程度上收入差距扩大和由于制度不健全导致的腐败、不公平分配及与此相关的收入差距扩大，把收入差距扩大归咎于市场经济体制，主张向旧的计划经济倒退。这些似是而非的看法迷惑了不少人，然而是站不住脚的。事实上一段时期内我国的收入差距已经大大超过了实行市场经济制度的所有发达国家和许多发展中国家，说明问题不出在市场经济制度，而出在政治体制改革滞后，民主和法制建设进程滞后，权力过度集中和缺乏社会监督，从而导致了收入分配扭曲。

我们不能为了追求平均主义而离开市场经济轨道，倒退回旧的计划经济时代。20世纪社会主义计划经济模式在实践中的失败，已经清楚地告诉我们哪些事是不能做的：我们不能用政府分配代替市场分配，实行平均主义的收入分配政策，因为这意味着鼓励偷懒，惩罚努力工作的人，惩罚效率更高、更能满足市场需要的企业，也意味着每个公民必须放弃个人自主权利，把自身命运的决定权和收入的分配权交给上级和少数中央决策者来决定。实际上这将进一步带来分配不公。我们也不能用政府分配经济资源来代替市场分配资源的作用，这否定了市场优化资源配置的作用，给了政府决策者过大的权力，使其可能滥用权力为他们自己谋私利，或者轻率错误地进行经济决策，导致丧失经济效率、发展停滞。历史已经证明这条路是违背绝大多数老百姓根本利益的，是走不通的，甚至会给社会带来重大灾难。

二、原始市场还是现代市场

我们需要现代市场经济，需要自由竞争，需要在竞争中鼓励进步、淘汰落后，使每个人努力工作，使经济高效运行。但这种淘汰指的是资源重组,而不是人身淘汰。我们不需要重走那条已经被西方发达国家丢弃的完全自由放任、实行适者生存的"丛林法则"的原始资本主义之路。这两种市场经济的区别是,前者承认和保护市场竞争带来的收入差别和社会差别,但同时通过一系列制度来保障每个公民的基本生存权利和基本生活条件,并通过再分配和社会保障把收入差距限制在一个社会可接受的范围内,从而保证社会和谐发展;而后者则单纯强调私人所有权神圣不可侵犯,主张把经济活动中自由竞争、优胜劣汰的法则推广到整个人类社会生活领域,反对一切政府干预,把人类社会关系变成互相排斥、互相倾轧,甚至你死我活的关系,亦即社会达尔文主义。事实上这种原始资本主义模式已经被世界上大多数国家所抛弃。目前左派与右派之间关于市场经济是好是坏的争论,常常都没有区分清楚这两种不同的市场经济。

三、权贵资本主义还是受监督的权力和公平竞争的市场经济

市场经济之路可能出现两种结果。一种是权力与资本结合,通过钱权交易、暗箱操作,把公共资源转化为私人财产,最大限度地获取垄断利润,形成少数侵占社会公众利益、把持经济命脉的既得利益阶层或权贵集团,形成高度垄断的市场。这不仅造成巨大的社会不公平,同时也导致经济效率的丧失,把社会引向腐败和停滞、倒退。另一种结果是权力在公众监督下行使,市场按公平竞争的原则运行,鼓励提高效率,鼓励进步创新。只有在公众监督下运作的权力和实行公平竞争的市场经济模式,才可能是一个和谐、高效、发展可持续的经济模式。

发达国家在19世纪和20世纪前期的经验、拉美国家在20世纪后期的历史经验都证明,当收入分配严重向少数人倾斜,而把大多数

人抛在一边,当日益做大的蛋糕越来越被少数人据为己有,这一经济体制就不可能继续保持持续、稳定运行,它带来的经济失衡和社会冲突早晚会促使体制发生改变。主动的体制变革是更理想、全社会损失更小的方式。而如果做不到这一点,社会各阶层成员最终都会被迫付出更大的代价。

四、福利缺失和过高福利

我们的经济发展水平已经走到了这一步,能够并需要在确立市场经济主体地位的同时,建立一套收入再分配和社会保障、公共福利制度。这套制度要能够保证全体公民基本的生存、生活和发展条件,使每个人有病可医,有房可住,有学可上,有就业机会,有获得失业保障、养老保障的权利。公共服务要能够公平地提供给全体公民。

但在中国现阶段发展水平上,不能照搬发达国家的高福利制度。社会保障和福利的标准不能过高,不能超过经济的承受能力,否则将变成未来发展的沉重负担。南欧一些高福利国家发生的严重债务危机,就是前车之鉴。通常,在实行民主选举制度,但这些制度又没有健全到能够保障全体公民长远利益的国家,常常会看到某些政党和政客为了迎合选民的眼前利益而实行寅吃卯粮、竭泽而渔的政策,不顾社会经济长期发展。这种危险,也是需要避免的。不过中国当前面临的主要问题,不是福利过高,而是相当一部分居民(例如大部分在城市打工的农民工)还没有得到最基本的福利和保障。

简单概括,我们目前的社会福利和保障原则应该是:相对低水平的基本福利和保障,全社会公众的全面覆盖。

五、国富与民富

发展的最终目的是人民富裕,发展必须给全体公民带来实惠,使全体人民走向富裕和进步。GDP 增长是实现这一目标的途径,但不是目标本身。国富民穷更不是我们要选择的模式。政府需要具有一定的实力,才能完成提供公共服务、完善基础设施、保证公共治理、进行转移支付、促进发展创新、维护国家安全等功能。但在政府、国有企业与居民之间的分配关系上,政府不应集中过多资源,国有企业不应与民争利,尤其要防止凭借政府权力和国有垄断假公济私,滋生既得利益,形成权贵集团,侵害公众利益。为此,必须建立一套制度以保证政府收入有节制,公共资源使用有限制,更要保证公共资源用于公共目的。我们需要有一套健全的制度来保证公共资源管理在阳光下进行,让老百姓能够监督,其使用需要符合公众利益,而不允许挥霍滥用,为少数人牟利。

第二章

我国收入分配格局的演变

作者提示

这一章主要回顾和分析了我国改革以来收入分配格局的演变,其中包括城乡、地区和居民阶层间的收入差距在各个时期的变化,政府、企业、居民之间的分配关系变化,劳动报酬占国民收入比重的变化,农村贫困状况的变化等;并通过理论、数据和计量模型方法对影响收入差距的各种因素进行了分析评价。分析发现,收入差距并非无条件地随着经济发展水平提高而先升后降,而是受到政府转移支付、社会保障、公共服务等若干制度因素的影响。

但目前在我国,上述因素对缩小收入差距的作用并不显著,有些因素还起了反向的作用。这可以归因于财政转移支付的使用效率偏低,社会保障覆盖率偏低,公共服务分布不均。这些方面的制度建设亟待完善。分省份分析还发现,市场化程度较高的省份,收入差距出人意料地小于市场化程度较低的省份,说明在市场竞争较为充分的条件下,市场配置资源、分配收入比政府过多地以行政手段配置资源、分配收入更公平合理。但这些积极作用被若干负面因素抵消。其中,由灰色收入指数反映的腐败和企业税外负担等制度不健全因素扩大了收入差距。

这里还要补充说明,从本书数据截止的2011年到2020年,我国的城乡、区域、居民阶层间的收入差距都有了一定程度的缩小。其中城乡居民人均可支配收入之比从2.9倍缩小到2.6倍;东、西部地区间的人均GDP之比从2.0倍缩小到1.8倍;全国居民收入基尼系数从0.477缩小到0.465(均据国家统计局数据)。这些改善主要得益于社会保障和公共服务覆盖面扩大、中央对地方财政转移支付增加、农村减贫力度增加，以及反腐败对收入分配的改善等。不过，数据显示上述改善的幅度还相对有限，本书所指出的影响收入分配的各种负面因素仍然存在，说明这些方面的改革需要付出更大努力。

作者于 2021 年 10 月

第一节　改革前后的收入差距变化

我国在 1978 年经济体制改革之前和之后的收入分配格局，有非常重大的差异。改革前由于实行计划经济，城市居民的收入比较平均。那时全国执行统一的工资标准。工人实行八级工资制，最低的学徒工工资十几元，最高的八级工工资 90—100 元，最高最低相差 6—7 倍。国家干部工资从最低四十多元到最高四百多元，最高最低相差 10 倍左右。不过当时月工资三四十元的工资劳动者，可能占了大多数。总体而言这是一个差距不大的收入分配格局。

不过，即便在改革前，城乡收入差距和不同地区间农村居民的收入差距都相当大。占人口 80% 以上的农村居民收入远低于城市居民。由于缺乏更早的数据，这里仅以改革开始的 1978 年数据作为例证。1978 年城镇居民人均年收入 343 元，农村居民人均年收入只有 133 元，相差 2.6 倍。这一年，全国农村居民全年人均消费肉类只有 6 公斤，蛋类 0.8 公斤，食用油 2 公斤。按照当时人均 100 元的农村贫困线，农村人口中有 32% 是处在线下的贫困人口。这是一个非常低的贫困标准，是按家庭收入的 80% 用于吃饭，才能够满足最基本的营养需要来计算的，是一个刚够吃饭的赤贫线（数据见国家统计局农村司，2005）。

农民没有固定的收入标准，他们的收入完全取决于当地农村集体的收成，因此在自然条件不同的地区之间，农民的收入差距也很大。少数富裕地区人均年收入可以达到几百元，而贫穷地区只有几十元，有大量人口经常处于半饥饿状态。灾年完全无收入、仅靠政府少量救济粮活命的情况也很常见。1959—1961年大饥荒时期，大量非正常死亡都发生在农村地区。全国率先实行包产到户改革的安徽省凤阳县小岗村，三年困难时期全村120口人中，饿死67人。[①]城市居民虽然大面积发生营养不良，但还有基本生存保障。

中国的经济改革是从农村开始的。改革初期，安徽省和四川省某些地区的农民，率先突破平均主义的人民公社"大锅饭"分配体制，实行了包产到户的农业改革，并得到了一部分地、县级地方官员和两省省委书记的支持。由于经营主体从集体转移到农户个体，多劳者多得，激发了农民的生产积极性，取得了显著的效果，并由此得到中央认可，在全国范围内推开。这一改革，加上提高农产品收购价格、开放农村自由市场等政策，在开始改革的几年内迅速提高了农村居民收入。20世纪80年代前半期，城乡差距和全国收入差距都趋于缩小。全国居民收入基尼系数从1980年的0.320下降到1984年的0.257（据国家统计局、世界发展经济学研究所和世界银行数据，WIDER，2005；World Bank，历年a）。

1984年以后，城市经济的改革开始推进，城镇居民收入增长加快，超过了农村居民的收入增长速度。于是城乡收入差距重新扩大，也带动了全国居民收入差距持续扩大。这以后的一个时期，除了城乡差距以外，地区差距和居民阶层差距也在不断扩大。到了20世纪90年代中期，基尼系数超过了0.4的警戒线。此后基尼系数基本上仍然呈持续上升态势。

在经济改革期间，全国城乡居民的人均收入水平发生了迅速上升。据统计，从1978年到2010年这32年间，在扣除物价上涨的因素后，城镇居民人均可支配收入增长到原来的9.7倍，农村人均纯收

[①] 数据摘自：安徽省人民政府参事室，安徽省文史研究馆.中国农村改革的破冰之旅——安徽凤阳、肥西农村改革亲历者口述史［M］.安徽：黄山书社，2019.

入增长到原来的 8 倍左右[①]，年均增长速度都远超过了改革以前 26 年居民收入的增长速度。全国绝大多数居民都从改革中获得了实实在在的好处。按照原来的贫困线标准进行物价调整后计算，农村 2.5 亿贫困人口的绝大多数摆脱了贫困。但不可否认，在此期间，收入差距也迅速扩大了，这说明不同人群收入改善的幅度是不同的，少部分居民的收入增长远远快于大多数居民，更快于低收入居民，成为高收入或超高收入阶层。

改革期间，一定程度的收入差距扩大是不可避免的。这是因为整个经济机制从计划经济转向市场经济，由过去平均主义的分配方式转向按生产要素的贡献决定分配的市场原则。一方面，这可以说在某种程度上实现了过去一贯主张，但从未实现的多劳多得原则，鼓励了人们积极从事生产劳动，增加了收入；另一方面，由于知识、技术、管理方面的人力资本的报酬迅速提高，与一般非熟练劳动者的报酬拉开了距离。同时资本、土地这些要素也参与了收入分配，进一步拉大了收入差距。

本书后面的部分还将讨论到，在这期间，腐败、分配不公等因素也对收入差距扩大起了非常重要（甚至是更加重要）的作用。

如果以收入基尼系数为标志来概括过去半个多世纪中国的收入差距变化，可以清楚地看到基尼系数变动大致走了一条 U 形的轨迹，建国初期超过 0.55，显示国民党统治时期中国的收入差距极大。实行计划经济体制以后，在 20 世纪 50—60 年代迅速下降到 0.3 以下，收入差距大幅度缩小，但这期间城乡居民人均收入的增长都极为缓慢，改善不大，其间有些时期还是下降的。改革初期，由于首先推进农村改革，促进了农村居民收入提高，缩小了城乡收入差距，基尼系数一度

---

① 城镇居民收入增幅来自统计数据，农村居民收入增幅是根据农村人均纯收入的名义增幅和农村居民消费价格指数计算，略低于统计局公布的农村居民收入实际增幅（9.5 倍），后者可能有些偏高。

降至0.257的低点（1984年）。而在此之后的时期，基尼系数则一直呈上升趋势，近年来已经接近或达到0.5的水平（见图2-1）。

图2-1 中国的收入基尼系数变动

注：历年中国收入基尼系数来自不同作者的计算，不同年份数据可能因计算方法和数据口径的差异而互有出入，仅供参考，但相信这些数据所反映的基本趋势是可信的。
资料来源：世界发展经济学研究所（WIDER，2005），世界银行（World Bank，历年a），李实、罗楚亮（2011）。其中个别年份有数据缺失，由作者用插值法补充。

上述情况说明，收入差距的变动，一方面与市场化改革有一定关系，但并不总是与市场化改革正相关。市场化改革在特定条件下，既可能扩大收入差距，也可能缩小收入差距。

第二节 城乡、地区、阶层间的居民收入差距

中国的居民收入差距主要体现在城乡之间、不同地区之间以及各

收入阶层之间这三个方面。以下分别对这三个方面收入差距的变动趋势做一个简要的回顾。

一、城乡收入差距

城乡间的巨大收入差距是历史遗留的老问题，主要是由中国经济的二元结构导致的，也与计划经济体制有关。计划经济时期实行粮食统购统销、由国家低价征购农产品，以保持城市的低物价和低工资，以此来扩大工业积累，推进工业化进程。这在某种程度上是以剥夺农民为代价的，结果导致了很大的城乡差距。我国城市和农村的人均收入之比，在改革开放开始的 1978 年是 2.57 倍，随后由于农村率先改革以及改善农业政策，加速了收入提高，缩小了城乡差距。到 1984 年，城乡收入差距下降到 1.83 倍。但是再后来，又由于城镇居民收入加速提高，城乡差距逐年扩大，到 2007 年升至 3.33 倍，2011 年微降至 3.13 倍[①]（见图 2-2）。

尽管近年来的城乡差距微降，与许多短期因素有关，其中也包括农产品价格上涨较快等因素，但有理由期望城乡收入差距的扩大，已大体上达到顶点。在未来几年中，城乡差距很可能大致在现有水平附近上下波动，而在更长时期则有可能出现缓慢缩小的趋势。

当前的城乡收入差距，除了与一系列政策因素和客观环境因素有关，最主要的影响因素是城市化。由于城市经济的发展快于农村，城市化在一个时期内会由于加速城市经济的发展而扩大城乡收入差距，

---

① 在国家统计局的收入统计数据中，城镇居民按可支配收入计算，农村居民按纯收入计算，两者口径不完全一致。因此这里的城乡收入差距只是一个近似计算，但出入不会很大。

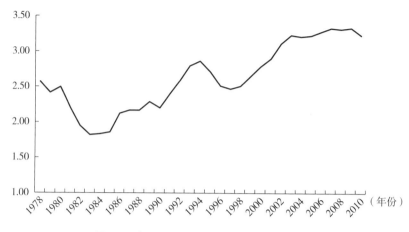

图 2-2　自 1978 年以来城乡人均收入之比的变化

资料来源：国家统计局（历年）。其中城镇居民为可支配收入，农村居民为纯收入。

但其长期效应将是缩小城乡收入差距（这也是库兹涅茨在其 1955 年论文中的论点）。这是因为在城市化过程中，农村人口和劳动力会不断被城市吸收，使农村剩余劳动力的数量不断减少，农业的经营规模也会随之扩大，转向资本密集度和技术密集度更高、生产效率更高的现代农业。这从长远来说会促使农村人均收入提高，逐渐缩小与城市居民之间的收入差距。发达国家在这方面已经走过的历程，给我们提供了可参照的依据。中国目前城市化率（城镇人口占总人口的比重）已经突破 50%，而要达到像发达国家一样 70%—80% 的城市化率，中国在未来大约 20 年中还会有 3 亿—4 亿农村人口逐渐转变为城市居民[①]。

但要继续推进城市化、缩小城乡差距，还有一系列问题需要解

---

① 从 2011 年到 2020 年的 9 年间，中国城镇化率从 51.8% 上升到 63.9%，提高了 12 个百分点，城镇人口增加了 2 亿人，估算其中农村人口转为城镇（常住）人口约 1.7 亿，说明作者当时的估计是符合实际的（但用"城镇化率"更准确些）。未来 11 年，估计还将有 1.4 亿—1.6 亿人要从农村人口转变为城镇人口，城镇化率可能达到 74%—76%。但仍然需要着力解决户籍制度障碍和社会保障、公共服务覆盖缺失的问题。——作者 2021 年注

决。其中一个重要问题是，目前大量农民工由于城市户籍制度和公共福利体系的限制，而长期处于流动状态，难以在城市安家落户。这也是一个导致收入差距和社会不安定的重要因素。要解决这个问题，迫切需要改革旧的户籍制度和差异化的城乡社会保障和公共服务体系，消除城乡隔阂，消除不平等的待遇，促使转移到城市的农村人口改变"流动人口"的身份，在城市安家落户，顺利转化为新城市居民。

二、地区收入差距

居民收入差距体现的第二个方面，是区域发展不平衡导致的地区间收入差异。这也是一个长期存在的老问题，但在改革期间，由于东部沿海地区的经济发展快于其他地区，地区之间的收入差距在长达二十多年的时间里经历了持续扩大。直到近年来，中西部地区发展明显加快，出现了地区差距缩小的趋势。由于地区间的居民收入差距缺乏一个统一的衡量指标，而各地居民收入水平又与当地经济发展程度直接相关，因此为方便起见，这里以东部地区与中部、西部和东北地区的人均 GDP 之比，近似代表它们之间的收入差距水平，做一个比较。

从图 2-3 可以看到，中国收入最高的东部地区和最低的西部地区之间，人均 GDP 之比在 20 世纪 80 年代大致在 2.2—2.3 倍，从 20 世纪 90 年代开始逐渐扩大，到 2002 年达到 3.1 倍的最高点。在此之后差距缓慢缩小，到 2010 年回落到 2.2 倍。东部和中部地区、东北地区的差距，大致经历了相同的变化趋势。只是东中部差距没有东西部差距那么大，尤其在 1993—2002 年期间差距明显小于东西部差距，2002 年达到 2.8 倍的最高点，到 2010 年已回落到 2.1 倍。东部和东北地区的差距更小一些，2004 年达到 1.8 倍的最高点，2010 年已降至 1.5 倍。

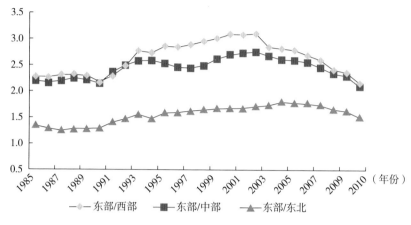

图 2-3 地区间人均 GDP 之比的变化

注：图中纵轴刻度表示地区间人均 GDP 的倍数关系。各地区的人均 GDP 是地区内各省（自治区、直辖市）人均 GDP 的算数平均值，未加权。
资料来源：国家统计局，历年。

图 2-3 显示的地区间差距开始缩小的时间，与 2000 年以来陆续出台的"西部大开发""中部崛起""东北振兴"等区域发展政策的推出时间基本吻合，只是东中部差距开始缩小早于"中部崛起"推出的时间。这些大体上说明地区差距缩小与区域发展政策有密切的关系，同时也有客观趋势在发挥作用。至少可以看到有如下一些因素的影响：

其一，东部地区的迅速发展和相对匮乏的自然资源带来了对中西部资源的巨大需求，带动了中西部能源、原材料等资源性产业的发展。

其二，东部地区经过多年发展后，收入水平有了较大提高，劳动力成本上升，促使一些劳动密集型产业不得不向中西部地区转移。这种比较优势的转移，在国与国之间也在不断发生。而中国得益于国土辽阔，能够使这种转移在相当程度上在国内不同地区之间发生。

其三，随着东部地区产业资本密集度的大幅度提高，边际收益递减规律发生作用，投资回报出现下降，促使资本开始向资本相对匮乏的中西部地区流动。

其四，近年来国际金融危机发生后，出口产业集中的东部地区受到较大影响，而中西部地区产业的外向程度相对较低，所受影响较小，也进一步影响了地区间收入差距的变化。

以上因素中的第二和第三点，都是长周期经济运动中必然会发生的普遍现象。这说明在市场条件下，如果没有人为因素的干扰（例如国家间、地区间的贸易壁垒，以及对劳动力和资本流动的限制），地区差距在长期发展中会自然趋于缩小。在我国，国内各地区之间的贸易保护和对要素流动的行政限制，要远远小于国与国之间的保护和限制。而且中国加入 WTO 以后，也对这类地方保护政策进行了清理，进一步改善了贸易状况和要素的流动性。

三、阶层间收入差距

居民收入差距体现的第三个方面是阶层间的收入差距。改革期间，不同阶层居民间的收入差距在持续扩大。以国家统计局公布的城镇居民人均可支配收入计算，城镇最高收入 10% 家庭和最低收入 10% 家庭的人均收入之比，1995 年相差 6.16 倍，2008 年扩大到 9.17 倍。只是 2010 年左右才略有缩小，2009 年和 2010 年分别相差 8.91 倍和 8.65 倍。

农村人均收入最高和最低的 10% 家庭相比，1995 年人均纯收入相差 9.49 倍，2003 年扩大到 13.49 倍。2004 年以后的 10% 分组数据未得到，但从 20% 分组的数据来看，农村高、低收入居民之间的差距直到 2011 年还在继续扩大。因此从总体上看，还不能说不同阶层居民之间的收入差距已经开始缩小了[①]。

图 2-4 显示的是 1995—2010 年期间城镇居民 10 组人均可支配收入的变化情况。该图显示了不同组别（阶层）居民收入差距不断扩大的趋势，其中尤其以最高收入 10% 家庭的收入增长最快，与其他各组之间的差距越拉越大。在图中，中间 6 组居民的数据只到 2004 年，以后无数据。但仅从最高、次高收入和最低、次低收入各 10% 家庭的人均收入变化来看，绝对差距不断扩大的趋势并没有停止，相对差距扩大趋势仅仅有改变的迹象，是否已经进入转折期，还不明确。

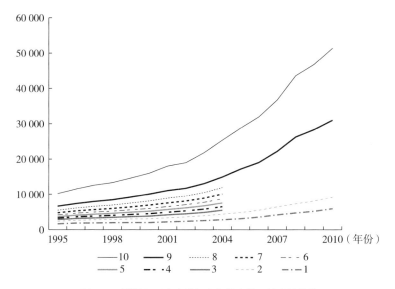

图 2-4　城镇居民家庭分组人均收入差距扩大的趋势

注：数据为城镇居民家庭人均可支配收入，纵坐标单位为元。曲线标识从 10 到 1 依次表示最高收入的 10% 家庭、次高收入 10% 家庭……最低收入 10% 家庭。
资料来源：国家统计局提供，及历年《中国统计年鉴》。

---

① 根据此后国家统计局公布数据，全国城镇居民、农村居民各按收入五等份分组的人均可支配收入，高、低收入组间的差距在 2013—2020 年还略有扩大。——作者 2021 年注

还需要特别指出的是，以上数据并没有完整地反映出各阶层居民之间的真实收入差距，以及差距扩大速度的全貌。这是因为国家统计局的分组居民收入数据来自住户样本调查，而该样本存在两个问题：其一是其中的高收入居民报告的收入不真实，有大量瞒报。瞒报的收入中，有大量灰色收入。其二是该样本的抽样覆盖不全，对高收入居民有严重遗漏，原因在于高收入居民拒访率很高。作者2010年发表的研究报告对高收入居民的真实收入进行了推算，发现按2008年计，城镇10%最高收入家庭的实际人均收入至少应是统计收入的3.2倍，即应从人均4.3万元调整到13.9万元（王小鲁，2010）。

因此，无论是实际的阶层间收入差距，还是该差距扩大的速度，都要比统计数据所反映的情况严重得多。根据这种情况判断，目前实际的居民阶层间收入差距可能还未真正出现缩小。而且差距的扩大主要表现在少部分最高收入家庭与大多数居民家庭之间。这反映出劳动报酬与非劳动收入之间的差距在扩大。在本书后面的部分，将对导致阶层间居民收入差距扩大的影响因素继续进行讨论，并将在第四章和第五章中，对高收入居民隐性收入和灰色收入问题及其产生的原因，进行专题分析。

四、居民收入差距扩大的主导因素

在上述决定居民收入差距的三个方面因素中，地区间收入差距扩大的趋势已大致从2002年开始出现转折，呈现缩小的趋势；城乡收入差距的扩大趋势2010年左右已经停顿；只有不同阶层间的收入差距还在继续扩大，而且在2000—2010年扩大的势头迅猛，实际上已成为引领收入差距扩大的唯一主导因素。因此，要改变收入差距过大并不断扩大的状况，当前的关键在于解决阶层间收入分配过度不均的问题。

第三节　劳动报酬比重为什么长期偏低

一、劳动报酬比重下降的趋势

不同居民阶层之间的收入差距扩大，主要体现在劳动报酬和非劳动收入之间差距扩大。根据国家统计局历年公布的"资金流量表"数据，1992年劳动报酬占国民总收入的比重为55%，此后一直在下降，到2008年只占48%（见图2-5,1992年以前和2008年以后暂无数据）[①]。

资金流量表数据来自经济普查，相比于居民住户抽样调查的覆盖范围更全面，遗漏更少。但这一数据仍然可能高估了劳动报酬的比重，主要是因为有大量的灰色收入没有体现在居民可支配收入统计中，即便是经济普查也无法查到。根据作者的估算，资金流量表中关于2005年居民可支配收入的数据可能少了2.67万亿元，2008年该数据可能少了至少5万亿元（见王小鲁，2007、2010；另见本书第四章）。遗漏的部分基本上不会是劳动报酬，而且是合法性存疑的收入，作者将其定义为灰色收入。如果遗漏掉的灰色收入中，有一定的比例来自政府收入和企业收入的流失，而另一部分则根本没有包括在国民经济核算中（作者假定这一部分的比例占60%），那么意味着国民总收入和GDP核算都有一定程度的低估，需要做一定幅度的上调，因此劳动报酬的比重也自然会相应降低。

图2-5中的"劳动报酬比重"来自国家统计局的资金流量表数

[①] 据后来的资金流量表数据，该比例此后有缓慢回升，2019年达到52.1%，但仍然低于2000年以前。作者当时关于劳动报酬比重偏低状况短期内不可能根本改变的判断是合理的。——作者2021年注

据,"劳动报酬比重修正值"则是根据作者对 2005 年和 2008 年国民总收入进行修正后大致估算的劳动报酬比重。它显示劳动报酬占国民总收入的比重在 2005 年接近 47%,而 2008 年降至 43%。这一计算基于资金流量表数据和作者调查数据的推算,与资金流量表数据相比,劳动报酬比重相对更低。

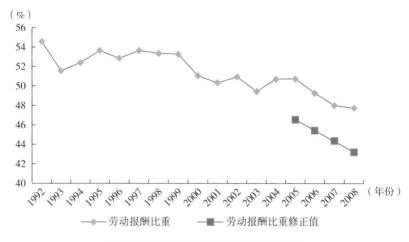

图 2-5 劳动报酬占国民总收入的比重变化

数据来源:(1)国家统计局,历年 a,2008b;(2)作者估算。

以上数据截至 2008 年。在 2008 年以后的这些年中,劳动报酬占国民总收入或 GDP 的比重持续下降的趋势是否发生了改变?由于国家统计局当时尚未公布 2008 年以后的资金流量表数据,对此还很难下结论。但根据 2010 年左右工资水平和农民收入增长相对较快的情况,可以推测劳动报酬比重有可能已经停止下降,甚至还可能略有上升[①]。

---

① 此后公布的资金流量表数据显示,劳动报酬占比在 2008 年以后并未回升,2012 年后才出现小幅回升,到 2019 年回升了约 5 个百分点,未达到 1990 年代水平。——作者 2021 年注

但实质的变化有多大，还取决于非劳动收入增长的速度，尤其是未反映在居民收入统计数据中的灰色收入的增长速度。如果这些灰色收入仍然以更快的速度增长，那么不仅劳动报酬占居民收入的真实比重还会进一步下降，而且其占 GDP 的真实比重也有可能继续下降。对此还有待观察。

此外，即便劳动报酬比重已经开始出现上升迹象，其占 GDP 和国民总收入比偏低的状况也不可能在短期内根本改变。

二、二元经济：劳动报酬比重下降的一个主要原因

我国劳动报酬占国民总收入（以及 GDP）的比重持续下降，一个重要原因是长期以来工资水平的增长滞后于经济增长和劳动生产率增长。这主要发生在 20 世纪 80 年代和 90 年代，是伴随中国的城市化进程而发生的。在这期间的体制改革消除了长期以来限制劳动力流动和人口迁移的一些制度障碍，使农村剩余劳动力大量进入乡镇企业和城市非农产业。

表 2-1 的数据显示，20 世纪 80 年代，工业增加值年均实际增长率为 9.6%，而工业部门的劳动生产率和工资水平的年增长率都只有 3.2%（均为扣除物价变动后的不变价格增长率）。这说明这一时期的工业劳动生产率和工资水平增长都相对缓慢，而同期的工业高速增长。从供给角度而言，主要是劳动力投入的数量迅速增加带来的结果。这一时期，大量的农村劳动力向非农产业转移，也造成了劳动力市场供过于求的局面，从而压制了工资水平的上升。这正与刘易斯模型所描述的情况如出一辙（见本书第一章第一节第三小节）。

20 世纪 90 年代，工业增长进一步加速，工业增加值的实际增长率提高到 13.9%，同期工业劳动生产率的增长也提高到 12.7%，但这

一时期实际工资水平只保持了6.8%的增长率,远远滞后于工业增长和工业劳动生产率增长,只相当于工业增长率的一半。

表2-1 工业部门工资水平、劳动生产率和增加值的实际增长率(年均,%)

年份	平均工资	劳动生产率	工业增加值
1980—1990年	3.2	3.2	9.6
1990—2000年	6.8	12.7	13.9
2000—2010年	11.6	8.9	11.3

数据来源:工业增加值增长率根据国家统计局GDP核算的工业增加值指数计算(国家统计局,历年a),劳动生产率的增长率是按工业就业人数计算的不变价格人均增加值增长率。工业平均工资增长率据人力资源和社会保障部数据计算(来自CEIC数据库)。

上述这种发生在整个20世纪80—90年代的情况,与刘易斯在1954年提出的二元经济模型所描述的情况十分吻合,说明对具有二元经济结构的国家而言,这是具有共性的现象,是在特定历史条件下、在一定发展阶段上必然产生的。

工资增长持续滞后于经济增长的情况,直接结果就是导致劳动报酬在国民收入和GDP中的比重逐渐下降。上述情况延续了20年以上,但在进入21世纪后发生了改变,工资开始加速增长。据表2-1的数据,这一时期的工资增速大体上与工业增长保持了同步,稍稍超过了劳动生产率的增速。这在某种程度上可以认为是对过去"欠债"的一个补偿。

工资增长的加速,总体而言是劳动力供求关系发生变化的结果。从一些典型调查的情况看,近年来农村青壮年劳动力已经大量转移到城镇非农产业,农村留守人员多数为40岁以上的劳动者、儿童和老弱病残人口。加上一部分农民工因为难以在城市长期立足,在打工几年后选择回到家乡或家乡附近的小城镇居住和就业。这使城市地区的劳动力供给出现了局部短缺,一些地方发生"用工荒"。这种劳动力供求关系的改变，是促使工资水平提高的主要动力。

针对这种情况，一些经济学家提出，"刘易斯拐点"已经到来。这在劳动力供求关系发生变化的意义上是成立的，不过还需要更具体的界定。2010年左右我国农村还居住有接近50%的人口，距离达到发达国家那样70%—80%的城市化率还有很长的路要走，因此现在说农村剩余劳动力已经吸收完毕，恐怕为时尚早。现阶段的情况，看来更接近拉尼斯和费景汉（Ranis and Fei，1961）所说的"第一拐点"，即农村剩余劳动力仍然存在，但工资水平已经进入上涨阶段。

还需要注意的是，目前出现的劳动力短缺，在相当程度上是因为一些制度障碍所导致的。这包括城市户籍制度对进城农民工身份的限制、相应的社会保障及医疗、教育、住房等公共服务的缺失等因素，导致大部分进城农民工无法在城市安家落户，最终只能返回家乡，使"刘易斯拐点"提前出现。随着未来体制改革的推进，这些问题有希望逐步得到解决，相信还将有相当数量的农村劳动力能够继续向城市非农产业转移。不过，转移的速度可能放缓，转移劳动力的平均年龄可能也会上升，这是因为青年劳动力已大量转移，留在农村或者进城后又返回农村的，则更多是中年或中年及以上的劳动者。

但他们仍然是一笔宝贵的、没有得到充分利用的经济资源。观察其他国家的劳动力市场，很少会看到像我国这样大量工作岗位都由青壮年劳动者占据的情况。即便在民航飞机上也是如此，中国飞机的乘务员都是二十来岁的"空姐"；而在其他国家的航班上，"空嫂""空妈"更为常见。当然，毋庸置疑的是，只要经济继续保持高增长的态势，未来的劳动力转移，必然也会伴随着工资水平的继续提高。像20世纪80—90年代那样工资增长极其缓慢的情况，不大可能再出现了。

以上讨论的二元经济结构问题，提供了一个重要的解释，说明劳动报酬占国民总收入或者 GDP 的比重为什么会持续下降。许多迹象表明，这种情况正在发生改变。但改变的程度如何，目前各种统计数据所显示的情况还存在许多不一致之处。一个例子，就是前面表 2-1 的数据所显示的，在 2000—2010 年期间，工业劳动者工资水平的增长已经与工业增长相同步了，但资金流量表的数据却反映出，在 2000—2008 年，劳动报酬占国民收入的比重还在继续下降（见本节开头部分的图 2-5）。要解释这两者的不一致，还需要做更多的研究，并有待于新的数据来验证[①]。

三、其他收入的快速增长

二元经济结构问题解释了过去很长时期内劳动报酬的增长为什么持续缓慢，因此也就在很大程度上解释了劳动报酬比重为什么持续下降。但这还只是一个重要原因，并不是全部原因。因为居民的劳动报酬只是国民总收入中的一个部分。其比重的变化，还取决于其他各部分收入的增长速度。这包括企业收入、政府收入以及居民的非劳动收入，其中也包括一小部分居民的灰色收入。如果这几类收入的增长速度都快于居民的劳动报酬，那么劳动报酬占国民总收入的比重自然会出现下降。在下一节里，作者将讨论居民、企业、政府三者之间收入分配的相对关系变化情况。在本书的第四章中，还将对没有反映在统计数据中的灰色收入问题进行专门讨论。

---

① 该期间的工资数据基本来自城镇非私营单位，大多数年份没有私营企业的工资统计数据。这可能是上述数据不一致的主要原因，即其间的工资增长数据只反映了非私营单位的工资增长，而私营企业经营环境相对较差，工资水平相应较低，这期间工资增长可能也较慢。——作者 2021 年注

第四节　居民、企业、政府间的收入分配

居民、企业和政府是国民收入分配中的三个主体。其中，居民是社会之本，居民在国民收入分配中理所当然应当占有基础的地位。但在经济改革以前，自20世纪50年代中期以后实行了全社会范围的财产国有制和自上而下进行管理的计划经济体制，社会财富和收入分配逐渐向政府和企业（主要是国有企业，此外当时还有少部分集体所有制企业）倾斜。在这方面没有详细数据，但根据支出法GDP核算，居民消费占GDP的比重在建国初期的1952年占65.4%，到"大跃进"时期的1959年就下降到47.6%。居民消费比重大幅度下降显然反映了居民收入比重的下降趋势。以后，在"三年困难"后的恢复时期和"文革"初期，居民消费比重回升到60%以上。但从20世纪70年代以后再次降到60%以下，到经济改革开始的1978年降至48.8%。

改革前，由于在城市实行低工资政策，在农村实行压低农产品收购价格的政策，而且不允许以个人收入进行投资，禁止私营企业经营，尤其在"文革"时期连个体经济也禁止了，居民收入被压缩到大体上只能用于维持基本生活消费的水平。只是由于持续的消费品供应短缺，才导致了一定程度的强制储蓄。在1978年，居民收入占GDP的比重大致估计应在55%。

中国在改革开放后的三十多年里，国民收入在居民、企业和政府之间的分配大致经历了三个阶段。

第二章 我国收入分配格局的演变

一、市场化改革早期的分配格局变化

市场化改革的早期阶段,大体上可以界定在 1978 年到 1984 年期间。在这期间,农村推行了包产到户的改革,提高了政府收购农产品的价格并开放了集贸市场,放宽了对乡镇企业(最初称为"社队企业")的限制。在城市,开放了城市个体经营,同时实行了对国有企业"放权、让利"、扩大企业自主权的改革政策,提高了企业利润分配和工资、奖金发放的灵活性。这些改革措施减少了政府财政对国民收入集中控制的程度,使政府收入占 GDP 的比重迅速下降。

按预算内财政收入和预算外资金收入[①]两项合计计算,政府收入占 GDP 的比重在 1978 年为 40.6%,到 1984 年下降到 29.0%。同期,居民收入占 GDP 的比重则大幅度上升。按国家统计局城乡居民住户调查数据推算,城乡居民收入占 GDP 的比重从 45.2% 上升到 61.3%。这一期间,农村居民收入迅速提高起了主要作用。按以上数据推算,企业收入在此期间占 GDP 的比重是下降的,从 14.2% 下降到 9.7%。

二、1984—1994 年期间的收入分配格局变化

在此期间,由于改革开放,国内经济高度活跃,非国有企业迅速发展。政府继续实行了放权让利的政策,使政府收入占 GDP 的比重继续下降。按预算内财政收入、预算外资金收入和政府的社保基金收入合计计算,政府收入占 GDP 的比重在 1984—1994 年期间从 29.0%

---

① 当时的"预算外资金收入"统计中包括国有企业收入,这不应当计算在政府收入中。此处作者已对数据进行了调整,估算了国有企业收入,并从"预算外资金收入"中做了剔除。

继续下降到 16.2%。据此推算，居民收入和企业收入所占比重都应该是上升的。居民收入统计存在严重的不一致，按国家统计局城乡住户调查数据计算，这期间居民收入占 GDP 的比重从 61.3% 下降到 46.5%，而根据国家统计局资金流量表数据，1994 年居民住户可支配收入高达 67.0%（1992 年以前无数据），两者有重大差异①。如果我们更相信后者 1994 年的数据（尽管有可能偏高），那么这期间居民收入比重不仅没有下降，反而是上升的。即便如此，企业收入占比仍然有大幅度上升，在不严格的意义上，可以把企业收入看作 GDP 减去居民收入和政府收入之后的余额。因此可以近似得到这期间企业收入比重从 9.7% 升至 16.8%。

三、20 世纪 90 年代中期以来的收入分配格局变化

1994 年发生的一个重要变化，是分税制改革。这项改革一方面是为了扭转政府财政收入比重日趋下降的趋势，另一方面也是为了规范中央与地方之间的财政收入，改变中央财政入不敷出的局面。分税制改革以后，预算内财政收入增长迅速。尤其是近 10 年来，多数年份财政收入的年增长幅度超过 20%，远高于 GDP 增长率。这使预算内财政收入占 GDP 的比重快速持续回升，从 1995 年的 10.3% 上升到 2011 年的 22.0%。在这一时期，政府的社保基金收入和土地出让收入也在大幅度增长。将这后两项以及政府的预算外资金收入与预算内收

---

① 一部分差异可由统计口径差别解释，因为资金流量表的住户收入数据中包括了对居民财产性收入（主要是住房租金）的估算，但这解释不了所有差异。城乡住户调查的早期数据应该比较可信，但到 90 年代中期，其可质疑的地方更多。因为改革期间居民工资以外的收入增长很快，这部分收入由于各项制度不健全，很难被统计进来。其中高收入居民未被统计的收入数量尤其突出。

入相加，2011年政府收入占GDP的比重已达到35.8%[①]。

政府收入比重大幅度上升，意味着居民收入比重下降。但更大的问题不在于政府收入增长快，而在于政府支出结构不合理，过多用于投资和政府自身消费，过少用于公共服务和社会保障。

图2-6反映了1978—2011年期间按三个不同口径计算的政府收入占GDP比重的变化情况。其中最窄的口径只计算预算内收入；第二个口径为预算内收入与预算外资金收入之和；第三个口径最宽，还包括了政府的社保基金收入和土地出让收入。三条曲线都呈V形，显示了政府收入比重在改革早期下降，以及自20世纪90年代中期以来上升的趋势。但从图中可以看到，2000—2010年上升最快的是政府的土地出让收入和社保基金收入（前者比重更大），而传统的预算外资金收入比重则大大缩小了。

在后一个期间，企业收入占GDP比重也在上升，而居民收入比重则出现了明显下降。根据国家统计局资金流量表数据，1995—2008年期间（2008年以后数据尚未公布），政府收入占可支配收入的比重从16.5%上升到21.3%，企业和金融部门比重从13.7%上升至21.6%，而住户部门比重从68.4%下降到57.1%[②]。这一相对变化趋势反映在

[①] 根据此后的统计数据计算，全口径政府收入（按后来的统计口径包括：一般公共预算收入＋政府性基金收入＋社保基金收入＋国有资本经营收入－财政对社保基金的补贴和补充；政府性基金收入中包括了土地出让收入）占GDP的比重到2019年有小幅度上升，2020年因新冠肺炎疫情影响有所下降。但全口径政府支出占GDP比重在2011—2020年间从34.0%持续上升到41.7%，显示政府支配资源的比重在继续上升。如果扣除其中的社会保障支出，同期政府支出占GDP比重从30.2%上升到36.0%。——作者2021年注
[②] 如果与财政收入数据相比较，资金流量表数据似乎低估了近期的政府收入及其近一个时期的增长幅度。1994—2008年期间，仅政府预算内收入就增长了近9个百分点，而资金流量表中的政府可支配收入仅增长了约3个百分点。如果存在对政府收入的低估，是否因此也高估了近期的居民收入比重，而低估了其下降幅度，还有待观察。

图 2-7 中。

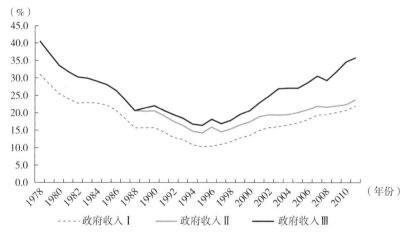

图 2-6 政府收入占 GDP 比重的变化

注：政府收入 I 是预算内财政收入，政府收入 II 是政府收入 I 与预算外资金收入之和，政府收入 III 是政府收入 II 与政府社保基金、政府土地出让收入之和。
资料来源：国家统计局，2012b，历年；财政部，2012a，人力资源和社会保障部，2012。

有迹象表明，企业和金融部门收入比重的上升，主要是资源性和垄断性部门收入的上升造成的。这包括石油、天然气、煤炭、银行、保险、电信、房地产业等。其中近年来石油、煤炭等部门的利润高达几千亿元，而银行利润和推算的房地产业利润更是各自超过万亿元规模。这也造成了资源和垄断性部门与一般竞争性部门之间收入差距的扩大。

此外需要说明，图 2-7 所反映的政府收入上升趋势，其幅度要明显慢于财政数据反映出的政府收入上升幅度。在 1995—2008 年期间，仅政府预算内财政收入加上预算外资金收入的合计比重，就增长了 9.5 个百分点，这还没有把政府土地收入的增加等计算在内。而资金流量表中的政府可支配收入比重仅增长了 4.8 个百分点。不过，政府

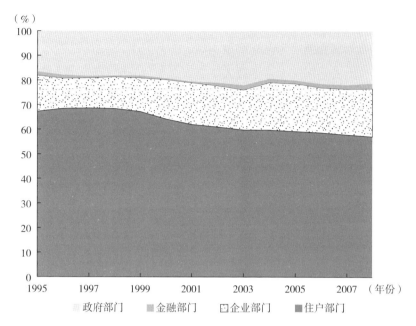

图 2-7　政府和企业收入比重上升，居民收入比重下降（1995—2008 年）

资料来源：国家统计局，2008b，2010，2011。

收入与居民收入之间的关系是一个复杂的问题，因为初次分配中的政府收入会有一部分用于对居民的转移支付，形成居民的可支配收入。而初次分配中的一部分居民收入又会通过纳税和社会保障缴费的途径转化为政府收入。因此资金流量表数据是否低估了政府收入上升幅度（以及居民收入下降幅度），还有待进一步分析。

最后还需要特别指出一点，本节中讨论的居民收入占 GDP 或可支配收入总额下降的趋势，是指正常的居民收入比重的下降，这里并未包括灰色收入。在本书后面的第四章第三、第四节中，作者将专门讨论隐性收入和灰色收入对国民收入分配格局的影响。如果把估算的灰色收入加到居民收入中，居民收入在 GDP 中的比重变化趋势将会发生改变。但是这并不改变本节关于政府收入、企业收入和居民收入之间分配关系变化趋势的分析。这是因为，有大量的灰色收入恰恰来自政府收入和企业收入。在制度不健全的情况下，某些政府收入和企业收入（尤其是国有企业的收入）会通过各种制度漏洞流失，转化为与权力或企业垄断地位有关的少数居民的灰色收入。而后者不应视为正常的居民收入。正常居民收入在 GDP 中所占比重的下降趋势仍然是存在的。

第五节　农村贫困与公共服务

长期以来，农村贫困问题是中国收入分配面临的一项挑战。在经济发展程度极端低下的情况下，贫困主要来自经济不发展。但它同时又是一个收入分配问题。而且随着经济发展到一定程度，消除绝对贫困主要变成一个收入分配问题，因为这涉及经济发展带来的成果由谁享用的问题。

国际国内的历史经验和经济学分析都证明，一般而言，经济欠发达是绝对贫困发生的最主要原因。但导致贫困的具体原因仍然是多方面的。除了经济发展程度，还有制度环境和公共政策、人口状况、家庭结构、健康与教育、就业状况、自然和地理条件等因素，都有可能对贫困发生产生正面或负面的影响。在不同时期和不同历史条件下，影响因素可能会有明显的不同，在有些情况下其中一些因素可能在贫困发生方面扮演主要的角色。在过去三十多年间，中国农村贫困的发生率、发生原因、表现形式都发生了重大的变化。[1]

---

[1] 本节内容参考了中国发展研究基金会（2007）发布的《中国发展报告 2007：在发展中消除贫困》。主报告作者是王小鲁、李实、汪三贵，由中国发展出版社出版。

第二章　我国收入分配格局的演变

一、经济发展与农村贫困

人民公社时期,"大锅饭"的分配制度、压低农产品价格的农产品统购统销体制、"割资本主义尾巴"的扼杀市场经济的农村政策,严重阻碍了农村经济发展。在开始改革开放的1978年,全国农村人口的人均年纯收入只有133.6元。在1957—1978年这21年间,农村人均纯收入按现价计算每年增长2.9%,近似以全国居民消费价格指数进行价格平减后(这一期间没有农村居民消费价格指数),实际年均仅增长2.2%。按照当年人均纯收入100元的低标准贫困线,1978年全国农村有2.5亿贫困人口,占农村人口的30.7%。而且当时的贫困线标准,仅仅能勉强满足最起码的温饱需要,几乎没有考虑居住、医疗、教育等其他基本需要的满足(本节数据除另外注明者外,均来自国家统计局2009b和2009c)。

农村在20世纪70年代末和80年代初期的"包产到户"改革和提高农产品收购价格,以及部分开放市场的政策,使农民人均收入在1985年迅速上升到398元,按不变价格算,在短短7年内提高了一倍半,年均实际增长16.9%。农村贫困人口也随之减少了一半,1985年降至1.25亿人(该年的收入贫困线为206元)。

在1985年以后的二十多年中,农村减贫的速度放慢了。但农村贫困人口仍然持续减少,到2007年已降到1 479万人,只占农村人口的2%。此后于2008年和2011年两次对农村贫困线标准做了大幅度调整,2008年把收入贫困线从上年的人均785元提高到1 196元,2011年从上年的1 274元更大幅度提高到2 300元。按照新的标准,贫困人口在2008年从上年的1 479万人大幅增加到4 007万人,在2011年从上年的2 688万人大幅增加到12 238万人。但这是贫困标准的改变造成的,并不意味着实际贫困人口的增加。从其他年份的数据可以看到，农村贫困人口的数量是逐年减少的（见表2-2）[①]。

表2-2 农村贫困人口、贫困线和贫困发生率

年份	贫困人口（万人）	贫困线（元）	贫困发生率（%）
1978	25 000	100	30.7
1985	12 500	206	14.8
1990	8 500	300	9.4
2000	3 209	625	3.5
2007	1 479	785	1.6
2008	4 007	1196	4.2
2010	2 688	1274	2.8
2011	12 238	2300	—

资料来源：国家统计局，2012d。

在过去这三十多年里，贫困人口的减少，主要与四个方面的因素有关。

第一，农村人均收入随着经济发展而逐步提高（尽管增速在1985年以后放慢了，慢于城市人均收入的提高）。1985—2007年期间，农村人均纯收入年均实际递增4.7%。而这期间的农村贫困线标准，大体上只是根据物价变动情况做了逐年调整，到2007年为785元，但其内涵基本未变，仍然是一个仅满足起码温饱的低标准贫困线。这期间的贫困人口持续减少，仍然与经济发展有密切的关系。贫困线只是在2008年和2011年做了重要的调整，这两年名义贫困线标准分别提高了52%和80%，使线下的贫困人口数量增加，但如果按原来的标

[①] 2011年后，农村贫困人口继续大幅度减少。根据国家统计局数据，2011—2019年间贫困人口从12 238万人减少到551万人，贫困发生率从12.7%大幅下降到0.6%（但该发生率是按农村户籍人口而不是常住人口计算的，导致发生率偏低）。——作者2021年注

准，贫困人口还是有大幅度下降。在 2007—2011 年期间，农村人均收入加快提高，实际年均增长率达到 9.7%。经济发展显然对减少农村贫困起了重要作用。

第二，伴随城市化的进程，农村劳动力向城市转移对农村减贫起了更加重要的作用。特别是进入 21 世纪以来，劳动力城乡转移加快，到 2011 年全国农民工数量已经超过 2.53 亿人，其中外出农民工超过 1.59 亿人（国家统计局，2012c）。根据国民经济研究所的一项较早时候（2004 年）对全国各地三千多名进城务工的农民工的调查，2003 年样本农民工的月工资水平为 984 元，年平均打工九个半月，年均收入 9 253 元[①]，其中 4 694 元汇回或带回了农村，占他们打工收入的 50.7%。这些汇款对提高农村居民收入起了重要作用（樊纲、王小鲁、张泓骏，2005）。

如果按 2011 年农民工 2.53 亿人，人均汇回、带回农村 8 000 元估算，增加农村收入 2.02 万亿元，占了农村居民纯收入（4.58 万亿元）的 44%。这一情况也可以从农村居民家庭收入数据中得到验证。2011 年，农村居民人均纯收入 6 977 元，其中工资收入 2 963 元，占到 42%。如果再加上转移收入和个体经营收入中可能包含的外出农村劳动者汇款，该比例还会更高。

第三，"开发式扶贫"的政策也对农村减贫起了一定作用。从 1986 年起，国家将 258 个中西部落后地区的县份列为国家级贫困县（后陆续增加到 592 个），对这些贫困县实行了一系列财政转移支付等优惠政策，以帮助当地贫困人口脱贫。这些政策主要着眼于扶植落后地区的经济发展，而主要不是用于直接救济贫困人口。这样做的

[①] 根据国家统计局数据，当年全国职工平均年工资为 14 040 元（该统计基本上未包括农民工），说明农民工工资水平显著低于城镇职工工资。尽管如此，进城农民工的收入水平还是比他们原来在农村务农的收入有了显著提高。

理由，来自"输血不如造血"的理念（参见王小强、白南风，1986）。这在当时是有充分道理的。因为在农村经济普遍发展程度很低、存在大量贫困人口的情况下，救济不能解决根本问题，也超出了当时的政府财政负担能力。事实证明，随着经济发展，大量的贫困人口能够自动脱贫。而且有些研究分析也证明，国家级贫困县人均收入增长的速度高于非贫困县人均收入增长的速度（Park，Wang and Wu，2002），说明这种"开发式扶贫"的政策对提高贫困县的人均收入水平是有作用的。

不过，后来的一些调查发现，这一时期的扶贫工作也存在不少问题。最主要是扶贫资金的合理使用缺乏制度保障。因为扶贫资金的分配瞄准的是贫困县，而不是具体的贫困人群，因此在制度上比较容易产生漏洞。在有些贫困县，扶贫资金被截留、挪作他用，甚至用于政府消费，买豪华轿车、建高档办公楼等等。这导致了扶贫资金使用效率低、浪费严重等问题。也有一些原来的贫困县，实际经济已经有了很大发展，却迟迟不愿脱去贫困县的"帽子"，甚至出现"全国百强县"同时又是"国家级贫困县"的怪现象。这导致了扶贫资金分配的苦乐不均，其关键在于扶贫资金带来的既得利益。当然这也和相关政府机关工作不到位，疏于跟踪检查和调整政策有关。

第四，近些年来的实践证明，如下一些扶贫政策的调整对提高扶贫效果是有效的：

（1）改善当地基础设施和基本生活条件的"整村推进"式扶贫。通常扶贫资金来自多个政府（及非政府）渠道，而且目标不具体，针对性不强，用起来像"撒胡椒面"，难以起到明显效果。有些地方把这些扶贫资金合并起来集中使用，重点改善一些贫困落后村庄的道路、桥梁、通信、学校、灌溉和生活供水设施、农民住房等基本生产和生活条件。由于目标明确、具体、得当，获得了较好的效果。

（2）各地政府组织的针对农村居民的农业技术培训、职业培训以及输送农民外出打工的项目（均以免费项目为主），大部分收到了比较好的效果。一项对中西部贫困地区3 500农户的调查显示，68%的参与户认为这些项目对他们"有帮助"，其中26%认为"帮助大"，不仅总体有效，而且对贫困人口而言也起到了增收减贫的作用。不过，这几类项目的惠及面还比较小，规模有待扩大。在具体做法和资金管理等方面也有一些值得总结改善的地方。

（3）免除农业税、免除九年义务教育阶段学杂费、普及农村合作医疗、推行农村养老保险等普惠性政策措施，对减轻农民负担和减贫都发挥了不可忽视的重要作用。

（4）旨在改善农村教育和医疗卫生条件的措施，包括农村公共医疗卫生网点的建立、发展农村中等职业教育的措施等，对农村减贫有重要的意义。

第五，从2003年起，开始了逐步在农村地区建立最低生活保障制度的过程。经过多年建设，目前已经实现了全覆盖。截至2012年8月，全国共有5 238万人享受农村低保，单月人均保障支出106元（民政部，2012）。无疑，农村低保的建立对消除农村贫困具有决定性意义。只是保障水平各地差异很大，个别富裕地区（例如北京和上海郊区）已经达到月人均300—400元的水平，但也有不少落后地区每月人均只有50—60元。与现行的农村贫困线标准相比，后一类地区的保障水平仍然太低，虽然给了受保障者以非常重要的帮助，但还远不能使他们摆脱贫困。

农村低保和农村合作医疗、农村养老保险等制度的全国普及，意味着我国的农村减贫模式已经从单纯开发式减贫转型为开发式减贫和保障式减贫双轨并行的模式。这是一个重大的进步。

二、致贫原因正在发生改变

随着经济发展和城市化进程,大量原来的农村人口已经脱贫,大量农村青壮年劳动力已经转移到城镇务工经商,提高了这些家庭的收入,使农村贫困人口大幅度减少。但近些年来,越来越多的迹象表明,仍然处于贫困状态的农村人口,其构成和致贫原因发生了重大改变。农村仍然有相当数量的贫困家庭和贫困人口。他们受到自身条件的限制,很难被经济发展和城市化的大潮卷入。这些人的脱贫问题,依靠老的"开发式扶贫"政策已经难以奏效了。

其一,低教育水平制约就业和提高收入。

伴随着农村劳动力大量向城市转移以及城市产业科技含量的提高,就业机会越来越垂青受过教育、有专业技能的劳动者,而教育程度低、没有受过专业培训的劳动者则处于明显不利的地位。在前述一项 2004 年农民工调查中发现,农民工在外出打工过程中,程度不等地遇到过许多困难。根据他们自己的评价,其中居于首位的困难是自己"文化程度低"。在 3 288 个调查对象中,把这一项列为主要困难的占到了 54%。居第二位的困难是"没有专业技能",占到 38%(樊纲、王小鲁、张泓骏,2005)。

即使能够找到工作,教育程度仍然对农民工的收入水平起着非常重要的影响作用。按照上述调查,农民工的平均月工资水平和他们的教育程度直接相关。其中,小学未毕业平均月收入 769 元,小学毕业 815 元,初中毕业 960 元,高中毕业 1 268 元,大专及以上 1 554 元(见图 2-8)。这非常清楚地说明了教育程度对收入水平的重要影响。

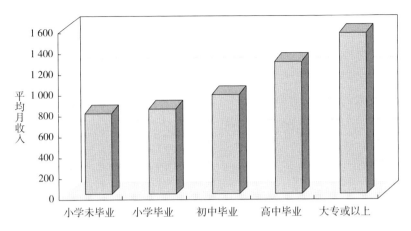

图 2-8　农民工教育程度和人均月收入的关系

资料来源：王小鲁、樊纲，2005。

除了进城打工之外，即使留在农村务农，教育程度对农业农村居民收入的影响也越来越重要。图 2-9 根据 1995—2004 年期间农村居民按收入水平分组的数据（没有得到更晚年份的数据），显示了劳动力文盲率（农户家庭劳动力中文盲、半文盲人数占劳动力人数的比例）的差异和变化。图中的曲线 1—10 依次代表从最低收入家庭（1）到最高收入家庭（10）的文盲率。该图非常清楚地显示，收入水平的高低和文盲率直接相关，文盲率越高，家庭人均收入水平越低。从 1995 年到 2004 年，各组居民的文盲率都在下降，但他们之间的这种相对关系始终没有发生改变。这种情况不难解释，因为目前不仅外出务工需要具备一定的教育水平，而且农业的科技含量也在逐渐上升。没有一定的文化基础，对于良种、农药、化肥的合理使用，以及掌握各种种植和养殖技术等等都会面临困难。

研究还发现，收入水平和教育还存在互为因果的关系。这种现象在取消农村九年义务教育阶段收费之前特别突出，因为低收入和贫困家庭常常无力支付孩子的教育费用，导致子女失学。而失学少年儿童

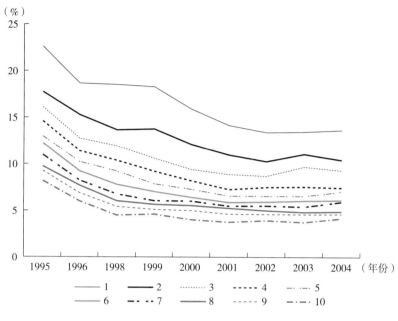

图2-9 按收入分组的农村劳动力文盲率

资料来源：国家统计局，农村住户调查分组数据。

成年后，又可能受到教育程度的限制而继续处于贫困状态。这称为贫困的"代际传承"。要打破这种贫困代代相传的状况，必须实行"一个也不能少"的普惠式公共教育服务。取消农村小学和初中阶段学杂费后，这种情况已经大大改善。但目前高中阶段的学费仍然是制约农村贫困家庭子女继续求学的一个障碍。此外，农村中小学撤点并校以后，给许多居住偏远的农村孩子造成了就学不便和住校费用的增加。这也是继续影响农村贫困人口脱贫的一个因素。

近年来，我国工资水平持续较快上升，农村求职者的就业机会相对增加。但可以预见这种情况是短期的。因为工资水平上升势必对我国原有的劳动密集型产业比较优势发生影响，推动企业进行结构调整，采用资本密集度和技术密集度更高的生产技术和生产工艺，逐渐对非熟练劳动力进行替代。可以预见，随着产业转型的进行，我国劳动力市场的供求关系也会相应发生变化，对就业者的教育程度和职业技能提出更高的要求。因此，未来低教育程度的非熟练劳动者，在就业方面必然处于相对不利的地位。

这些情况说明，不提高全民的教育程度，不把职业培训放在更重要的位置上考虑，不消除公共教育服务的不均等分配，就很难消除因教育水平差距导致的贫困现象。而这需要更加合理地分配教育资源，改变公共教育重城市、轻农村，重高等教育、轻中小学教育，重普通教育、轻职业教育，重重点学校、轻一般学校的资源分配失衡局面，推动公共教育均等化，推动面向大众的基本教育服务。

其二，病、残、老、弱成为农村贫困的重要原因。

残疾人、慢性病患者和无人赡养的老年人，因为部分或全部丧失劳动能力，贫困发生率远远高于其他人。在过去，因为农村经济发展程度低，很多农村地区普遍贫困，掩盖了这种情况。随着经济发展和城市化，大量有劳动能力的农村人口摆脱了贫困，留下来难以脱贫的人群中，病残老弱者的比重就越来越高。

不过，由于调查困难，这种状况并没有从现有的关于农村住户和农村贫困人口的统计调查数据中反映出来，其中大病、慢性病患者和残疾人的贫困问题尤其如此。例如根据统计局农村住户调查资料，低收入家庭和贫困家庭的平均劳动力人数，与全部农村家庭的平均劳动力人数没有明显差异，只是儿童和老龄人口偏多。似乎说明在贫困人口中，丧失劳动能力的病残人口比例并不高于平均水平（该样本没有对贫困人口的健康状况做出描述）。而根据国家扶贫重点县贫困监测数据，2005 全国五百多个贫困县的全部样本人口中，患有大病、慢性病的人口仅占 2.1%，残疾人仅占 1.1%（国家统计局农村司，2006a）。如果按照该比例推算全国的情况，2005 年全国农村 2 365 万绝对贫困人口中，患有大病、慢性病和有残疾的贫困人口只有约70万人。但这显然严重低估了患病和残疾人口的数量，尤其是低估了他们在贫困人口中的比例。①

而根据国家统计局、民政部、中国残联等16个部委和团体2006年对全国残疾人进行的联合调查结果，全国残疾人总数8 296万人，占总人口的比重为6.34%（第二次全国残疾人抽样调查领导小组、国家统计局，2006），这远远高于贫困县监测数据的1.1%。另据更早的一次残疾人调查，1998年农村处于贫困状态的残疾人有1 206万，全国残疾人的贫困发生率估计为20%，远远超过当年农村人口4.6%的贫困发生率（中国残疾人联合会扶贫处，1998）。此外，据卫计委2003年对部分地区的调查，农村慢性病患病率（按人数计）为9.9%（卫计委统计信息中心，2004），发生率高于残疾发生率，也远远超过贫困监测数据中2.1%的长期慢性病和大病患病率。又据1998年第二次卫生服务调查，因缺乏劳动力和疾病、损伤致贫分别占农村贫困人口的23.1%和21.6%，是首要的两项致贫原因（韩俊，2006）。

上述各项调查对疾病、残疾的划分标准，以及对致贫原因的分类，未必完全一致，有不可比因素。但这些关于残疾和疾病调查反映的中国居民病、残发生率与国外一般情况接近（甚至偏低），总体上比较可信，而贫困监测数据中的病残发生率则明显过低。前者反映的病、残人口贫困发生率也有重要的参考价值。

有的调查还发现，贫困残疾人占贫困人口的比例因经济发达程度

---

① 低估的原因是这些调查都要求调查对象对家庭收支常年进行记账，缺乏记账能力的农户不能作为调查对象。因此下列几类人往往被排除在外：在视、听、语言、智力、精神方面有残疾和障碍者，肢体残疾影响书写者，严重病患者，行动不便的老年人，文盲。这导致了对上述人群的统计遗漏。而这几类人陷入贫困的可能性远高于健康和有文化的人群。下面提到的一些专门性调查不要求调查对象记账，因此会大大减少上述遗漏，从而在病、残人口数量和分布方面提供的信息更可信。

而异：在中西部贫困地区比例较低；而在经济较发达的东部地区比重则非常高。这是因为在后一类地区，大多数有劳动能力的贫困人口逐步脱贫，而遗留下来难以脱贫的，则主要是缺乏劳动能力的病、残人口和无人照顾的老年人。

如果我们采纳上述6.34%的残疾人占人口比例和9.9%的农村慢性病发生率，以及残疾人和慢性病患者20%的贫困发生率[①]，可以大致推算2010年农村人口中残疾人和慢性病患者人数为10 899万人，其中仍然处在贫困状态者约为2 180万人。而如果采纳残、病人口贫困发生率是全部农村人口贫困发生率4.3倍的比例关系，可推算出2010年农村残疾和慢性病贫困人口约为1 877万人。两个估算结果（2 180万人和1 877万人）比较接近，起到了互相验证的作用。如果取两者的中值，为2 029万人。扣除已经被统计在贫困人口中的70万人，那么可以大致估计被贫困人口统计遗漏的、实际处于贫困状态的残疾人和慢性病患者，总数仍然在2 000万人左右。

2010年，国家统计局公布的农村贫困人口数为2 688万人。这个数字再加上被统计遗漏的因病因残致贫人数，比较真实的农村贫困人口数应该在4 600万—4 700万人。这中间，残疾人和慢性病患者占了贫困人口的40%以上。考虑到残疾人和慢性病患者的贫困还会影响到其家庭成员，那么可以认为，健康因素可能已经成为导致农村贫困的主要因素。其中在贫困人口较多的中西部地区，病残致贫的比例可能相对较低，而在贫困人口少的东部地区，病残致贫者及其家庭成员估计已占贫困人口的绝对多数。

---

① 这里20%的病残人口贫困发生率是1998年数据，经过多年减贫，该比例应该有相当的下降。但另一方面，由于收入贫困线标准从2007年的785元调整到2008年的1 196元，使贫困发生率大幅度上调。这里近似假定两个因素互相抵消，故仍然采用20%的发生率。

基于以上情况，我国的减贫战略也需要继续进行调整，在保持对少数落后地区的开发式扶贫（但主要着眼于改善当地的基础设施和基本生活条件）的同时，把减贫战略的重心从开发式扶贫转移到建立和健全覆盖全人口的基本社会保障和改善基本公共服务上来。其中，进一步完善农村低保、新型合作医疗和农村养老保险的全覆盖，实现应保尽保，以及提高落后地区的保障标准，应成为农村减贫的主要方向。尤其要落实社会保障对因病、因残丧失劳动能力者和孤寡老人的覆盖。同时，还需要着力改善农村公共医疗服务、公共教育和职业培训的条件。这些对消除农村贫困也将起到至关重要的作用。

第六节　哪些因素影响收入差距

在本书第一章中，作者回顾了关于"库兹涅茨倒U形曲线"的理论讨论，指出有些人所谓"收入差距会随着经济发展先扩大然后自动缩小"的观点，是对库兹涅茨的误解。库兹涅茨本人并不持这种观点。他认为，这种收入差距的变化是当时一系列经济、政治、社会和人口条件造成的，差距的缩小也是有条件的。他并不认为发展中国家应当像早期资本主义国家那样听任收入差距扩大，而且还特别指出了累进税、遗产税等政策措施和其他一些因素对缩小收入差距的作用。

不过，收入差距究竟会不会自动缩小，更说明问题的还是实际的经济走向。尤其值得研究的是两个问题：第一，在当今的中国究竟有没有收入差距先扩大后缩小的迹象？第二，哪些因素对收入差距的扩大或缩小发生了作用？在这一节里，将简要介绍作者前些年的一项实证研究所得到的一些重要发现（见王小鲁、樊纲，2005）。

第二章　我国收入分配格局的演变

一、中国的收入差距会无条件缩小吗

中国的经济体制改革走过了三十多年的道路，其中收入差距明显扩大的趋势是从 20 世纪 80 年代中期开始的，一直持续到最近时期。2010 年前后，有迹象显示差距扩大的趋势正在放缓或者停顿，但还没有确凿的证据显示差距已经趋于缩小。一些影响收入差距的最突出问题还没有从根本上得到解决。因此，作者根据前些年的统计数据所做的一项研究，仍然有重要的参考价值。

从统计分析的角度来说，过去二三十年的全国收入分配统计数据能够反映趋势性的变化，但要分析哪些因素对收入分配产生了重要影响，这些数据是不够的。但好在中国幅员广阔，各地区间经济发展程度和收入分配状况等因素都有很大差距，因此如果能使用分省份数据进行分析，就能大大增加信息量，给我们的研究提供了可能性。

在全国各个省份之间，一方面经济发展程度差距很大，另一方面由于共同的中华民族历史和文化传统，共同的经济体制、共同的改革经历和政策环境，以及共同的市场等条件，各省份的发展轨迹应当说是近似的。也就是说，在一定意义上，相对发达省份的今天，就代表了相对落后省份的明天。因此，如果我们把各个省份在同一个时点上的差距展开，那么所展示的就将是一幅代表较长时间序列的变动趋势画面。这种"时空转换"的研究方法，在近一二十年的经济学研究中已经有越来越多地采用，那就是计量经济分析中使用的"面板数据"（panel data）分析方法。这种方法在一定条件下，把经济活动的横断面数据和时间序列数据合并，形成一个更大的样本空间，以便于进行计量模型分析。

在 2005 年完成的这项研究中，作者使用了 1996—2002 年期间我国 30 个省（自治区、直辖市）（以下简称为省份）的年度数据，通过

面板数据模型方法，对收入差距的变动趋势及其影响因素进行检验。通过合并30个省份的横断面数据和7年的时间序列纵向数据，就使样本空间扩展到210个观察值的水平，从而使模型分析可行。

这项研究使用基尼系数代表收入差距。但因为现有的收入分配数据来自国家统计局分城乡的收入调查，城乡样本数据互相独立，不能合并，因此只能分别计算城镇和乡村基尼系数。但分城乡的基尼系数不能反映城乡居民间的收入差距，而这恰恰是收入差距的一个重要方面。为了弥补这个缺陷，作者用各省份城乡人均收入的比值来代表城乡收入差距，作为补偿。

作者首先使用一组非线性模型来检验我国城镇、乡村居民的收入差距以及城乡收入差距是否与经济发展水平（对数人均GDP及其二次项）相关，是否存在所谓库兹涅茨倒U形曲线的先上升后下降的关系（不同年份的人均GDP已经换算为1996年不变价格）。如果这种关系存在，那么就意味着收入差距有可能随着经济发展水平的提高，而自动趋于缩小。

但分析结果显示，如果其他条件不变，我国城镇和乡村居民收入差距，以及城乡间的收入差距都将在相当长的时期内随人均GDP的上升而继续保持上升态势（尽管边际上升递减）。对城镇居民收入差距来说，能否在达到某个最高点后转向下降，并不明确（因为二次项系数的置信度未达到显著水平）。即使我们相信二次项系数的估计值，城镇居民收入差距达到最高点并转为逐渐下降也将是在极其遥远的未来。乡村居民收入差距下弯的趋势比较明确，但目前还远没有达到最高点，还需要经过相当长的时间。而城乡收入差距曲线则收敛于一个最高点而不再下降。考虑到模型分析所使用的样本人均GDP大都在2万元以下，高端数据非常有限，预测结果的误差将随人均GDP上升而上升，因此即使对农村样本而言，分析结果并不能支持收入差距将自动缩小的假设。

上述结果提示，城镇和乡村收入差距的变动趋势在数学意义上具有库兹涅茨曲线的特征，而城乡收入差距变动曲线只近似具有其上升段的特征。但是从现实角度出发，它们的下降阶段都不能确证。因此，现有数据不能证明中国收入差距的变动会随着经济发展而无条件地趋于缩小。

二、哪些因素有可能改变收入差距

归纳国内外已有的研究和我们的经验观察，我们可以将可能影响收入差距的各种因素归结为以下四类因素。在上述实证研究中，作者曾经以此为假设，通过面板数据的模型分析对这些假设进行了检验。下面先介绍这些可能的影响因素。

第一类是与经济增长和经济结构有关的因素。一般认为经济效率和社会公平是一对矛盾。在强调经济效率的情况下，经济增长较快，但社会公平可能受到忽视。但另一方面，经济增长通常起到普遍增加收入、增加就业、减少贫困的作用。因此经济增长因素对收入分配的作用方向是不确定的。

在这方面，本项研究考虑的变量包括人均 GDP 水平、经济增长率、投资率（投资占国内生产总值的比重）、引进外资程度（外商和港澳台商直接投资占固定资产投资的比重）、外贸依存度（按目的地和货源地计算的分省进出口总额占地区生产总值比重）、城市化率、城镇登记失业率等。

关于城市化，库兹涅茨曾指出，人口从农业部门和农村向非农业部门和城市的迁移，可能首先导致城市低收入阶层扩大，因而城市收入差距扩大，但随后迁入者或者其后代的收入将逐渐提高。同时迁移将减少农业和农村低收入人口，有助于缩小收入差距。至于城镇失业率，它从反面反映了城镇经济发展和就业机会增加的情况。

第二类因素是收入再分配和社会保障。它们是减小收入差距的重要手段，因为它们可以在居民面临失业、退休、疾病和收入过低等情况时，为其提供保障和救助，减轻他们的经济负担或增加他们的收入。但这当然也受经济发展水平的制约；超出经济承受能力的社会保障和转移支付会造成沉重的社会负担，而且会导致奖懒罚勤的后果，影响人们投资、就业的积极性，因此影响经济发展。近一个时期希腊等南欧国家发生的债务危机，就是因为社会保持了与经济能力不相称的过高福利水平，不得不靠大量举债来维持居民的高福利，导致越积越高的债务，超出了政府的偿还能力。

但我国目前的情况是完全不同的。我国的财政转移支付体系还远没有起到平衡地区收入差距的作用。近些年来社会保障体系发展较快，但各项基本社会保险提供的保障水平还相当低，而且还没有完整地实现全社会覆盖，其中主要是近两亿在城镇打工的农民工，绝大部分仍然没有被社保体系覆盖。农村新型合作医疗、农村低保已经大体上实现了全面覆盖，农村养老保险正处在实现全覆盖的过程中，但保障水平还无法与城镇居民相比。

通常认为，政府主导的收入再分配能够有效地缩小收入差距，但也有人担心收入再分配的有效性以及它对经济效率的影响。在作者的实证研究中，一个待检验的变量是按人均水平计算的中央对地方财政的净转移支付。由于中央对地方的税收返还在事实上执行了转移支付的功能，而且在过去一个较长时期在数量上占了转移支付的主要部分，因此作者基于各省份的财政贡献和税收返还计算了各省份人均转移支付的净水平。不过有两点值得注意：其一，净转移支付可能对减少地区间的收入差距有作用，但对减少区域内部的收入差距是否有效还需要检验。其二，我国的财政转移支付还不够制度化，特别在功能设计上不够清楚，对用途的监督不够有力，有可能削弱了其缩小收入差距的作用。

其他待检验的变量还有基本养老保险、基本医疗保险和失业保险的覆盖率。这些社会保障体系可能有助于减少收入差距。但在所观察的时间段内，各类保险体系都还处在建立过程中，还很不完善。它们在减少收入差距方面的作用如何还有待观察。

第三类因素是公共产品和基础设施的提供。许多文献强调公共教育对于缩小收入差距的积极影响。因为教育的普及能够提高中低收入居民的人力资本存量，增强他们的就业和收入能力。另外，交通和通信等基础设施的普及也可能给中低收入居民带来更多的就业机会和发展机会。本文考虑的变量有人均教育水平、按各省份国土面积计算的公路和铁路线路分布密度以及电话普及率。

第四类是制度方面的因素。中国经历了从计划经济体制转向市场经济体制的转轨过程。在市场经济中，财产是获得收入的重要手段，财产的私有化无疑会导致财产分布不均，因此必然导致收入差距扩大。但是，不少文献也指出市场的发展可能有助于削减收入差距（世界银行，2004a）。中国在20世纪80年代进行的农村市场化改革曾经迅速提高了农村居民收入，从而明显缩小了城乡差距。在市场化发展比较充分的一些地区，由于非国有经济发展态势较好，为当地和外来从业者提供了大量就业机会，减少了失业和贫困。相反，在某些非国有经济欠发展的地区，由于经济增长乏力、就业机会不足，城镇失业和乡村劳动力剩余成为导致贫困和收入差距扩大的重要原因。

此外，在一个比较完善的市场经济中，收入分配主要取决于公平的市场竞争，而不取决于行政权力。如果权力在收入分配中起很大的作用，而又不能保证公正地行使权力，那么它带来的分配不公平肯定远远大于市场竞争带来的分配不公平。

在这项研究中,作者使用了国民经济研究所历年公布的分省份市场化指数,检验它对收入差距的作用。

在缩小收入差距的制度因素方面,一些研究指出,减少劳动力流动的障碍,促进农民工进城,对减少城乡差距会有积极的影响。本项研究使用了劳动力流动的指标(城镇中的农村劳动力占农村从业人数的比重)来检验这方面的影响。不过,由于本研究使用的是分省份数据,而农村流动劳动力中的相当部分是跨省份流动,后者的作用难以从数据中反映出来。

另外,也有不少研究指出,政府对经济的不适当干预、收入分配的非制度化和政府腐败导致了收入差距的扩大。这是因为在权力垄断资源分配的情况下,少数人可以不通过市场竞争,而是通过寻租行为暴富。在这方面,这项研究使用了政府对企业的干预程度(用各地企业家与政府部门和人员打交道的时间比例表示)、企业的税外负担(用企业付出的各种收费和摊派占企业销售收入的比例表示)和灰色收入指数这三个变量进行检验。前两个变量数据来自对企业的抽样调查(见樊纲、王小鲁,2001、2003、2004)。灰色收入指数由作者计算,原始数据来自国家统计局(1997—2004年)。①

---

① 灰色收入是指收入所得者本人不愿公开,而且合法性难以明确界定的收入。灰色收入大量存在常常反映制度不健全,腐败现象严重,这必然导致收入差距扩大和分配不公。我们也可以用隐性收入或隐性消费(所得者未公开的收入或消费部分)的相对数量来近似反映灰色收入的相对数量。隐性收入中会包括一部分能够界定的合法收入,但总体上与灰色收入密切相关。这项研究中使用的"灰色收入指数"是用宏观统计数据推算得到的。由于消费与收入关系密切,并占收入的主要部分,作者通过对各地隐性消费的计算近似代表各地的灰色收入相对数量:以国家统计局各省份 GDP 核算账户的最终居民消费为居民的实际消费,以国家统计局城乡居民收支调查得到的居民消费和人口数推算各地居民的报告消费;以报告消费低于实际消费的百分比近似反映灰色收入占收入的比例。定义:灰色收入指数=(实际消费−报告消费)/实际消费×100%。一个地区灰色收入指数高,可能反映那里收入分配的制度环境较差,分配比较不公平。

三、模型分析结果：影响收入差距的因素

作者使用了一组准对数二次函数模型，分别对城镇基尼系数、农村基尼系数、城乡收入差距这三个因变量的影响因素进行了检验。前两个函数（固定效应模型）显示了较高的解释力，R^2 都达到 0.6 以上；后一个函数（随机效应模型）的 R^2 达到 0.43。三个模型的对数人均 GDP 及其二次项都达到统计显著水平，其估计值说明，收入差距和人均 GDP 的关系曲线在数学意义上具有倒 U 形特征，但影响轻微，主要对收入差距发生影响的，是人均 GDP 以外的其他因素。

首先，经济增长方面的因素显示出可能有导致城镇居民收入差距扩大的作用。在城镇基尼系数模型中，投资率、外资比重、外贸依存度这三个变量符号为正，虽然不显著，但 t 值都超过 1，提示可能有扩大收入差距的作用。这说明这些经济增长因素带来的收入分配是不均等的。外贸依存度也对城乡收入差距有影响，统计显著程度达到 1%。这可能是因为经济外向化程度的提高主要带动了城市经济的发展，因而拉大了城乡收入差距。

但是经济增长率对乡村收入差距和城乡收入差距的影响都是负的，其中对乡村收入差距的影响在 5% 水平上显著，说明经济增长有助于缩小乡村收入差距。这很可能是因为较高的经济增长为农村剩余劳动力提供较多就业机会，促进他们向非农产业转移，从而使农村低收入居民受益。

城市化率在乡村和城乡收入差距模型中虽然也具有负系数，但 t 值都很低，因此剔除。城市化会提供更多的非农就业，因此应该具有缩小乡村和城乡收入差距的作用。它之所以不显著，有可能与统计数据的精确度不高有关。另外，城市化对农村人口的吸收可能超出省界，其作用不能从分省份数据中充分反映出来，也会是一个原因。

我国的城乡人均收入差距在 3 倍以上，城乡差距仍然是造成中国收入差距过大的一个重要原因。解决城乡收入差距问题，主要还需要依赖与经济发展相伴随的城市化，为大批农村居民提供就业机会，使他们转移到城市非农产业。随着人口向城市转移，农村人口过载、土地不足的矛盾也会得到改变，逐渐实现农业的规模化经营，使农业劳动生产率和农村人均收入得以提高。

第二类待检验的影响因素是收入再分配方面的因素，包括财政转移支付和社会保障。检验发现，财政转移支付有缩小城镇居民收入差距的作用，但对农村居民收入差距和城乡收入差距的作用，都是扩大差距，而且都达到高的统计显著水平。为什么如此？对此有两点提示：第一，这说明财政转移支付在各地可能主要并未用于减少收入差距的目的[①]；它的使用方向城市多于农村，即使是用于农村也没有用于帮助低收入居民，因此拉大了城乡间和乡村内部的收入差距。第二，它在城市地区的使用可能较多用于社会保障和公共服务，因此显示出促进城镇低收入居民收入上升、从而缩小收入差距的作用。

社会保障体系是收入再分配的重要方面。但出乎意料的是，在基本养老保险普及率、失业保险普及率和基本医疗保险普及率（均为占城镇职工人数的比例）3 个变量中，只有失业保险普及率对城镇基尼系数有负向影响，说明失业是导致收入差距扩大的一个重要原因，而失业保险有助于减小失业对收入差距的影响。但其余两个变量的影响都是正向的（都在 5%或 10%水平上显著），说明基本养老保险和基本医疗保险在其普及过程中不仅没有起到缩小收入差距的作用，反而

---

① 根据一些典型案例来看，中央财政对各省份的转移支付更多的是被用于投资。请注意，这里使用的财政转移支付并不限于每年上百亿元的支援不发达地区支出，而是根据中央对地方的净税收返还（扣除了各地自己的贡献）计算的更大范围的转移支付，其规模每年超过上千亿。对此数据的计算见 Wang and Fan（2003），王小鲁、樊纲（2004）。

扩大了收入差距。

基本养老保险普及率和基本医疗保险普及率对城镇基尼系数的正向影响值得认真关注。这可能说明这两个社保体系在管理上或普及上存在缺陷，因而高收入者从这两个体系的受益可能大于低收入者从中的受益。根据国民经济研究所2005年一项调查的结果，中高收入人群从医保报销的人均医疗费高于低收入人群。他们从医保报销的费用占他们实际医疗费开支的比例也较高，自费比例较低。而低收入人群则相反，自费比例较高，报销比例较低。这说明医保体系在低收入人群（特别是外来农民工）的普及存在障碍。

需要说明的是，在上述实证研究针对的时期，基本养老保险和医疗保险在城镇还没有全面普及，其中对低收入人群的遗漏比较多。这可能影响其对收入分配的作用。而近几年由于这两项保险在城镇地区的普及率已经大幅度提高，它们对收入分配的影响可能也在随之发生改变。此外当时社保体系还没有在农村普及，基本上只有城镇人口可以从中得益。这也就在某种程度上解释了为什么医保普及率有扩大城乡收入差距的作用[①]。

第三类因素是关于公共服务和基础设施方面的。普及公共教育应该是一个缩小收入差距的重要手段。但是人均教育水平系数也出人意料地在城镇收入差距模型中具有正号，而且具有高的统计显著性（接近1%水平），显示教育不但没有缩小收入差距，反而扩大了收入差

---

① 还需要补充说明，本书完成后的这段时间内，社会保障普及率有进一步提高。以上述模型检验的数据截止时间2002年、本书数据截止时间2011年和目前已公布数据的2019年为三个时间节点，以城镇就业人数为100%，来看几项社会保障覆盖率变化。城镇职工基本养老保险：44.2%、60.0%、70.5%；城镇职工基本医疗保险：37.4%、70.7%、74.4%；失业保险：40.5%、39.9%、46.4%；城乡居民基本养老保险参保人数：0、3.32亿、5.33亿。可以看出，各自有不同程度改善。社保覆盖面的扩大必然给改善收入分配带来积极影响。但目前在这方面还有较大的缺口，主要是有大量进城务工的农民工还没有被覆盖。——作者2021年注

距。这是一个非常值得警惕的现象，说明我国教育适龄人口面临的受教育机会是不均等的，高收入人群的教育机会大于低收入人群，因而加强了收入的不均等。关于这一点，本书后面还要进行讨论。此外，该变量对乡村基尼系数没有显著影响；在城乡收入差距模型中虽然具有负号，但缺乏统计显著性。这可能说明教育在乡村发展不足，没有充分起到应有的缩小城乡差距的作用。这些结果都证明，公共服务均等化仍然是一个迫待解决的任务。

在交通和通信设施与收入差距的关系方面，铁路线路密度在乡村收入差距模型中，公路线路密度在城乡收入差距模型中都具有负系数，并且都在10%水平上显著。这合理地提示交通条件的发展对农村低收入居民和全体农村居民都有帮助，从而有助于缩小农村内和城乡间的收入差距。不过，电话普及率在农村收入差距模型和城乡收入差距模型中系数为正，而且非常显著，这也是一个反常现象。这很可能是因为在所检验的这个时期，电话的普及还限于城市人口和农村的中高收入人群，而在农村低收入人群中还面临普及障碍。2003年，全国乡村按户计算的固定电话普及率（乡村住宅电话用户/乡村户数）为45%，有55%的乡村住户没有安装电话。不过，从另一方面看，上述回归结果也说明通信条件的改善对提高农村居民的收入有明显的作用[1]。

第四，关于制度因素，市场化指数在城镇和农村收入差距模型中都显示出负影响；虽然未达到显著水平，但 t 值都超过1。统计检验拒绝零假设，提示市场化有助于缩小收入差距。这纠正了一个普遍存在的误解，即认为收入差距扩大主要是市场化造成的。在一个竞争机制比较完善的市场环境中，市场配置资源可能比用政府的行政手段配

---

[1] 截至2020年，全国移动电话用户已达到15.94亿户，全国人均拥有1.13部移动电话，已经实现了全民普及。——作者2021年注

此外，在城镇收入差距模型中，企业的税外负担和灰色收入指数都有正的系数，并分别在5%和10%水平上显著。这提示对企业的不规范摊派和灰色收入（在某种程度上反映腐败）都有改变收入分配格局、导致收入分配更加不平等的作用。尤其值得警惕的是，后者中至少有一部分是通过非法途径改变收入分配，对社会公平和经济发展都有非常大的危害。

作者预期城乡劳动力流动增加会有缩小城乡收入差距的作用，但劳动力流动变量在3个模型中都不具有统计显著性，因此剔除。这可能是因为劳动力中的相当部分是跨省份流动，其作用不通过各省份数据反映出来。

在表2-3中，作者使用各个影响因素在2002年30个省份的平均值和模型的估计系数，计算了它们各自对收入差距的影响程度。

表2-3　各因素对收入差距的影响程度（根据2002年各省份数据平均值计算）

变量	符号	平均值	城镇差距	农村差距	城乡差距
人均GDP（1996价格）	Y	10 087	—	—	—
对数人均GDP	$\ln Y$	9.22	672.41	380.56	72.27
对数人均GDP平方	$(\ln Y)^2$	84.99	−317.10	−184.09	−39.07
GDP增长率（%）	YR	11.72	—	−2.73	−0.06
投资率（固定投资/GDP，%）	RI	39.70	2.04	0.00	—
外资率（固定投资中外资和港澳台资比例，%）	RFI	6.48	0.39	−0.88	—
外贸依存度（各地进出口总额占GDP比重，%）	OPEN	29.02	1.00	—	0.27
城镇登记失业率（%）	UEM	3.86	1.29	—	—

续表

变量	符号	平均值	城镇差距	农村差距	城乡差距
人均转移支付（元，1996年价格）	TRP	106.94	−0.44	0.79	0.03
养老保险覆盖率（占职工人数比例，%）	RPE	20.75	2.59	—	—
失业保险覆盖率（占职工人数比例，%）	RUE	64.06	−1.99	—	—
医疗保险覆盖率（占职工人数比例，%）	RME	60.32	1.16	—	0.21
铁路线路密度（km/100km²）	RWD	24.87	—	−1.12	−0.09
公路线路密度（km/100km²）	HWD	17.74	—	—	−0.15
电话普及率（台/百人）	TEL	18.02	—	4.58	0.73
6岁以上人口教育程度（年/人）	ED	7.82	14.10	—	−0.51
市场化指数	MKT	5.98	−3.91	−3.06	—
企业非税负担占销售额（%）	EB	2.42	4.85	—	—
灰色收入指数	GY	6.56	0.33	—	—
常数项	C	1.00	−346.17	−161.21	−30.64
人均GDP影响＋未验明因素影响＋误差	—	—	7.19	34.49	2.55
其他因素影响加总	—	—	21.41	−2.41	0.42
城市、乡村基尼系数和城乡收入差距平均值	—	—	28.60	32.08	2.97

注：1. 铁路和公路线路密度是每平方公里国土面积拥有的铁路和公路线路总长度（均根据客货通行量折合为标准的二级公路线路长度）。

2. 基尼系数为百分比，城乡收入差距为城镇人均收入相当于农村人均收入的倍数。

资料来源：根据模型回归结果计算。原始数据见国家统计局（2003，2004）。

以城镇收入差距为例，表2-3的结果提供了一些非常值得注意的重要提示：

第二章　我国收入分配格局的演变

（1）2002年各省份城镇居民基尼系数的平均值是0.286，其中3/4可以被人均国内生产总值水平以外的因素解释。

（2）在导致收入差距扩大的因素中，教育机会不平等是最重要的因素，对基尼系数的影响高达0.141。

（3）另一个导致收入差距扩大的重要影响因素是制度因素，这包括政府经济行为的不规范和收入分配不公平（灰色收入，主要反映腐败）。这两项合计对城镇基尼系数的影响为0.052。这一估计结果在数值上很可能偏低，这是因为分析使用的灰色收入指数不可能反映灰色收入的全貌。

（4）根据模型分析结果和其他一些佐证来看，在1996—2002年期间的城镇基本养老保险和医疗保险给中高收入阶层带来的好处多于给低收入阶层带来的好处，因此不仅没有导致缩小收入差距，反而在一定程度上扩大了收入差距。这两者的影响为0.037。

（5）城镇人均收入差距随着短期经济增长因素（投资率、外资比重、外贸依存度）的上升而扩大。这些因素的影响合计为0.034。但经济增长也会降低失业率，而高失业率会导致更大的收入差距（对城镇基尼系数的影响为0.013），因此经济增长也有缩小收入差距的作用，只是这一作用较弱。

（6）在缩小收入差距的影响因素方面，市场化程度出人意料地显示了最重要的作用，减小基尼系数0.039，但是它没有能够抵消负面的制度因素带来的收入差距扩大。这说明市场化并不必然带来两极分化。在一个合理、规范、透明的制度框架之下，市场化将能更有效地缩小收入差距。

（7）社会保障体系有助于减少收入差距。目前失业保险对减小城镇基尼系数的贡献为–0.02。但养老和医疗保险显示了相反的作用。这说明在社会保障体系的建立和完善方面，一个极其重要的任务是如何尽快地将低收入居民纳入基本社会保障的范围，并使之能够切实从中受益。

（8）通过财政转移支付实现的收入再分配在缩小城镇收入差距方面贡献了 0.004。但考虑到财政转移支付的规模，它在减少收入差距方面的作用不理想（尤其是考虑到对农村和城乡收入差距有负面影响）。这说明财政转移支付在支持地方发展和缩小收入差距这两方面的功能需要更清楚地界定，目标要更加明确，它的使用要更加制度化、规范化，使之在促进经济发展方面和社会平等方面更有效率。[①]

上述结果说明，收入差距的变动并不是无条件地随着人均国内生产总值水平的逐步提高而先上升后下降。相反，它的变动是其他许多因素综合影响的结果。这些因素可能导致更高或更低的收入差距，而且在一定条件下可能导致收入差距收敛或者不收敛。因此，关键问题在于如何建立一套合理的经济和社会政策体系以及制度框架。这包括改善公共教育和实现公共教育服务的均等化、改善社会保障体系和财政转移支付体系、改革政府管理体制以消除腐败和不公平的分配、推进公平竞争的市场化、完善基础设施条件等等。这些将能够在不影响经济效率或者有利于提高经济效率的同时，改善收入分配状况，缩小收入差距，促使社会更加公平、和谐地发展。

---

① 财政转移支付一个更主要的功能是缩小地区之间的经济差距。由于本项研究立足于各地区内部的收入差距，上述问题不在本文研究范围。但经验证明，转移支付如果用于改善基础设施条件和教育投资等，会有助于欠发展地区提高效率，缩小差距，但如果用于一般生产性投资，则未必能得到预期的效果。

第三章

收入分配失衡与经济结构失衡

作者提示

本章讨论一个时期以来收入分配失衡与经济结构失衡的关系。首先分析最终消费率持续下降的趋势及其原因，指出诸多收入分配方面的因素对该趋势有重要影响，包括居民收入增长慢于经济增长、收入差距扩大、政府收入和政府投资比重持续上升、社会保障覆盖不全、垄断性行业收入上升过快、公共资金管理不善和腐败等。这些因素导致了全社会消费率过低、储蓄率和投资率过高，经济增长过度依赖投资和出口拉动，并进一步导致了产能过剩、投资回报率全面下降等结构失衡现象。作者指出，凯恩斯主义的扩张政策在长期有负面效果，必须推进相关改革，改变过度依赖投资拉动经济的增长模式，否则结构失衡将加剧，可能使中国落入中等收入陷阱。

接下来，作者通过一个简单直观的两部门理论模型推导，证明过低的消费率和过高的投资率是导致经济失衡、产能过剩、经济增长受阻的原因，说明宏观经济政策不应被凯恩斯主义的扩张政策所左右，而应通过改善收入分配、改善社会保障和公共服务体系，促进过低的消费率回升，释放内需带动经济增长的潜力。作者还通过基于中国长期增长数据的计量模型分析提出，中国合理的消费率应在60%—70%之间。

在本书完稿后的这一时期，有些情况发生了改变。其一是近几年来货币政策趋于相对稳健；其二是有些行业产能严重过剩的情况在行政手段干预下发生了改变；其三是我国的消费率有一定程度的回升，储蓄率和资本形成率（投资率）有相应回落，但是幅度相对有限。据统计局调整后的数据，2011—2020年间我国的消费率从50.6%回升至54.3%，回升了不到4个百分点，但比2000年仍低近10个百分点；储蓄率和资本形成率都仍比2000年高近10个百分点。本章所描述的结构失衡现象仍然存在，对导致结构失衡的各种原因的分析仍然成立。

随着认识的深化，这里需要补充指出，在导致收入分配失衡和经济结构失衡的各种因素中，过去长期过度宽松的货币政策和过高过滥的政府投资是关键因素。货币过度扩张实际是对国民收入的透支，挤压了普通居民的实际收入和消费，鼓励低效投资和少数人的财富积聚。政府大量借债投资也产生同样的作用。在中国，货币宽松主要通过扩大资产泡沫（最突出的是房地产价格虚高）造成对中低收入居民的剥夺，形成逆向收入再分配。近几年，货币增长和政府投资增长均有减缓，使结构再平衡有一定进展。但要纠正长期形成的结构失衡，还需要持续努力。

作者于2021年10月

第一节　收入分配对消费和储蓄的影响

一个时期以来,我国经济结构出现了一系列失衡现象。主要表现为在经济高速增长的同时,居民储蓄和企业储蓄超常增长,而消费率(这里定义为最终消费占 GDP 的比重,以支出法 GDP 计算)逐年下降。

一、消费率下降的长期趋势

建国初期的 1952 年,消费率为 78.9%;以后除去 1958—1959 年的"大跃进"时期和随后的三年恢复时期的大起大落以外,总的趋势是储蓄率逐渐上升,而消费率逐渐下降。到 1978 年,消费率降到了 62.1%。改革开放开始后的一段时间,消费率有所回升,在 20 世纪 80 年代中期保持在 65%—66%,但随后逐渐回落,2000 年降到 62.3%。

特别突出的是此后的 10 年间(2000—2010 年),消费率大幅度下降到 48.2%,降低了 14.1 个百分点;其中居民消费占 GDP 比重从 46.4% 下降到了 34.9%,降低了 11.5 个百分点。这两者都是新中国成立以来从未有过的低点。同时,总储蓄率上升到 GDP 的 51.8%,也是在世界上少有的情况。图 3-1 显示了我国 1950—2010 年消费率和储蓄率的变化。

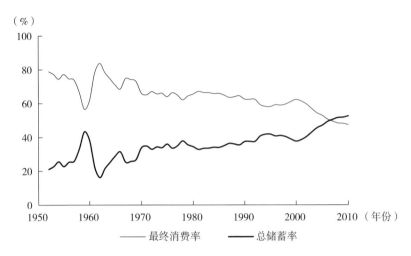

图 3-1 中国 1950—2010 年来的消费率和储蓄率变化

资料来源：国家统计局，历年。

这种情况 2011 年开始出现了一些变化。2011 年，根据国家统计局更新后的数据，消费率回升了 0.9 个百分点，为 GDP 的 49.1%，其中居民消费比重回升了 0.5 个百分点，为 35.4%（数据来源：国家统计局，2009b，2012a）。这是一个可喜的迹象，但仅仅是一个初步的变化。在未来几年中，这种回升能否持续，消费率能否逐步回升到一个合理的水平，还有待观察，尤其是需要在收入分配方面做出进一步的努力。

消费率为什么长期呈下降趋势？导致这种现象的内在机制，在改革前后有很大的不同。在改革前的计划经济时期，储蓄率上升、消费率下降基本上是政府行为所致，目的是提高投资率，以加速工业化建设。在农村，政府实行粮食"统购统销"并压低对农民的农产品收购价格，实行工农业产品价格"剪刀差"政策。在城市，以低的生活必需品价格维持了职工的低工资水平，并以行政手段限制了工资增长。通过这种方式，政府把农业收入转移到工业，同时把工业利润统统垄断起来，都是为了扩大投资、加快工业化这个目的。这当然带来了很多问题，例如居民收入水平提高非常缓慢，工业结构过度向重工业倾斜，国家计划的投资项目很不经济，造成大量浪费。

政府的投资，"一五"时期的 156 个从苏联引进项目，绝大部分是有效的，奠定了中国的工业基础。但到了"大跃进"、60 年代"三线建设"，以及"文革"时期的投资项目，效果越来越差。"大跃进"时期到处投资，"遍地开花"，搞所谓土法上马的炼铁厂、炼钢厂，完全违背基本的技术经济要求，最终统统废弃。三线建设时期，很多投资项目因为布局、选址错误、设计不合理、忽略投资的经济性等原因，建成后长期形不成生产能力，或长期亏损。而且"重点工程，重点浪费"，根据当时一些高层参与者的估计，三线建设累计投资 6 000 多亿元，其中大约三分之一投资被浪费掉了。"文革"时期的投资问题更大，由于政治运动的干扰，许多项目拖延多年不能竣工或者半途夭折。因此改革前 20 年（1958—1978 年）期间，压低居民收入和消费、强制积累的政策，并没有起到推动经济发展的作用，反而长期抑制了人民生活水平的提高。

改革初期，短暂的消费率回升主要是因为农村改革和城市对国有企业放权让利，扩大了农民和企业的自主权，初步引进了市场机制，提高了居民收入。这一时期的消费率回升可以认为具有恢复性质，从计划经济时期的强制性储蓄恢复到一个较为正常的状态。20 世纪 80 年代上半期经济活跃，市场繁荣，百姓增收，与之前"文革"时期的匮乏和萧条形成了强烈反差。

但是从 20 世纪 80 年代中期以后，消费率再次转向下降。不过这一时期的消费率下降，由于经济机制与改革以前发生了非常大的变化，因此导致消费率下降的原因也改变了，不能再用以前的那些因素来解释。这些原因的改变，将在稍后部分进行具体分析。这里首先指出其中最突出的两点：

其一是由于长期以来居民收入增长慢于经济增长，导致居民收入占 GDP 的份额下降。从 1978 年到 2011 年，按不变价格计算的人均 GDP 增长了 16 倍，而不变价格的城乡居民收入只增长了 10 倍。尽管居民收入也保持了相当快的增长，但相对于经济增长而言速度较慢，自然使得居民可用于消费的资金相对不足。而政府收入和企业收入增长更快，导致了全社会储蓄率上升。

其二是由于居民收入差距持续扩大，导致平均的居民储蓄率提高。此外，医疗、教育、住房等成本的上升和失业风险的上升，也迫使居民不得不提高储蓄、压缩消费。

消费率的下降（或者储蓄率的提高），起了两方面的作用。首先，储蓄率上升为投资提供了充足的资金。根据作者的计算，中国资本存量的增长率在改革以前时期（1952—1978 年）平均为 9.3%，但此期间资本投入效率低、浪费大，只保持了 6.2% 的经济增长率。改革开始后的一段时间（1978—1990 年），资本存量的年均增长率仍然保持在 9.3%，但由于效率提高和劳动力向非农产业大量转移，年均经济增长率上升到 9%。20 世纪 90 年代（1990—2000 年），资本形成加快，资本存量增长率上升到 10.9%，同期的经济增长率进一步上升到 10.4%。而进入 21 世纪的前 10 年中（2000—2010 年），资本存量增长率进一步加快，平均达到了 16.0%，但该时期的经济增长率仍然保持在 10.5%，没有发生进一步的提高。

增长核算分析证明，在改革前后各个时期的经济增长中，资本投入对增长的贡献都是居第一位的贡献因素。改革期间经济增长的加快，也与储蓄率及投资率的提高有直接的关系。应该说，一定程度的高储蓄、高投资，对于我国三十多年的高速经济增长，起了至关重要的作用。

但另一方面，对一个经济体来说，并不是储蓄率和投资率越高越好，消费率越低越好。在2000—2010年期间，消费率呈加速下降的趋势，从62.3%迅速下降到48.2%这一前所未有的低点。但上面引用的数据说明，这10年来的超高储蓄和投资，高达16%的资本存量增长率（2009年以来已达到20%），并没有带来经济增长的进一步加速。这说明在如此高的储蓄率和投资率条件下，经济效率下降了。

2010年前后，工资水平和农民收入增长相对加快，国内消费增长势头也有所改善。2011年居民消费占GDP比重轻微回升，这一新现象与几个因素有关：其一，近年来劳动力供求形势发生了改变，工资提高加快；其二，农业增收、农产品价格上涨，加上政府的惠农政策，促进了农民收入提高；其三，社会保障的改善、较大力度的政府公共服务支出、针对低收入群体的转移支付，以及提高最低工资标准，都对改善居民收入和消费起了一定作用。

二、消费率数据是否可信

近来有些学者认为，国内消费率在2011年前后可能实际上已处在回升阶段，而官方统计数据很可能低估了消费率，忽略了消费率的回升。要对此做出判断，有以下三个问题需要考虑：

首先，官方的消费总量和消费率数据是否真实？本书作者2010年的研究发现，官方的城乡居民住户统计对高收入居民的收入和支出数据都有显著低估，但收入低估程度要远远大于消费低估的程度。这主要涉及灰色收入。同时还应注意到，官方GDP核算账户中的居民消费数据已经明显大于住户调查得到的居民消费数据。2008年，按官方住户收支统计数据推算，居民消费总量为9.46万亿元，而GDP核算中的居民消费总额为11.06万亿元，后者比前者高了16.9%。2010

年，后者仍然比前者高11.5%。如果认为GDP核算中的消费总量数据仍然偏低，需要上调，那么GDP总量需要上调的幅度可能更大。这不会导致消费率上调，反而有可能导致下调，而2010年前后几年结构失衡问题的严重程度不大可能因数据调整而减轻。

其次，目前是否已经出现结构再平衡的趋势？近年来，工资水平和农民收入上升较快，2011年全国居民人均收入增长率（城乡加权平均）多年来首次超过了人均GDP增长率。2012年可能继续保持这一趋势。但这两年的居民收入高增长，在较大程度上是由于农民收入增长的带动，因为农民这两年的收入增长快于城镇居民（见表3-1）。但农村居民收入的较快提高，又在相当程度上是得益于农产品价格上涨（显著高于消费价格总指数的增长），这是一个短期的影响因素，而并非长期趋势。

表3-1 2010—2012年居民人均收入增长幅度（%）

年份	城镇居民可支配收入	农村居民纯收入	加权平均	人均GDP
2010	7.8	10.9	8.6	9.9
2011	8.4	11.4	9.2	8.8
2012*	9.7	10.0	9.8	7.7

*2012年为预估数，城镇居民人均收入和人均GDP增长率据前三季度数据预估，农村居民纯收入增长率据前半年农村居民现金收入和其他数据预估。
资料来源：国家统计局，2012a，2012b；作者估算。

消费率出现回升是多年来的第一次。但这是否会成为未来消费率回升的拐点，还没有更多的证据来证明。而且经济下行是否会在未来影响居民收入和消费的增长，还有待观察。因此，国内经济结构2012年只是出现了某些好转的迹象，恐怕还很难说已经稳定地进入了再平衡过程，更不能轻易认为经济结构失衡已经得到了纠正。

第三，导致消费不足、持续过度的结构失衡的原因是什么？其中的突出原因，是收入差距过大，资源和要素收入分配不合理，以及腐败和公共资源的管理、使用不得当等因素造成的，这些主要是体制性原因。仅靠提高工资和增加转移支付，有助于改善收入分配状况，但不可能从根本上解决问题。要使经济恢复平衡，必须推进财政税收体制、金融体制以及政府管理体制等方面的改革（作为政治体制改革的一部分），以改善收入分配，改善公共资源的管理并使之有效使用，同时改善有关生产要素和资源的价格形成机制和管理制度。不经过若干年实质性的、坚持不懈的体制改革，是不可能从根本上纠正经济失衡的。对这些问题，下面将进一步展开分析。

三、过去二十多年消费率下降的原因

从20世纪80年代中期至2011年这二十多年来的消费率下降趋势，与几个方面的因素有关。

第一，这首先与居民收入占GDP份额下降，而政府收入、企业收入占GDP份额上升有关。因为在居民收入份额下降的情况下，即使居民自身的储蓄率和消费率保持不变，总的居民消费率（居民消费占GDP的份额）也会下降。中国在经济改革期间逐渐放开了对劳动力和人口流动的管制，触发了大量农民工源源不断从农村流入城市的城市化进程。正如刘易斯的二元经济模型所描述的那样，在存在城乡二元经济和剩余劳动力的情况下，农村劳动力持续向城市转移，会使劳动力市场供过于求，导致"劳动无限供给"的状况（Lewis，1954）。而这会压制工资水平的上升，使居民收入增长缓慢。

截至2011年中国至少有1.6亿农民工在城市工作，每年还有几百万农民工继续进入城市。过去经济增长长期保持在10%左右的速度、人均GDP不断提高，而平均工资水平的增长率远远低于人均

GDP 增长率。这就导致了劳动报酬在收入分配中的比重不断下降。而改革时期随着市场化进程，资本、土地、人力资本都获得了前所未有的高额报酬，远远超过工资水平和农民收入的上升速度，从而扩大了这些要素所有者与大众之间的收入差距。

因此消费率下降，首先是绝大部分居民收入增长慢于经济增长，因而居民消费增长也滞后于 GDP 增长造成的。在从 1985 年到 2011 年的 26 年中，中国的人均 GDP 增长 9.1 倍，而城镇和农村居民人均收入分别只增长 6.5 倍和 4.0 倍，人均消费仅增长 5.2 倍（均按不变价格计算）[①]。这种居民收入和消费增长显著慢于 GDP 增长的情况一直持续到 2010 年前后，才由于农村剩余劳动力减少、工资增长加快、农民增收等因素而有所改变。

可以预计，这种刘易斯模型所描述的、二元经济结构导致的居民收入增长缓慢趋势，不会长期持续。随着农村劳动力越来越多地转移到城市，转移速度自然会逐渐放慢，转移数量减少，从而改变劳动力供求形势，使工资水平加快增长。这就是一些学者所说的"刘易斯拐点"（见蔡昉，2007）。

不过也应该看到，这个"刘易斯拐点"在中国可能还将是一个较长时期的过程。因为中国目前还有接近一半农村人口，农村还有大量中年以上的劳动人口，很多到城市打工的青壮年劳动者由于面临户口、社保、社会福利、住房等方面的制度障碍，难以在城市长期安家落户，也趋向于打几年工后返回家乡（尽管未必再务农）。农村土地流转交易也存在制度障碍，社会保障又不健全，使很多已经外出打工的农村居民不愿最终放弃土地。因此 2010 年前后出现的"刘易斯拐点"，可以说在一定程度上是由制度因素造成的。如果这些制度障碍

[①] 人均 GDP 增长据国家统计局 GDP 核算数据计算，居民收入和消费增长据国家统计局城乡居民家庭人均收入和消费统计数据计算（国家统计局，2012a）。

能够逐渐消除，农村还会有相当多的劳动力可以转移出来。

因此这个"刘易斯拐点"，将是一个伴随着制度改革而逐渐实现的过程。在这个过程中，只要有关的制度改革能够推进，不大可能马上出现劳动力"绝对"短缺的局面，因此也不大可能因工资水平涨幅过大、导致劳动密集型产业迅速终结的局面。相反，如果能够逐步推进城市户籍制度改革、扩大社保和城市公共服务的覆盖范围、改革土地流转制度等等，使转移劳动者能够逐渐在城市安家落户，成为城市居民的一员，那么未来更可能出现的状况是城乡二元结构在2020年左右的时间内逐步打破，城市化加快进行，而伴随这个过程，工资水平将持续并相对温和地上涨，产业结构逐步调整升级换代，平稳实现"刘易斯转折"。

第二，自20世纪90年代分税制改革后，政府收入占GDP的份额由降转升。2000—2010年间大部分年份，财政收入上升幅度都超过了20%。在政府收入迅速上升的同时，政府在民生方面的支出（社会保障、公共服务和转移支付）尽管也在提高，但相对比重过低，而政府投资及政府自身消费所占比重过大。这加剧了政府收入和居民收入之间的分配不平衡，因此也加剧了居民消费占GDP和国民收入份额相对下降的趋势（关于政府、企业和居民收入的相对变化，前面已有讨论，参见第二章第四节）。

第三，居民收入差距日益扩大，是导致居民消费比重下降的重要原因。从1985年到2010年这25年中，中国的收入分配基尼系数从0.31上升到0.47或更高[1]，已经进入世界上少数收入差距很大的国家之列。收入差距扩大，意味着富人收入增长快于穷人，国民收入的分配向少数人倾斜。而由于边际消费倾向递减的作用，富人的储蓄率远

---

[1] 基尼系数0.47是世界银行计算的中国2004年数据（见世界银行，2008）。近年来有人计算实际基尼系数已经接近或者超过了0.5（见李实、罗楚亮，2011）。

高于穷人,因此收入差距扩大会自发地导致居民消费率下降、储蓄率上升。

根据国家统计局城镇住户收支调查数据,2010年城镇10%最低收入家庭的消费率高达92%,而10%最高收入家庭的消费率只有62%。研究发现,由于统计数据未能反映最高收入家庭的全部收入,最高收入家庭的实际消费率更低,而储蓄率更高(见王小鲁,2007,2010)。这在很大程度上解释了居民消费率的下降。

有一种以讹传讹的说法认为,储蓄率上升完全是企业储蓄和政府储蓄提高的结果,而居民储蓄率近一时期并未发生变化。这种说法是不确切的。因为企业和政府储蓄率的确发生了显著上升,但居民储蓄率上升的趋势同样明显。分别根据国家统计局两个不同来源的数据(城乡居民住户调查数据和资金流量表数据)计算,2000—2010年期间,居民储蓄率都有大幅度的上升。

其中,根据城乡住户调查数据,城镇居民储蓄率有大幅度上升,农村居民储蓄率大体稳定。但城乡居民收入水平相差三倍以上,农村居民收入所占权重小得多。因此按城乡收入比例和人口比例加权平均后,居民储蓄率在这十年间上升了6.2个百分点。而根据资金流量表数据,居民储蓄率在2000—2009年期间上升了9.3个百分点(见表3-2)。

尽管两者反映的幅度不同,但都显示了居民储蓄率显著上升的趋势。其中由于资金流量表数据遗漏较少,其反映的居民储蓄率大幅度上升趋势可能更真实。

表3-2 统计数据反映的居民储蓄率变化(%)

项目	2000年	2010年	变化(百分点)
城镇居民储蓄率(住户调查数据)	20.4	29.5	+9.1
农村居民储蓄率(住户调查数据)	25.9	26.0	+0.1

续表

项目	2000年	2010年	变化(百分点)
城乡加权平均	22.5	28.7	+6.2
全国居民储蓄率(资金流量表数据)	31.1	40.4*	+9.3

注：储蓄率定义为：(1－居民消费支出/居民可支配收入)×100%。

* 此为2009年数据。

资料来源：国家统计局，历年a。

第四，中国在改革中，工资水平从政府决定转向了由劳动力的市场供求关系决定，这带来了就业的灵活性和效率提高。但保护劳工的立法和社会保障、公共福利等弥补市场缺陷的制度没有随之健全起来。而这些制度，在20世纪大萧条之后早已在西方国家发展起来了。在劳动者收入单纯由劳动力市场供求关系决定，没有形成补充市场的保障制度的情况下，没有什么自发机制来保证劳动者的收入和消费水平随经济增长而同步增长。

尽管近年来社会保障体系正在发生明显改善，但还远没有做到应保尽保，尤其是对近两亿外出打工的农民工。根据相关数据，2011年城镇就业3.59亿人，但城镇职工基本养老保险的参保职工人数只有2.16亿人，基本医疗保险参保人数只有2.52亿人，失业保险参保人数只有1.43亿人，工伤保险参保人数只有1.77亿人。以全部城镇从业人员数为基数计算，这些社会保险对城镇就业人员的实际覆盖率分别只达到了60%、70%、40%和49%。没有被城镇社保体系覆盖的，主要是进城的农民工。这些缺乏社会保障的劳动者为了应对未来的失业、养老、疾病等风险，只能被迫压缩当前消费，提高储蓄率。

第五，一个时期以来，企业收入和储蓄迅速上升为带动总储蓄率上升的主要因素之一。这主要是处于垄断地位的企业和资源性企业的收入及储蓄迅速上升造成的，首先与下述情况有关：

（1）银行业垄断程度过高，而且存贷利率由央行规定，预留了非常高的利差空间。例如按照自 2011 年 7 月实行的存贷款基准利率，一年期存款和贷款利率分别为 3.5% 和 6.56%，利差高达 3.06 个百分点，长期存贷款利差也都在 1.5 个百分点以上，这远高于国外水平。据银保监会数据，2011 年中国商业银行净利差为 2.7%，净利润 1.04 万亿元。银行依赖垄断地位，过分轻松地把巨额的居民和企业收入转移到自己账上，形成了巨额储蓄。

（2）其次，长期以来资源税形同虚设，国有企业不上缴红利。近年来对资源税和国有企业红利分配制度进行了改革，这是一个进步，但尚未到位。目前石油、天然气仅按 5% 从价税率征税，煤炭等没有纳入资源税改革范畴[①]。国有企业红利上缴率只有 5% 到 15%，而且取之于国企，用之于国企，没有纳入公共财政。目前盈利性的大型国有企业主要分布于具有天然垄断性和政策垄断性的行业，例如铁路、电信、银行、保险、石油等。这种情况导致资源收益和国有企业垄断利润的主要部分由企业自行支配，而不能被公众分享。企业未分配利润越积越多，成为企业储蓄的重要来源。这些收益中的一部分转化为企业管理层的高额报酬以及灰色收入，造成了资源性和垄断性行业与一般竞争性行业之间巨大的收入差距。土地资源出让开发的巨额收益分配不合理、不规范，以及资本市场上大量圈钱的行为，也是一个至关重要的因素。

第六，各级地方政府对扩大产出规模、加快经济增长有强烈冲动，而在完善公共服务、改善市场环境和实现充分就业方面激励不足，常常过多地鼓励资本密集的大项目投资和大企业发展，不惜让税

[①] 之前煤炭有 0.3 元/吨—5 元/吨的轻微从量税，2011 年只提高了焦煤的税率。2020 年实施了新的资源税法，将原油、天然气税率定为 6%，对煤炭征收 2%—10% 的从价税，对其他金属和非金属矿产品的资源税也改为从价征收。——作者 2021 年注

让利、免费供地，而对劳动密集度高的小企业缺乏重视。大银行主导金融市场的情况，也对小企业的融资非常不利，导致它们贷款难，贷款成本很高。这使要素配置发生倾斜，企业规模和资本密集度不断上升，减少了就业机会，也因此扩大了收入差距，加速了消费率下降。根据1995年全国工业普查和2008年全国经济普查数据，在1995—2008年期间，全部小型工业企业在工业总产值中的比重从56.4%下降到44.2%，占工业就业的比重从67.0%下降到59.4%[①]。小企业的就业人数从7 900万人下降到6 978万人。小企业的萎缩，对就业和收入分配的影响是不利的。

第七，有些公共资金和资源管理体系存在漏洞，制度规范不健全，透明度低，缺乏监督，特别是土地出让收入和预算外资金的管理更不严格，导致公共资金使用不当、流失和贪污腐败现象。这严重恶化了收入分配格局，扩大了收入差距，因此也间接对消费率产生影响。

第二节　消费需求不足导致经济失衡

长期以来储蓄率不断上升，消费率不断下降，原因在于最终消费增长慢于GDP增长。因此从需求角度来看，总需求结构在不断发生变化，带动经济增长的责任不断由消费转移给投资和净出口，导致了越来越大的投资规模和巨大的贸易顺差。而自从2008—2009年国际金融危机以来，国际市场需求持续疲软，抑制了中国的出口，使出口增长显著放慢，净出口占GDP的比重回落。这又迫使政府采用扩张

---

① 2008年小企业占工业总产值比重是根据"规模以上"企业数据和全部工业企业主营业务收入数据推算的。

性财政和货币政策，靠扩大政府投资和刺激民间投资来替代出口的回落，从而使经济更加依赖投资拉动，投资率越来越高，逐渐形成结构失衡。这主要表现在以下几方面：

一、对出口的过度依赖

随着储蓄率上升，最终消费对增长的贡献越来越小。2000—2010年，贡献率降到50%以下，大多数年份在40%上下。而经济增长继续保持在10%左右的高速度，因此迅速扩大的供给能力只能越来越依赖投资需求和外需来平衡。

在整个2000—2010年期间，中国以美元计价的货物进出口年均增长率分别超过和达到20%。2010年，我国进出口总额相当于国内生产总值的50.3%。货物和服务净出口占GDP的比重由2000年的2.4%上升到2007年的8.8%，货物进出口顺差在2008年一度接近3 000亿美元。不过2008年第四季度到2009年，因国际金融危机影响，中国出口急速下降，马上引起了国内经济增长的下滑。实际上这也是多年来经济增长过度依赖出口带动的一个写照。不过由于世界金融危机爆发以来国际市场相对萧条，净出口占GDP的份额已于2011年回落到2.6%。

一个国家在经济起飞过程中，出口和贸易顺差迅速扩大，一般而言是竞争力上升、比较优势充分发挥的结果。中国的对外出口上升，无疑也反映了这一情况。而且一定规模的贸易顺差和强大的外汇储备，提高了我国经济在世界上的抗风险能力和国际谈判地位。但好事也要有一定限度。物极必反，超过了合理的限度，好事就可能变成坏事。而且其中还有另外一个重要原因，即内需相对不足，而国内生产能力扩张过快；企业产品在国内市场上找不到出路，势必迫使企业到国际市场上寻找出路，甚至不惜互相压价竞争，自相残杀。这后一个原因导致的出口快速增长，实际上是国内结构失衡的反映。

由于持续的贸易顺差，中国的外汇储备越积越多。截至2012年初，外汇储备已超过3.3万亿美元之巨。这样巨额的外汇储备，目前在世界上找不到一个更合理有效的大规模投资途径，只能大部分用来购买低回报的美元债券。而事实上，美国由于已经超额负债，加上经济不景气，已经在开动印刷机增发货币，从长期趋势来看未来必然导致美元贬值。而中国外汇储备的实际购买力就会随之不断缩水。实际上，得益的是债务人，受损的是债权人。如果收入分配更加合理，内需更加强劲，我国这些损失掉的购买力本来是可以用来提高国内居民的消费和福利水平的。

大量的贸易顺差本身也会带来一些不良后果。一国的贸易顺差就是他国的贸易逆差，如果持续存在和扩大就很容易激发对方的贸易保护主义倾向，导致贸易摩擦，在世界上树敌过多。因此，外汇储备和贸易顺差规模都需要有合理的限度。目前，虽然净出口已经收窄，但这主要还是国际市场不景气所导致。国内结构调整刚刚有了一点效果，但导致结构失衡的许多深层次体制原因还在，还远没有到宣布结构调整胜利的时候。

二、过度的投资依赖

从2000年到2011年，我国资本形成占GDP的份额提高了近14个百分点，从35.3%升至49.2%。尤其自金融危机以来，由于出口增速放缓，净出口收窄，在总需求对经济增长的拉动中，投资独占了一半多的贡献。

在2008年金融危机期间，中国政府推出了四万亿元的扩张性投资计划，同时地方政府纷纷建立融资平台进行大规模融资投资，涉及资金十几万亿元。2009 年银行贷款大幅度放松,一年间增发贷款 10 万亿元,比 2008 年增长了三分之一。这导致了一个时期货币供应极度宽松和投资规模大幅度扩张。在净出口对经济增长的贡献由正转负的同时,2009 年资本形成对经济增长的贡献率一度上升到 90% 左右。

2011 年,净出口占 GDP 比重收窄到 2.6%,同时在对抗国际金融危机时期的投资大规模扩张告一段落,固定资产投资实际增速有所放缓。扣除价格因素后,2011 年和 2012 年上半年的固定资产投资分别保持了 15.9% 和 18.0% 的实际增长率,仍然较高,但明显低于 2009 年的 33.2% 和 2010 年的 19.5%。国内消费仍保持了较快增长(2010、2011 和 2012 年上半年消费品零售总额的增长率分别为 14.8%、11.6% 和 11.2%)。但这一时期 GDP 增长率却逐季下滑,从 2011 年第一季度的 9.7% 下降到 2012 年第二季度的 7.6%,这明显反映出在目前的结构条件下,经济增长对投资和出口的过度依赖。2010—2012 年的季度 GDP 增长率变动趋势见图 3-2。

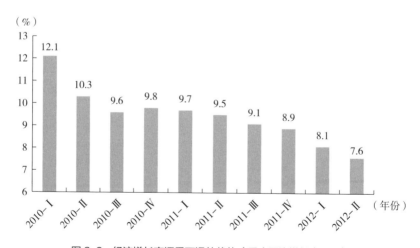

图 3-2 经济增长率逐季下滑的趋势(季度同比增长率,%)

资料来源:国家统计局网页,季度数据。

一个大国以一半的 GDP 用来投资，而居民消费只占三分之一，这在世界历史上也几乎是前所未有的。经济发展的确保持了相当快的速度，但老百姓的福利水平在长时期内没有同步增长。更严重的是，扩大固定资产投资并不仅仅带来需求的扩张，而一旦这些投资项目完成，就会导致生产能力的扩张，因而扩大供给规模。在国内消费不能与 GDP 同步增长的情况下，迅速扩张的生产能力无法被充分吸收，必然造成产能过剩，导致投资效率下降。

一方面投资不断扩张，另一方面多数行业又不断出现产能过剩（见图 3-3），严重的时候迫使政府出面，用行政命令的方式淘汰过剩产能，关闭企业、炸毁生产设备。这不仅造成财富的大量浪费，而且经济发展将遭遇越来越大的需求制约，越来越难以长期持续。很明显，在目前的结构条件下，不断靠投资拉动需求，只有短暂的效果，在经过一段时滞之后，会再次导致供过于求，而且将更加严重。这说明，持续不断地采用凯恩斯主义的投资扩张政策，很快将走进死胡同。

为了避开这种情况，2010 年前后各地政府对基础设施建设和房地产开发投入了越来越高的热情。在这些方面，尽管投资空间仍然巨大，但在公共资金管理体系不健全、不透明，政府激励机制不健康，政商关系缺乏社会监督的情况下，政府投资项目造成了大量的寻租机会，形成了大量低效和无效的形象工程、政绩工程，以及大量的幕后交易、贪污腐败现象，使投资效果堪忧。过急过快的基础设施投资，还可能带来其他一些不良后果，例如违反科学程序，不愿认真消化吸收和开发新的技术，好大喜功，急功近利，不顾安全，不考虑投资的长远效果等等。之前高铁和动车项目出现的问题，可能就是这一类情况的反映。

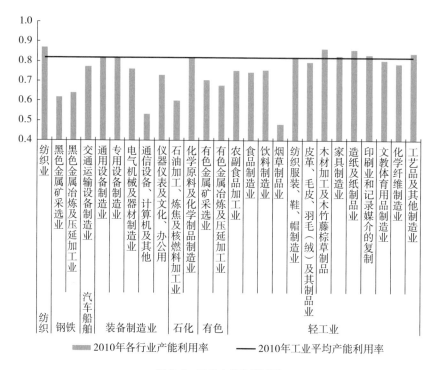

图 3-3 工业中的产能过剩

资料来源：曲玥，2012。

还有一个值得重视的因素，是我国过快的投资扩张对能源和原材料等投入品带来了巨大的需求，持续大量的进口已经显著拉升了世界市场大宗原材料和能源价格。2011年据海关统计，中国进口原油 2.54 亿吨，成品油 0.41 亿吨，是世界第二大石油进口国和消费国，进口总值约 2 300 亿美元。中国进口煤炭 1.82 亿吨，铁矿石 6.86 亿吨，都已经是世界最大进口国，后者进口总值超过 1 100 亿美元。石油价格持续高于每桶 100 美元，铁矿石的世界市场价格与金融危机以前相比也已翻了一番。这背后都有中国投资需求的影子。

而作为第二大能源进口国和最大矿产品进口国，我国也正在自食投资扩张过快的苦果。以钢铁业为例，在产能越来越大、进口铁矿石成本越来越高的同时，国内钢铁产能过剩也越来越严重。钢铁产能在"十一五"期间大幅度增长，2011年在产能已经严重过剩的情况下，政府用行政手段淘汰了3 122万吨炼铁产能，涉及96家企业；淘汰了2 794万吨炼钢产能，涉及58家企业。但一边在淘汰过剩产能，另一边却有许多企业还在继续大干快上。投资增长继续居高不下，2011年1—10月份钢铁业投资比上年同期又增长18.9%。到2011年年底，粗钢产能已超过9亿吨。而全年粗钢生产仅6.8亿吨，产能过剩近三分之一①。而与此同时，还有若干钢铁项目在继续上马建设。到2011年末，钢铁业在建总规模高达9 000亿元。而直到2012年，有关部门仍在继续批准钢铁项目上马。

这种情况导致了钢铁企业不顾成本的恶性杀价竞争。2011年，中国钢铁在世界上遭遇了多起严重的反倾销调查和起诉。四季度和2012年一季度，钢铁业全行业亏损。有业内人士评论：产能扩张主要有两类情况，"一类是国有钢企，国企领导要的是政绩，产能扩张有政绩，亏或赚与自己无关，领导的钱不少拿；另一类是民营企业，通过各种手段，实际上（过去）一直在盈利，他们借了钱在建设，逼得他们不得不生产"（《第一财经日报》）。

同时，与高投入相伴的高消耗、高排放、高污染，以及资源和环境破坏，也正在成为制约未来经济增长的因素。

面对这种情况，每一个关心国家前途的人，都不得不问：我们这

---

① 钢企网：《产能过剩知多少：真需要这么多钢铁？》，2012年3月3日；《第一财经日报》：《产能过剩三分之一，钢铁业越亏越投》，2012年4月18日。

种高度依赖投资拉动经济的发展方式,还能维持多久?①

三、资本回报率全面下降

过高的投资率,过大的投资规模,导致了投资回报全面迅速递减的结果。在2001—2011年,资本的边际生产率发生了急剧下降。这可以从资本存量增长率和资本产出比的急剧上升反映出来。表3-3的第2列显示了2001—2011年期间我国固定资本存量的年度增长率。固定资本存量是作者根据新中国成立以来国家统计局公布的全社会固定资产投资数据(更早年份是基本建设投资和更新改造投资数据),以永续盘存法计算的,按2000年不变价格计算。

从表中可以看到,在这10年中,由于急剧的投资扩张,全国资本存量的年增长率已经从10%上升到20%左右。而同期,经济增长率除个别年份以外,始终保持在10%上下的水平。这说明资本投入的加速并没有带来产出的加速,显示投资效率在不断下降。

第3、4列的固定资本产出比(平均每形成1元GDP所投入的固定资本存量)和增量固定资本产出比(每增加1元GDP所需要增加

---

① 国家统计局于2020和2021年大幅度下调了自2003年以来的固定资产投资额及其增长率历史统计数据。由于其间固定资产投资统计已经发现有巨大的"水份",该调整有其合理性(但是否准确待考察)。修订后,2002—2012年间的固定资产投资年均名义增长率从24.0%下调到20.5%,扣除价格因素后年均增长16.8%,投资仍然是超高速增长。而同期GDP年均增长10.5%,意味着10年间GDP增长到原来的2.7倍,而投资规模增长到4.7倍。因此这里关于该期间过度投资的分析以及下一小节关于资本回报率全面下降的分析仍然正确,但程度有改变。另外根据新的统计数据,固定资产投资快速扩张的趋势于2015年后结束,2015—2020年间年均名义增长5.4%,低于同期GDP增长。如果该数据可靠,意味着结构再平衡有了一定的进展。但GDP构成中资本形成仍然过高,消费仍然过低,结构再平衡还有很长的路要走。此外近年来的投资减缓也与若干经济困难有关,该时期情况受多种因素影响,有待更深入的研究。——作者2021年注

投入的固定资本）的上升也反映了同样的情况。这两个指标是资本的平均生产率和资本的边际生产率的倒数。它们的数值越大，显示资本生产率越低。

表3-3　我国2001—2011年资本存量的增长率、资本产出比的变化

年份	资本存量增长率（%）	资本产出比	增量资本产出比
2001	10.4	2.15	2.64
2002	11.3	2.20	2.68
2003	13.5	2.27	2.96
2004	14.6	2.36	3.28
2005	16.3	2.47	3.41
2006	17.4	2.57	3.39
2007	17.9	2.65	3.25
2008	17.3	2.84	4.76
2009	20.7	3.14	6.38
2010	20.4	3.42	6.13
2011	19.4	3.74	7.14

注：资本存量的计算对1978年以前时期采用了5%的综合折旧率，并设定折旧率从1978年改革开始发生加速，经过20年提高到8%。这是因为改革期间企业的技术更新换代加速。
数据来源：据国家统计局，历年a，2009b数据计算。

其中总资本产出比在此10年中从2.15上升到3.74，意味着2001年平均每2.1元固定资本可以带来1元产出，而在2011年平均每3.7元资本才能带来1元产出。增量资本产出比的上升更加突出，从2001年的2.64持续上升到2011年的7.14，说明2001年每增加2.6元资本投入可以带来1元的产出增加，而2011年每增加7.1元资本投入才能带来1元的产出增加。这反映了资本边际生产率的急剧下降。

我国资本产出比的急剧上升趋势，与发达国家走过的路径相比有很大差别。在图3-4中，作者计算了我国1952—2012年的资本产出

比，与经济合作与发展组织（OECD）22个发达国家在1960—2001年期间平均的资本产出比进行比较。这22个国家包括澳大利亚、奥地利、比利时、加拿大、丹麦、芬兰、法国、德国、希腊、冰岛、爱尔兰、意大利、日本、荷兰、新西兰、挪威、葡萄牙、西班牙、瑞典、瑞士、英国、美国。

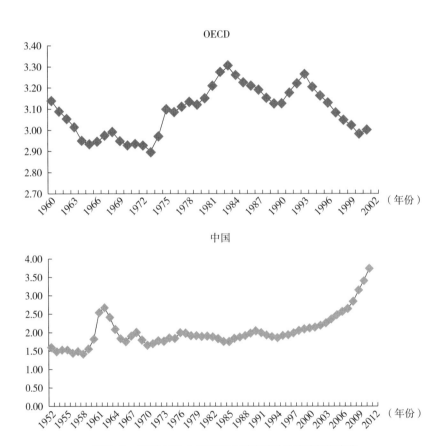

图3-4　中国与22个OECD国家的资本产出比长期变化

数据来源：Christophe Kamps（2004）、作者计算。

图中显示，中国和OECD国家的资本产出比长期走势有明显的不

第三章　收入分配失衡与经济结构失衡

同。我们可以从中得到如下推断：

其一，OECD国家的平均资本产出比在长达42年时间内大体上保持在2.9—3.3的范围内，变化较小。其中绝大多数国家都在2—3或者3—4的范围内有限波动。而中国1952—2012年上下波动在1.5—3.7的范围，波幅远远大于上述这些国家。

其二，OECD国家平均而言并未表现出资本产出比不断上升的趋势。或者换句话说，并没有表现出资本生产率不断下降的趋势。其中在三次石油危机之间（1973—1993年）资本产出比较高，平均值的峰值达到了3.3，看来主要是因为受到石油危机的打击，导致经济效率下降。但自1993年以后资本产出比却出现了明显回落，到2001年平均值已回落到3.0，显示出后20年来资本生产率提高的趋势。而中国的资本产出比则在长达60年时间里持续不断上升，尤其是2003—2012年呈急剧上升态势。

其三，中国的资本产出比的上升在某种程度上与中国的工业化过程有关。因为作为一个早期资本稀缺的发展中国家，资本的边际生产率会随资本密集度的提高而经历逐渐下降的过程。这在工业化阶段，有合理的因素。相比之下，大多数OECD国家应该都早已渡过了工业化时期。但尽管如此，一个基本的事实是中国仍然没有走完工业化过程，仍然是一个中等收入国家；而在2011年，中国的资本产出比已经达到3.74，高于2001年22个OECD国家中的21个，仅仅略低于日本（3.87）。在这22个OECD国家中，只有9个国家的资本产出比曾经一度超过3.7，但除日本以外均已显著回落。

中国的资本产出比变动趋势说明了资本生产率在急剧下降，而且对一个中等收入国家来说，已经降得过低了。而这个过早出现的资本生产率下降过程，最主要是在2003—2012年间发生的，提示中国这10年的发展路径值得反思。

上述情况，除了过去一个时期宏观政策对金融危机反应过度的失误，更与各级政府过分热衷于追求 GDP 增长，过分积极地参与和主导投资活动，忽视投资的经济效益，以及通过政策因素人为压低投资项目成本（减免税、廉价转让土地等）以招商引资等情况也有直接关系。这些情况都说明我们各级政府最关心的目标并没有转到社会和谐发展以及经济效益提高，而仍然是追求最大限度的投资和 GDP 增长。

政府投资行为产生的腐败现象对投资效果的负面影响，更不容忽视。一个时期以来，政府对经济的干预，特别是对投资活动的参与，有强化的趋势，而由于种种制度上和管理上的漏洞，政府的运作成本也在持续上升，政府投资项目中资金流失的情况非常严重。如果不推进政治体制改革和政府管理体制改革，不切实转变发展方式，经济效益将越来越差，经济增长将越来越不可持续，中国面临陷入中等收入陷阱的危险。

四、跨越中等收入陷阱的条件

上述情况说明，我国之前的经济增长方式，已经难以为继；迫切需要调整结构，转变增长方式，扩大居民消费，降低过高的储蓄率和投资率。我国在以大规模扩张投资的方式渡过国际金融危机的直接冲击之后，从 2010 年开始，经济增长已经再次出现持续下行的趋势，季度 GDP 增长率从 2010 年第一季度的 12.1% 连续降到 2012 年第三季度的 7.4%，已经下降了近 5 个百分点。这是自 2008—2009 年国际金融危机以来中国经济又一次面临经济下行。

这次经济下行的直接原因是国际市场不景气导致的出口增长放缓（2012 年前三季度以美元计价的出口增速为 7.4%），但根源在于过高的储蓄率和过度依赖出口和投资的经济增长方式。2000—2010 年间，

第三章 收入分配失衡与经济结构失衡

我国的外贸出口经历了超高速增长,按美元计价的年度增长率超过20%。这种情况可以在很大程度上归结为我国加入世贸组织后各国减少对中国的贸易壁垒带来的出口扩张效应,使我国充裕的、低成本的劳动力资源带来的比较优势得以显现。

截至2011年,"入世"效应已经发挥得差不多了,近年来工资水平的连续提高也使廉价劳动力的比较优势正在发生转移,过去超高速出口增长时期看来正趋于结束,希望未来继续维持20%以上的、持续的出口超高增长是不现实的。另一方面,靠政府推动的大规模投资也正在面临越来越严重的产能过剩和投资回报持续下降。显然,依靠超常出口增长和政府大规模投资拉动经济增长的模式已经基本上走到头了。如果结构不能有效调整,增长方式不能成功转换,未来很可能逐渐陷入经济增长持续下行、长期乏力的状态(尽管不排除短期反弹),甚至可能意味着高速增长期结束,从而陷入中等收入陷阱。

但另一方面,我国经济仍然保持着强大的增长潜力。截至2011年城市化率刚刚超过50%,城市化仍然是一个强大的增长引擎。要达到发达国家的城市化水平,如果政策得当,未来还可以有20年或更长时间的城市化迅速发展的阶段。我国产业升级换代的过程还在初期阶段,服务业发展水平还仍然不足,两者都还有很大发展空间。我国的人力资源素质正在提高,技术进步还远未达到理想的速度;在改善教育体制和技术创新体制的前提下,提高全要素生产率方面还有巨大潜力。最后,我国人均GDP水平和综合科技水平还远低于发达国家,在技术上追赶先进国家方面还有很大的"后发优势"。

但要使这些潜在因素转变为发展的推动力,首先需要跨越结构失衡的障碍,完成结构调整和发展方式转变。首要工作是把储蓄率和资本形成率降到一个合理的水平,合理提高居民消费比重,以启动内需,回到一个正常可持续的增长轨道。

第三节 有没有一个"黄金储蓄率"

按照凯恩斯主义的理论,构成一国经济总需求的,是三个可以互相替代的部分:消费、投资、净出口。当出现消费需求不足的情况时,只要通过扩张性的财政政策扩大政府投资,或者以宽松的货币政策刺激私人投资,就能够提升总需求,弥补消费需求的不足。

我国在受到1998年亚洲金融危机和2008—2009年国际金融危机打击,面临出口下降、需求减少的时候,都采用了凯恩斯主义的需求扩张政策。其中2009—2010年的扩张性政策力度尤其强大,同时政府采用了以四万亿元政府投资计划为核心的扩张性财政政策,以及大幅度放松银行贷款和货币供应以刺激民间投资的货币政策。这些政策在当时都起到了明显的作用,拉动了经济增长。但是随后出现的通货膨胀、产能过剩和自2010年以来的经济增长率节节下滑,使我们不得不对凯恩斯主义政策在中国的远期有效性和适用性进行反思。

一、凯恩斯主义财政和货币政策的远期效果

凯恩斯的总需求不足理论和马克思的消费不足导致经济危机的理论有共通之处,但凯恩斯并未主要强调消费。他解释说,提高投资和提高消费都可以扩大有效需求,并且认为,促进资本存量的增长对一个社会来说更重要。一旦投资增长带动了产出增长,即使消费倾向不改变,消费总量也会自动地随之增长。不过他也同意,在总需求不足的情况下,最好是在提高投资的同时,也能提高消费倾向。他认为,

所谓过度投资只能是指这样一种情况：投资的任何进一步增加都会导致亏损，而这种情况只能在所有的资本品都供给过度，而且存在充分就业的条件下才可能发生。在他看来，这是不大可能发生的。

其实这些看法是有些模棱两可的。其中有一个关键性的问题，凯恩斯没有进一步探讨，为什么会出现他所说的投资需求不足，或者说总投资小于总储蓄？通常，这反映的是有充分的资金供给，但没有足够的投资的情况。宏观经济分析说明，如果金融市场是充分有弹性的，而且社会储蓄率高，那么资金供给充分，就会使利率下降，融资成本降低，从而刺激投资。如果仍然没有足够的投资，那么这很可能是由于市场饱和，生产能力过剩，投资者没有盈利空间。而且伴随产能过剩的，通常并不是充分就业，而是就业不足。

在这种情况下，如果政府进行干预，通过财政政策直接扩大政府投资，或者通过宽松的货币政策来刺激投资，能否创造新的需求？答案是，能。只要有新的投资项目，就会有增加的原材料、设备、人力等需求，就会创造更多的购买力，吸收过剩的生产能力，带动经济增长。但是这个过程并没有结束。因为新的投资项目（只要是生产性投资）一旦完成，就会形成新的生产能力。因此在经过了一个短期的需求扩张之后，未来的供给会进一步扩张。而扩大了的生产规模，又需要有更大的需求来与之平衡。如果此时消费需求仍然不变，或者消费增速滞后于产出的增速，那么就意味着总储蓄率不降反升，而新创造的储蓄又需要有更大规模的投资才能与之平衡。于是需要再次启动更大规模的财政扩张或者货币扩张政策，以创造新的投资需求……

不用更深奥的经济学分析，大多数人都可以根据直觉看出，在消费需求不足的情况下，这种以投资拉动投资的自我循环，是不可能长期持续的。因为它只能以几何级数不断膨胀的方式，才能维持总供给和总需求的平衡；而这种爆炸式膨胀很快就会受到能源、原材料等投入品的制约（同时还拉升了投入品价格），达到某个临界点，使总投资无法与总储蓄同步增长。于是，新的总需求不足又产生了：很可能是在通货膨胀的背景下发生，而且规模更大，情况更加严重。至此我们就不难理解，为什么凯恩斯主义的扩张政策，常常在短期能够起到很好的效果，而在长期却往往效果不断递减，带来既停滞又通胀的尴尬局面。二战以来，各国在采用凯恩斯主义政策应对经济危机时，不断遇到"滞胀"的难题，原因就在这里。

在这种情况下，政府有没有一个更好的选择？答案也是有的。如果扩大需求的投资不是生产性项目而是基础设施，诸如道路、桥梁以及其他公益设施，情况会好得多。因为这类投资同样拉动总需求，但不直接创造新的生产能力，不会直接导致下一轮的产能扩张。在这个意义上，应对生产过剩型的经济危机，从长期效果考虑，财政政策比货币政策更有效，因为财政政策可以主要应用于基础设施领域的投资，而不是生产性投资。但前提是政府对财政性投资的项目进行明确的选择。

而货币政策（主要指政府通过扩大货币发行和低利率政策刺激经济）的作用是不分对象地刺激全社会投资。这可能在短期内扩大总需求，但只能暂时缓解危机，而不能消除经济失衡的原因。各类投资一旦完成并形成新的生产能力，总供给就会进一步增加；而只要消费需求的涨幅赶不上被刺激起来的供给涨幅，原来供过于求的矛盾就会再次出现，甚至可能更加尖锐。为了防止经济再次陷入停顿，政府可能不得不反复使用扩张性政策来刺激投资，这会越来越严重地导致通胀，而拉动经济的作用则越来越差。

即使是单纯的财政扩张，并只用于基础设施建设，也存在一个合理的限度。首先，基础设施建设也需要循序渐进，过分超前的投资不仅导致资源长期闲置和浪费，还可能因缺乏预见性和判断失误而与未来经济发展的方向脱节。这样的投资带动的是虚假的 GDP 增长，并不带来国民福利的增加。

其次，扩大基础设施建设规模必然扩大对钢铁、水泥、能源等投入品的需求，并沿着产业链将需求扩展向上游传递。如果建设规模扩大的幅度，只限于促使相关产业的过剩产能得到有效利用，那么效果可能是积极的。而如果扩张幅度过大，则势必引发相关行业的进一步投资。短期效果很明显，但一旦扩张期结束，这些新投资形成的生产能力就会立刻变为过剩产能。我国钢铁业出现的严重产能过剩，就显然是前一个时期基础设施建设投资大规模扩张的直接结果。在建设扩张期，钢铁等投入品需求旺盛，价格居高不下，给相关产业传递了错误的信号，促使他们进行大规模投资以扩大炼钢、炼铁能力。同时过度宽松的货币政策，又给这类投资提供了充分的外部条件。但一旦这些项目竣工投产，其产品的出路马上就会成为新的问题。可见，这种非理性的盲目"大干快上"，是宏观政策过度刺激投资的直接后果[①]。

二、储蓄和资本积累的"黄金律"

上述这种情况，实际上反映了消费和储蓄之间的比例关系失衡。储蓄率越高，要维持供求平衡，所需要的投资率也就越高，生产能力扩张的速度也越快；而同时消费规模太小，不足以吸收产能扩张所增

[①] 最新出现的情况是钢铁、煤炭行业由产能严重过剩变为供给不足、产品价格暴涨，导致 2021 年下半年各地出现拉闸限电、停工停产的情况。其主要原因是近年来以行政手段大规模去产能，以及为节能减排而实行的"双控"等政策的叠加效应。新情况说明激进的行政干预政策很可能矫枉过正，需要吸取教训。另一方面，如果未来宏观政策不继续保持合理稳健，大规模产能过剩的情况还有可能重演，对此仍然需要警惕。——作者 2021 年注

加的最终产品，就会不断产生新的供求失衡。因此一个社会要维持结构平衡和持续发展，应该有一个合理的储蓄率。储蓄率过低，消费率过高，就没有足够的资金进行投资，经济就不能增长。最终，居民消费水平也无法提高。而储蓄率和投资率过高，生产能力增长就会快于居民消费增长，导致供过于求、生产过剩，经济增长也会掉下来。这样，居民消费受到抑制，储蓄却被浪费掉了，同样得不到一个最优的结果。

储蓄率和投资率过低，是发展程度特别低的国家经常遇到的问题。他们主要的问题是缺乏投资资金，经济不能发展。但今天我们遇到的是另一类问题，即储蓄率和投资率过高带来的低效率和社会福利总水平受损。

经济增长理论方面著名的经济学家罗伯特·巴罗和萨拉-伊-马丁（R. Barro，and X. Sala-i-Martin，1995）在他们的著作《经济增长》（*Economic Growth*）一书中通过数学推导证明，在稳态增长条件下，存在一个最优的储蓄率，能够保证长期居民消费水平的最大化。他们称之为"黄金律储蓄率"。但该储蓄率并不是一个确定的数值，它取决于劳动力增长率和资本折旧率等若干外界条件。

这里不准备复述上述两位经济学家的数学推导过程，因为大多数读者可能对此并不熟悉。现在让我们采用一个更直观的方法，通过一个简单的两部门模型来考察储蓄率和经济增长之间的关系。

假设一个国家的经济由两个基本的生产部门组成。A部门为全社会生产消费品，B部门为A部门和B部门自己提供它们生产所必需的资本品。每年整个社会将社会总产出的70%用于消费，并储蓄30%的产出用于投资。因此社会总产品由70%的消费品和30%的资本品构成。为了简单起见，我们假定两个部门的边际生产率相同并等同于它们的平均生产率；它们的资本密集度和劳动密集度也相同，而且在初始点上整个社会处于供求均衡状态。因此，A 部门应当拥有全社会 70% 的资本和劳动力，而 B 部门拥有其余的 30%。

现在假定由于某种外部原因，全社会的储蓄率从 30% 上升到 50%。消费需求发生下降（降幅为 50%/70%−1≈−28.6%），社会减少了消费，但有了更多的资金可以用于投资。这时消费需求的下降造成了 A 部门产能过剩。在理想情况下，资本和劳动力应当从 A 部门向 B 部门转移，使 A 部门产能收缩，B 部门产能扩大。这种调整应该持续到消费品和资本品在社会总产品中的比例各占 50%。

不过，如果实际的结构调整过程如此发生，那么 B 部门将会出现比 A 部门更加严重的产能过剩。这是因为 A 部门对资本品的需求会随 A 部门的产出下降而同比例下降，使全社会对资本品的需求下降约 20%（=−28.6%×70%）。这会迫使 B 部门缩减生产，并且进一步减少 B 部门自身对资本品的需求，使全社会对资本品需求的下降幅度达到 26%。因此，实际上 A 部门的资本和劳动力不仅很难实现向 B 部门的转移，两个部门反而都会出现产能过剩和生产下降，导致失业和收入下降。在第一轮下降中，总需求萎缩了 27.8%（即消费需求和投资需求降幅的加权平均），而失业和收入下降又将导致消费品需求的进一步萎缩。如果没有其他因素的影响，这种恶性循环将使整个经济陷入螺旋形下降，进入危机状态。

假定政府在第一轮下降后立即实行宽松的货币政策来刺激全社会的投资需求。为了补偿此前 27.8% 的总需求下降，使总需求恢复到下降前的水平，需要把对资本品的需求提高 92.7%（以下降前的资本品需求为 100%）。假设这一目标能够实现，则总产出会恢复到危机前的水平。但这只是短期效应。大规模投资会带来两个部门生产能力的急剧扩张，因此在经济刺激引发的投资完成后，总需求不再扩大，而总供给则会大幅度上升。这将导致新一轮的产能过剩，经济会再次面临总需求不足的危机。除非社会消费倾向能够恢复到原来的水平，或者社会能够把一部分产品持续出口到其他国家，而不必保持贸易平衡。因此就长期而言，宽松的货币政策是无效的。

现在我们在上述模型中增加一个公共部门，并假设政府不采取宽松的货币政策刺激投资，而仅仅采取扩张性的财政政策，由公共部门进行非生产性的基础设施投资。在这种情况下，有效需求会因投资扩大而增加，但投资不会引起产能的进一步扩大；经济能够从危机中摆脱出来，情况会好于前一种情况。但恢复到危机前的水平后，消费需求仍然只占总产出的50%，另外50%的总产出仍然要靠投资需求来实现。而扩大内需的公共投资已经完成，社会对资本品的需求不可能维持在扩张期的水平上，总需求会再次回落到低于危机前的水平。因此，如果社会不能对储蓄率和消费率进行调整，一旦扩张性的公共投资停下脚步，经济还是会再次面临总需求不足的困境。这将迫使政府继续不断地实施赤字财政条件下的投资扩张政策，最终走向滞胀。

上述情况说明，在一定条件下，存在一个最优消费率和最优储蓄率。当消费低于最优水平时，会出现总需求不足，对经济增长产生制约作用。而过低的消费不可能持续地由投资扩张来替代。

上述分析的政策含义是，当存在消费需求不足时，无论是放松货币供应的刺激措施还是典型凯恩斯式的扩大政府投资，都是不够的。更关键的是通过制度变革和政策改变来调整过低的消费率。改革不完善和不尽合理的财政与税收体制，建立和完善社会保障体系与收入转移支付体系，改善公共服务，都是调整消费率的必要和有效的手段。

20世纪第二次世界大战前后，所有的发达国家都基本完成了在社会保障和公共服务方面的制度变革。它们在保持市场经济基本制度的同时，通过建立社会保障、转移支付和公共服务体系，改变了资本主义经济早期的收入分配两极分化状况，保障了每个人受教育的权利、就业的权利、获得公平收入的权利以及享受医疗保障、失业保险和养老保险的权利，从而在很大程度上改变了早期资本主义收入差距过大、大众消费不足的状况。过去传统的导致周期性经济危机的机制，也因此在很大程度上得到改变。

今天在一些西方国家甚至出现了相反的趋势，即全社会的超前消费、负债消费，以至于酿成了像希腊等几个南欧国家的严重债务危机，拖累了整个世界经济的复苏。这说明过度消费与消费不足同样是有害的。美国实际上也是一个超前消费的国家，其政府、个人、企业和金融机构的债务合计已经达到其GDP的3倍以上。这也是引发2008年世界金融危机的主要原因。只是美国拥有国际货币发行国的特殊地位，能够用印钞票向全世界转嫁负担，才能够避免类似今天希腊等国的尴尬局面。

时至今日，关于公平和效率哪个更重要、公共福利和市场自由哪个更重要，在世界范围内仍然是一个激烈争论的话题，并没有一个公认的结论。但纵览历史，大多数人都会同意，正是发达市场经济国家20世纪在收入分配和社会福利制度方面的变革，才使它们获得了新的生命，避免了马克思关于"资本主义制度必然走向自我毁灭"的预言。从上述分析中我们也可以看到，公平和效率之间并不仅仅是单纯的替代关系，并不是提高公平的程度就一定会损失效率。当由于收入分配差距过大和大众消费不足导致经济结构不平衡的时候，改善收入分配，提高其公平的程度，不仅不会损失效率，反而会改善资源配置，促进效率提高。

三、储蓄率和消费率多高更合理

尽管从理论上能够证明存在一个"黄金储蓄率"，但针对一国经济的现实条件，究竟储蓄率和消费率多高是最优的，是一个更加复杂的问题。需要进行大量、深入的研究，也需要更加完备的数据资料，才有可能找到一个比较准确的答案。但在现有条件下，我们不妨做一些粗略的推断。

首先，作者使用从新中国成立以来半个多世纪的中国历史数据进行模型分析，发现最终消费率与产出之间确实存在一种非线性函数关系。在消费率较高的情况下，消费率下降对经济增长有正的影响；而在消费率低到一定程度时，消费率进一步下降对经济增长的影响由正转负。图 3-5 显示的是这个函数的模拟曲线。图中横坐标 f_c 表示最终消费率（最终消费占 GDP 的比重），纵坐标 $f(f_c)$ 表示最终消费率对不变价格 GDP（对数值）的影响。在图上我们可以找到一个顶点，在该点上消费率对产出的影响最优，因此可以定义该点对应的最终消费率为最优消费率。

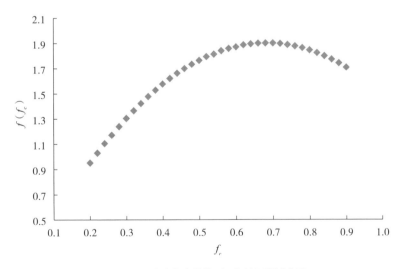

图 3-5　最优消费率的模型回归结果模拟曲线

在图 3-5 中可以看到，这个最优消费率大约在 60%—70%。不过，敏感性分析发现，该最优点对模型的函数形式和一些参数比较敏感，会随这些条件的改变而发生变化。因此其具体数值还难以确认。但根据国内外经验数据的分析，60%—70% 应该是一个比较合理的区间。

其次，从上一节的表 3-3 中，我们看到，2001—2011 年间我国增量资本产出比已经从 2.64 上升到 7.14，显示了资本生产率的下降。但是超过 4，还是 2008 年实行积极财政政策和宽松货币政策促使大规模投资扩张以后的事情。因此，如果未来积极进行结构调整，将增量资本产出比控制在 4 左右，还是有可能的。

假设能够在未来一段时间内，通过一系列改善收入分配的结构调整和体制改革，把最终消费率从 2010 年的 48% 提高到 60%，并保持消费与 GDP 同步增长，储蓄率和资本形成率降至 40%，外贸进出口实现平衡，同时增量资本产出比保持在 4，那么经济仍然能够继续保持 10% 左右的增长率而不下降[①]。

但这样一个 10% 的增长率，是在更少的投资、更少的资源和能源投入、更高的居民收入和消费水平的前提下实现的。与 2011 年的情况相比，物质消耗将大幅度下降，而全民福利总水平比当时情况的自然延续将要提高近 30%。显然，这是一个更可持续的经济增长状态，是一个更有效率、给全民带来更高福利的增长状态。

为了实现这样一个目标，必须推进体制改革，改善收入分配，调整消费和储蓄结构。

---

① 这里需要指出，通过改善收入分配和结构政策、宏观政策以促进改善消费，促进需求结构回归合理，是经济可持续和强有力增长的必要条件，但还不是充分条件。根据近些年来的观察，其他必要条件还包括：市场在资源配置中发挥决定性作用；保持公平和充分竞争的市场环境；政府为公众和企业、市场提供良好服务，而非过度干预；良好的法治环境；公众和企业的创新发展能力和动力；和平友善的外部环境；等等。这些因素均对经济效率有重要影响。近年来的经济增长下行，与上述条件至少一部分未得到满足有直接关系。——作者 2021 年注

第四章
收入差距与灰色收入

作者提示

针对官方居民收入统计有重大遗漏和灰色收入泛滥等情况，这一章作者采用两种方法估算了2000—2010年不同年份的全国居民真实收入和一部分高收入居民不明来源的灰色收入数量。方法之一是根据银行、股市、债市、工业、房地产市场、固定资产投资、支出法GDP核算等全国统计数据，对一些年份的居民储蓄、消费和居民收入重新进行了估算（第一节）。方法之二是基于两次全国范围的城镇居民家庭收支抽样调查，通过大量计算和建立计量经济模型进行分析，推导出全国城镇居民分不同收入组别的实际收入（第二节）。

以2008年为例，两种方法分别得出全国居民可支配收入为22.9万亿元和23.4万亿元，比官方的居民收入调查数据分别高出9.7万亿元和10.2万亿元，比基于经济普查的资金流量表住户可支配收入数据分别高出4.3万亿元和4.8万亿元。两种方法结果接近，起了互相验证的作用。这四万多亿元集中在部分高收入居民，是来源和合法性不明的灰色收入，证明腐败和制度不健全是导致收入分配失衡的最重要原因。计算结果显示，城镇最高和最低收入各10%家庭的真实人均收入差距远大于统计数据显示的情况，从相差9倍扩大到26倍（第三节）。

在此基础上，作者重新审视了国民收入的分配结构，指出虽然调整后的居民收入占国民总收入的比重提高了，但增加的是一部分高收入居民的灰色收入，劳动报酬占比反而下降了，显示更大程度的收入分配扭曲（第四节）。

第五节分析了灰色收入的来源及其产生的制度原因，认为灰色收入部分产生于因法律界定不明确留下的灰色地带，更大部分来自腐败和公共资金流失，也有部分与逃税行为有关。这些情况都与制度不健全、对权力缺乏有效监督有关，要改变这种情况，需要从体制改革做起。

自本书第 1 版出版以来，一些情况发生了改变。其中突出的是"十八大"以来的反腐在相当程度上阻止了腐败泛滥。由于未进行新的居民家庭调查，作者使用本章所述第一种方法粗略考察了居民收入分配格局的新变化，即基于各类全国统计数据对 2019 年居民储蓄、消费和收入进行粗略估算，初步得到 2019 年居民可支配收入 65.5 万亿元，比统计局居民收入调查数据高出 12.2 万亿元，比资金流量表提供的住户可支配收入数据高出 6.1 万亿元（即来源与合法性不明的灰色收入）。其占当年 GDP 的比重从 2008 年的 14% 下降到 6%（GDP 有相应调整），显示收入分配有积极的变化。但灰色收入总量仍然巨大，说明反腐任重道远，关键要通过改革"把权力关进制度的笼子"，从根源上铲除腐败。

作者于 2021 年 10 月

第一节　数据冲突背后的隐性收入

长期以来，研究中国金融市场、资本市场、房地产市场、投资和储蓄问题的学者们，一直受到下述问题的困扰：在官方统计中，各方面的宏观统计数据与居民收入和消费等数据之间存在巨大的差异，使这些宏观经济现象无法从微观数据得到解释。

举例而言，根据国家统计局的城镇居民住户调查数据，2010年城镇居民人均可支配收入是19 109元，其中占城镇居民家庭10%的最高收入家庭，人均可支配收入是51 431元。农村居民收入更低，人均年纯收入只有5 919元。按照人口统计，占城镇住户10%的最高收入家庭大约有2 325万户，5 837万人，占中国13.41亿人口的4.35%。如果这部分中国最富裕的人群只有5万多元的人均年收入，那么可以说中国几乎没有真正的高收入家庭，中国居民的购买力应该是非常有限的。

例如，十几万元的中低档次轿车，需要这些最富裕人群花费三年的人均收入才能买下来。还要不吃不喝，不住房屋，不进行任何其他消费。而且保持一辆汽车每年的花费，也相当于他们几分之一的人均收入，会是一个沉重的负担。如果实际情况真是这样，那么即使最富裕家庭，汽车普及率也不会高。不过家用汽车拥有量数据却提供了完全不同的信息。截至2010年末，全国私人载客汽车已经接近5 000万辆。扣除大、中型客车，家用汽车拥有量超过4 900万辆。这个数字如果平均到全国城镇20%的高收入家庭，每户超过一辆汽车。不仅如此，中国已经成为奔驰、宝马等高档轿车和劳斯莱斯、宾利等顶级豪华轿车的全球最大销售市场，法拉利、保时捷等豪华车的全球第二大销售市场。这些现象用居民收入数据完全无法解释。

又如，从几十万元到几百万元一套的普通商品住宅，不要说一般老百姓买不起，连最富裕的城镇10%家庭，按其收入统计数字来看恐怕也难以承受。根据国外经验，平均一套住房的可承受价格一般是居民家庭年收入的3—5倍，该比值称为房价收入比。但根据历年的新建商品住宅销售数据计算，我国城镇居民平均的房价收入比大致是10倍，按城镇最高收入家庭的年收入算也在4倍以上。但是从1990年到2010年，商品住宅累计销售大约已达5500万套（未包括二手房、"房改"房的销售和居民自建房）。有些城市的少数豪华商品住宅卖到了几千万元甚至上亿元一套。而且普通商品房的房价一涨再涨，囤房居奇者大有人在，引起中低收入居民的不满，迫使政府动用行政手段抑制房价。如此火爆的住房市场，其购买力来自哪里？

再如，按城乡居民住户统计数据和人口数据计算，2010年全国居民可支配收入应为16.8万亿元，占GDP的42%。扣除居民消费12万亿元，居民储蓄总额应为4.8万亿元。这应该包括居民的储蓄存款，购买住房、股市和债市的投资，对实体经济的投资，对艺术品、黄金、外汇的投资，海外存款和投资等项支出。

但这个数字与来自其他渠道的各部门统计数据严重不一致。其中，仅金融机构的居民储蓄存款，当年就增加了4.4万亿元。居民购买商品住宅动用自己的储蓄（扣除贷款部分），粗略估算为3.1万亿元。居民动用自身储蓄在股市和债市的投资，按保守的估算分别为2.8万亿元和0.4万亿元。居民对实体经济的净投资，基于私营工业企业的所有者权益增长额来推算，加上服务业等的私人净投资，估算为3.0万亿元。私人自建房净投资估算为0.8万亿元。私人在期货市场、外汇市场、艺术品市场、黄金市场上的净投资和在海外的投资及储蓄，保守估计为 0.8 万亿元。以上各项合计，2010 年居民实际储蓄总额应为 15.2 万亿元，是 4.8 万亿元居民账面储蓄的三倍多。再加上居民消费 14.8 万亿元（按支出法 GDP 核算的居民消费加 5% 遗漏调整），粗略推算的全年居民收入总额应为 30 万亿元，比住户统计的 16.8 万亿元居民收入高了 13.2 万亿元。

这未反映在住户收入统计的十几万亿元居民收入来自哪里？我们不妨称它为"隐性收入"。这一巨大的数额仅仅用统计误差是不能解释的。可以认为，这 13 万亿元隐性收入既包括了"正常意义"上的统计误差，也包括了合法性无法确定的灰色收入，其中也包含了非法收入。

以上这些情况并不仅仅发生在 2010 年，作者发现历年的居民收入统计和其他不同来源的统计数据之间都有重大差别。这意味着一部分居民持续存在数额巨大的隐性收入，没有反映在居民收入统计中。用与上述同样的方法，基于各类储蓄和投资数据对历年的居民收入数据进行估算，可以得到表 4-1 的结果。

表 4-1 根据住户统计和其他统计推算居民隐性收入（万亿元，当年价格）

项目	2003 年	2004 年	2005 年	2006 年	2007 年	2008 年	2009 年	2010 年
a. 居民收入（据住户统计）	6.45	7.34	8.32	9.48	11.32	13.20	14.63	16.77
b. 居民收入（据资金流量表）	8.73	9.85	11.29	13.14	15.86	18.59	20.73	—
c. 居民收入（推算）	9.52	10.82	12.67	14.32	18.41	22.89	26.84	30.00
b–a（调查遗漏）	2.28	2.51	2.97	3.66	4.54	5.39	6.10	—
c–a（隐性收入）	3.07	3.48	4.35	4.84	7.09	9.69	12.21	13.23
c–b（灰色收入）	0.79	0.97	1.38	1.17	2.55	4.30	6.11	—

续表

项目	2003年	2004年	2005年	2006年	2007年	2008年	2009年	2010年
灰色收入/正常居民收入	9%	10%	12%	9%	16%	23%	29%	—
灰色收入/GDP	6%	6%	7%	5%	10%	14%	18%	—

注：国家统计局的住户统计数据提供的历年居民收入小于该局资金流量表提供的居民可支配收入；后者主要依据经济普查，作者认为相对较为可靠，但相比于作者推算的居民收入仍有遗漏。因此分别计算了资金流量表的居民收入与住户统计的居民收入，以及作者推算的居民收入与住户统计的居民收入之间的差额。作者把后者称为隐性收入。

数据来源：根据国家统计局历年数据推算。

表4-1列出了三个不同口径的全国居民收入。

其一是根据官方的居民住户统计计算的居民收入。该统计来自对城乡各6万多户居民家庭分别进行的抽样调查。

其二是国家统计局资金流量表提供的居民可支配收入。它在2003年比住户统计多出2.3万亿元，2009年比住户统计多出6.1万亿元。两套统计数据之所以有如此大的差别，除了其中某些统计口径不同以外，主要的差别是前者来自直接的住户调查，而后者是根据经济普查获得的全国各类机构数据对居民收入的推算，并以此为基础进一步推算出非普查年份的居民收入。后者的好处在于，某些类型的收入可能居民自己不愿意透露，但从企事业单位和其他机构的收支数据中可以推算出来，因此可靠程度反而更高。

其三是作者以前面所述的方法，根据银行、股市、债市、工业、房地产和自建房投资等来自不同部门的各类全国总量数据，对居民的实际储蓄进行推算和加总，再与消费数据合并推算出居民收入总量。在某些情况下，即使是全国所有企事业单位和其他各类机构的账面数据都反映不出来的居民收入，只要被用来消费或者投资，就有可能被上述银行、股市等总量数据统计到。因此这样的推算可能进一步捕捉到某些隐藏得更深、更难以统计的居民收入。这些隐秘的收入很难被确认为合法收入。由于其来源不能明确界定，我们将其称为"灰色收入"。

灰色收入的数量是根据作者推算的居民收入与经济普查得到的居民收入之差得出的，即上述第三口径的居民收入与第二口径的居民收入之差。而对住户的直接统计调查得到的居民收入（第一口径）数量更小，作者把推算的居民收入与统计调查得到的居民收入之差（第三口径的居民收入与第一口径的居民收入之差）称为"隐性收入"。隐性收入是指未能通过统计调查得到的居民收入，它既包含灰色收入，也包含统计调查的遗漏。

表 4-1 显示，隐性收入和灰色收入在迅速扩大，2009 年已经分别达到 12 万亿元和 6 万亿元的规模；灰色收入相当于正常居民收入（按第二口径）的 29%，相当于 GDP（按当年价格 GDP 统计）的 18%。这两个比例在 2003—2010 年间都出现了大幅度上升。巨额的灰色收入及其上升速度反映了收入分配领域的混乱和制度缺陷，说明推进相关领域的制度改革和法制建设刻不容缓。

以上仅仅是一个粗略估算。因为所需数据资料不全，不得不借助于一些假设，因此所反映的情况是近似的，并非准确地计算。在下面的附录中，列出了这些估算的依据和假设。在后面的几节里，将简要叙述作者 2010 年完成的一项研究对城镇居民实际收入的调查和估算方法及结果。这个估算结果，与本节依据各部门数据的推算结果，将起到交叉验证的作用。

附录：根据不同来源统计数据粗略推算居民收入的方法和依据

这一推算的基本思路是：居民某年的各类储蓄和投资合计可

以反映居民该年的储蓄总额。居民储蓄总额与消费总额之和应等于该年居民可支配收入。将由此推算出的居民可支配收入与根据住户统计计算的居民收入进行比较，可得出隐性收入的数量。

（1）基于城乡居民住户统计数据计算居民收入总额：分别以城镇居民家庭人均可支配收入和农村居民家庭人均纯收入（据城乡居民家庭收支统计）乘以城镇人口和乡村人口（据人口统计）。

（2）基于城乡居民住户统计数据计算居民储蓄总额：以上述居民收入计算结果减去同样方法计算的城乡居民消费总额（据城乡居民家庭收支统计），得到基于城乡居民住户统计数据的居民储蓄总额。

（3）推算金融机构居民本外币储蓄存款增加额：金融机构居民本外币储蓄存款当年余额减去上年余额（据金融统计）。这构成了居民储蓄的一个重要部分（但并非唯一的部分，因为不仅居民存款是居民储蓄，居民以自己的收入进行的各项投资同样是居民储蓄的重要部分）。

（4）推算居民购买商品住宅净支出：当年商品住宅销售额（据房地产统计）－当年居民新增购房贷款（据金融统计）。居民新增购房贷款设为人民币中长期消费贷款当年增加额的80%（其余20%估计为车贷和其他中长期消费贷款）。2007年以前未公布中长期消费信贷数，从2007年数据按平滑递减回推。

（5）股市私人净投资的估算（据股票市场统计）：［本年末流通市值－上年末流通市值×（上证综指增长指数×3/4+深证综指增长指数×1/4）］×0.5。这是一个粗略的估算，使用上证综指和深证综指的加权平均增长指数将上年流通市值折算为本年价格，该两年的差额近似等于本年度股市投资额，以其50%作为私人净投资。

（6）私人对债券的净投资，粗略估计以国债发行额和企业债券发行额（据债券市场统计）之和的1/4为净发行额，其中50%为私人净投资。

（7）私人对期货、外汇、黄金、艺术品的净投资，境外净投资和储蓄：简单假设2008年为6 000亿元（据各方面信息综合估计），以前以后年份按现价年递增15%计算。

（8）实体经济私人净投资：根据"规模以上"私营工业企业所有者权益（据工业统计）比上年增加额推算，设未包括在内的工业微型企业、个体工业、股份制企业与合资企业的私人净投资相当于前者的20%，并设建筑业和服务业部门私营企业净投资等同于工业部门私人净投资。

（9）私人自建房净投资：根据农村自建住宅投资（据固定资产投资统计）推算，根据调查资料设定城镇居民与农户自建住宅投资比例为1∶1，并扣除20%贷款投资部分。

第二节 城镇居民收入调查方法和分析方法

一、调查目的和方法

2006年和2009年，中国经济体制改革研究会两次进行课题立项，对城镇居民实际收入和消费状况进行调查和研究。作者实际组织了这两次调查和数据分析，并分别于2007年和2010年在调查基础上完成了两个研究报告（王小鲁，2007、2010）。

这两次调查的目的是取得城镇居民收入的真实数据，用以对官方的居民收入数据的可靠性进行验证。根据作者了解的情况，官方关于居民收入的统计调查数据存在偏差，特别是关于城镇高收入居民的可支配收入，失真相当严重。这并不是指统计调查方法或计算方法的错误。国家统计局的城镇和农村居民住户调查样本，是根据统计学的随机抽样方法确定的。这一方法本身并不存在系统性的错误。但必须注意到以下情况：

（1）包括在调查样本中的高收入居民中，有许多人不愿意提供他们的真实收入信息。在他们报告的收入中，工资性收入的真实程度相对较高，而其他收入可能偏低甚至大部分缺失；特别是其中一些人有大量不愿暴露、来源不明的"灰色收入"。这部分收入基本上不可能反映在收入调查数据中。而现行的调查体系没有任何措施通过其他渠道对调查数据的真实性进行核查，因此数据的可靠性完全依赖于被调查者的个人意愿。

（2）现行的住户调查抽样是基于自愿原则确定的，但高收入居民中有相当大比例不愿意接受调查，导致在抽样过程中被迫频繁更换样本，而在样本替换过程中发生了对高收入居民的大量遗漏。据了解到的情况，统计局在样本替换过程中没有有效措施保证替换样本的等同性。

以上原因使统计调查发生系统性偏差，无法真实地反映居民收入分配状况。这一问题，很难在现有的住户统计样本和现有的调查方法范围内得到彻底解决，需要探索另外的途径。很明显，如果采用同样的随机抽样方法进行此类居民收入调查，也会遇到同样的数据失真问题。

基于这一原因，我们借鉴了社会学的调查方法，由各地的专业调查人员对他们熟悉的人群（亲属、朋友、同事、邻里）的家庭收支状况进行了定向调查，但对样本在不同人群间的分布提出了要求。之所以采取这样的调查方法，是基于我们对中国社会人际关系特征的了解。中国社会与西方社会相比，"个人隐私"或"家庭隐私"的概念在亲朋好友圈子内是比较淡漠的。在这个范围内,个人信息的共享程度较高,信息障碍较少。同时由于家庭收入水平和财富水平的信息在亲朋好友圈内知晓程度较高,接受圈内人士调查时如果提供明显虚假的信息,反倒会显得不近人情或者虚伪,而使被调查者面临某种心理压力。此外我们还采取了若干辅助措施以减少调查的敏感性。

曾经有人质疑,上述调查方法反而会使取得真实数据的难度增加。但对调查结果的分析说明,这一质疑是没有根据的。事实证明上述调查方法是可行和有效的。分析结果显示,这种调查取得的数据虽然不能保证完全真实,但相比于通常的随机抽样调查而言,在家庭收支方面具有明显更高的可信度。

由于调查结果来自上述定向调查,而不同于常规的随机抽样方法的调查,因此我们不能用调查样本的收入分布来直接推断我国城镇居民收入的总体分布状况,而必须借助于其他方法进行推算。调查样本所起的作用,在于通过更加真实可靠的数据,获得居民家庭收入和各种消费特征之间互相关系的可靠信息,用于进行接下来的推算。

在调查之前,我们对各地调查人员进行了问卷和调查方法培训。为了消除受访者可能存在的疑虑,调查问卷采取无记名方式,并向受访者提供了样本信息的保密承诺。在调查问卷的设计上,我们也采取了若干降低调查敏感度和有利于获得真实数据的措施。例如,在问卷设计上,先问消费问题,后问收入问题;先问具体分项,后问消费和收入的加总;而且在计算上不依赖被调查者提供的家庭收入和消费总和,而依赖分项加总。这是因为考虑到消费数据的敏感度低于收入数据的敏感度,分项数据的敏感度低于总量数据的敏感度。在收入来源方面,问卷只要求回答简单的收入分类(包括工资性收入、兼职和劳务收入、实体经营收入、金融资产经营收入、财产收入、知识产权收入、各类转移收入和未包括在以上各项的其他收入),不要求回答更加敏感的具体来源。在访问结束后,要求调查员提供他们与受访者关系的信息,以及他们对问卷调查结果可信程度(包括可能的偏差方向和偏差程度)的个人估计,作为问卷的参考信息。

调查完成后,我们对问卷进行了全面的质量检查。除了对信息完整性和可核对信息的正确性进行核对,还通过一套检查程序,对各问题之间的逻辑关系,以及各项收入、消费、储蓄、投资数据之间的数量关系,进行合理性检查,剔除了相当一部分质量不符合要求以及信息真实性不能确认的问卷。通过这种方式,较好地防止了由于采取无记名调查方式而可能带来的虚假信息风险。

二、调查样本的分布

我们的第一次调查于2005—2006年在全国27个省(自治区、直辖市)进行,包括了53个不同规模的城市和11个县镇,共取得2 147个住户样本。第二次调查于2009年在全国19个省份的64个不同规模的城市,以及14个县的县镇及建制镇进行,针对的是2008年城镇居民收入和消费状况。下面重点概述2009年调查的样本分布情况。

2009年调查的省份包括北京、上海、山东、江苏、浙江、广东、山西、河南、湖北、安徽、江西、辽宁、黑龙江、四川、重庆、云南、陕西、甘肃、青海。其中东部省份6个,中部省份5个,东北地区省份2个,西部省份6个。这保证了调查样本在东、中、西部和东北地区有比较均衡的分布,并兼顾了南北方的分布(北方省份9个、南方省份10个)。

2009年调查包括的城市有北京、上海、济南、南京、杭州、广州、太原、郑州、武汉、合肥、南昌、沈阳、哈尔滨、成都、重庆、昆明、西安、兰州、西宁、深圳、青岛、苏州、大同、鞍山、抚顺、齐齐哈尔、大庆、徐州、扬州、阜阳、芜湖、六安、日照、襄樊、宜昌、东莞、中山、绵阳、忻州、开封、三门峡、驻马店、孝感、宜都、邳州、富阳、金华、绍兴、韶关、巢湖、滁州、赣州、吉安、景德镇、九江、丹东、铁岭、牡丹江、西昌、咸阳、白银、嘉峪关、天水、玉溪。其中直辖市、省会城市和"副省级"城市有 21 个，规模较小的地级和县级市有 43 个，样本在不同规模城市之间保证了较为均衡的分布。

县镇和建制镇所在的县份包括山西省繁峙县，江苏省沛县，浙江省象山县，山东省平原县、齐河县，河南省滑县，湖北省大悟县，重庆市垫江县、开县、忠县，陕西省咸阳市礼泉县，甘肃省皋兰县、泾川县，青海省民和县。这些县份的地理分布也是较为均衡的。

这两次调查选取的城市数量较多，而样本在各城市的分布比较分散，这是基于两个考虑：首先，单个城市的样本数量过多，就无法保证调查样本家庭都是专业调查人员所熟悉的家庭，与调查方案的初衷相悖。其次，样本中包括较多的城市，也保证了城市在地理位置、规模等方面的分布比较均衡，使样本具有更好的代表性。

我们的调查方法也存在一些缺点。一个主要问题是，该调查是一次性进行的，关于受访者家庭的各项收入和支出数据都是由受访者根据记忆提供（但事先排除了对家庭收支状况不够了解的受访者）。与记账式的抽样调查相比，这会产生较大的数据误差。但记账式调查不仅成本高、耗时长、难度大，而且更加依赖于受访者日常记账的主动性（因为记账是受访者在没有调查者参与的情况下独立进行的）。而正因为调查内容具有敏感性，更容易导致受访者选择性记账，产生系统性偏差。而一次性调查因记忆不准确造成的误差，一般而言是随机分布的，而不是系统性偏差。在样本平均的意义上，随机误差会因正负相抵而大大减少，而系统性偏差是无法自动抵消的。因此，基于本课题的研究目的和研究条件，采取一次性调查的方式是合适的。

2009年调查总共包括样本家庭4 909个。经过对问卷严格的质量检验，我们剔除了质量不符合要求的689个样本，在数据分析中又排除了25个负收入样本（这是因为按照定义这些样本应归为低收入家庭，但分析表明，他们的负收入主要是临时性经营亏损造成的，而其家庭财产和消费水平都不属于正常意义上的低收入家庭）。实际分析采用的有效样本4 195个。

表4-2列出了全部调查样本和有效样本的地区分布、按城市规模的分布、受访者年龄和户籍状况分布、样本家庭最高收入者的文化程度和职业分布、受访家庭的人均可支配收入分布等情况。这些数据反映出，样本在全国不同区域之间，不同规模城市之间，以及受访者的年龄、文化程度、户籍状况、收入水平等方面的分布都是比较均衡的。

后面的部分将重点概述这次调查的数据结果和分析结果。

表4-2 按各种分组的样本分布状况

1.按地区分布	样本总数（个）	样本总数分布	有效样本数（个）	有效样本分布
东部地区	1 863	37.95%	1 563	37.26%
中部和东北地区	1 848	37.65%	1 605	38.26%
西部地区	1 198	24.40%	1 027	24.48%
合计	4 909	100.00%	4 195	100.00%
2.按城市规模分布	样本总数（个）	样本总数分布	有效样本数（个）	有效样本分布
200万人以上城市	2 495	50.82%	2 083	49.65%
100万—200万人城市	915	18.64%	789	18.81%
100万人以下城市	995	20.27%	889	21.19%
县城、建制镇	504	10.27%	434	10.35%
合计	4 909	100.00%	4 195	100.00%

续表

3.受访者年龄分布	样本总数（个）	样本总数分布	有效样本数（个）	有效样本分布
20—29 岁	1 647	33.55%	1 411	33.64%
30—39 岁	1 383	28.17%	1 196	28.51%
40—49 岁	1 236	25.18%	1 062	25.32%
50—59 岁	520	10.59%	425	10.13%
60 岁及以上	123	2.51%	101	2.41%
合计	4 909	100.00%	4 195	100.00%
4.受访者户籍分布	样本总数（个）	样本总数分布	有效样本数（个）	有效样本分布
本市城镇	4 457	90.79%	3808	90.77%
外地城镇	276	5.62%	234	5.58%
外地农村	156	3.18%	138	3.29%
漏答	20	0.41%	15	0.36%
合计	4 909	100.00%	4 195	100.00%
5.家庭最高收入者文化程度	样本总数（个）	样本总数分布	有效样本数（个）	有效样本分布
小学或以下	165	3.36%	136	3.24%
初中	970	19.76%	832	19.83%
高中（包括同等学力）	1 833	37.34%	1 565	37.31%
大专、大学本科	1 822	37.12%	1 569	37.40%
硕士、博士	82	1.67%	74	1.76%
漏答或无法确定	37	0.75%	19	0.45%
合计	4 909	100.00%	4 195	100.00%
6.家庭最高收入者职业	样本总数（个）	样本总数分布	有效样本数（个）	有效样本分布
一般专业技术人员	396	8.07%	353	8.41%
中高级专业技术人员	262	5.34%	227	5.41%

续表

6.家庭最高收入者职业	样本总数（个）	样本总数分布	有效样本数（个）	有效样本分布
其他专业人员（科教文卫等）	339	6.91%	302	7.20%
党政军机关一般干部	193	3.93%	165	3.93%
党政军机关中高级干部	52	1.06%	47	1.12%
企事业单位、社团职员	561	11.43%	483	11.51%
企事业中层以上管理者	327	6.66%	268	6.39%
服务人员	317	6.46%	277	6.60%
工人	659	13.42%	562	13.40%
个体工商户、自由职业者	1 008	20.53%	853	20.33%
私企所有者、合伙人、股东	317	6.46%	277	6.60%
其他职业	73	1.49%	66	1.57%
学生、研究生	20	0.41%	17	0.41%
无职业（包括退休退职人员）	349	7.11%	278	6.63%
漏答或无法确定	36	0.73%	20	0.48%
合计	4 909	100.00%	4195	100.00%

注：城市规模按市区常住人口计算。

三、基本推算方法——恩格尔系数法

基于调查样本数据推算城镇居民可支配收入的基本原理可以概述如下：

第四章　收入差距与灰色收入

我们进行城镇居民收入调查的目的，并不是为了从调查样本直接推断城镇居民的总体收入分布状况，而是在可信的数据基础上，推算收入水平与若干消费特征参数之间的关系。其中一个关键的消费特征参数就是恩格尔系数（居民家庭的食品消费支出占家庭消费总支出的比例）。经济学界公认的一个事实是，随着居民收入水平上升，他们的恩格尔系数会逐渐下降。这是因为在满足了基本的温饱需求之后，居民会逐渐转向满足其他需求，使食品支出在消费支出中的比重相应降低。因此，较高的恩格尔系数一般代表了较低的收入水平，反之亦然。

根据这个原理，我们可以基于一个比较可信的调查样本，来计算居民家庭的恩格尔系数和人均收入水平，并使用统计学或计量经济学方法，找出两者间的统计关系。依据这些关系，只要我们能够得到某一组统计样本的比较可靠的恩格尔系数和其他相关信息，就可以根据这些信息近似推算出该组居民人均收入的真实水平。因此，我们可以根据国家统计局的分组城镇住户的恩格尔系数和其他有关数据，来推算这些组别的平均收入水平，并与公布的该组居民收入水平统计数据进行比较，以检验统计数据的可靠性。作者称这一分析方法为"恩格尔系数法"。

当然，这样做的前提，是要求分组统计样本的恩格尔系数真实可信。一个自然会提出的问题是，如果在统计数据中某一组居民的收入水平存在系统性偏差，他们的恩格尔系数数据会不会同样有系统性偏差呢？

事实上，如果收入数据存在偏差（例如，被低估），那么消费支出总额和食品消费支出数据很可能也存在一定程度的偏差。但首先，只要消费支出和食品消费支出的偏差是同方向的，而且偏差的程度在统计意义上大体上保持同等比例，那么分组平均的恩格尔系数仍然是基本可信的。在这种情况下，我们仍然可以使用恩格尔系数来推算真实收入水平。

其次，我们通过调查发现，调查对象隐瞒消费（包括食品消费）的倾向要远远低于隐瞒收入的倾向。因此，消费数据相对于收入数据来说要更真实。这样，即使消费支出总额和食品消费支出的偏差不同比例，所得到的恩格尔系数可能产生的偏差也相对较小，仍然可以用来推算收入水平。

还要注意到，使用这一方法，只能对已有的统计样本的收入数据进行检验，纠正瞒报收入数据导致的偏差，并不能解决统计样本本身遗漏高收入居民的问题，不能纠正后一原因导致的收入低估。因此校正的结果，应该能够解决样本本身的收入数据不真实的问题，但仍然可能在一定程度上低估高收入居民的收入水平。

四、模型分析方法和结果

当我们根据样本数据来推算恩格尔系数与收入水平的关系时，可能会忽略掉其他一些因素对恩格尔系数的影响，例如同等收入水平的不同地区居民，因为消费习惯差异和物价水平的差别，可能在食品支出比重上有差异；不同的家庭规模、家庭就业面和教育程度也可能对其食品支出比重产生影响。因此作者采用多变量计量模型的分析方法，把除收入水平以外其他可能影响恩格尔系数的变量也作为控制变量包括进来，从而能够在计算恩格尔系数与收入水平的关系时，把这些额外的影响因素排除在外。

通过分析，作者采纳了半对数二次函数形式的模型估计结果（见表4-3）。图4-1是根据三种不同函数形式的回归结果做出的恩格尔系数与收入水平关系的模拟曲线。图中横坐标是收入水平，纵坐标是恩格尔系数。

表 4-3 模型估计结果

变量	（1）半对数函数		（2）半对数二次函数		（3）二次函数		（4）三次函数	
	系数	t 值	系数	t 值	系数	t 值	系数	t 值
$\ln Y$	−0.057 39	−28.66**	−0.120 04	−4.63**	—	—	—	—
$\ln Y^2$	—	—	0.002 95	2.42*	—	—	—	—
Y	—	—	—	—	−7.67E−07	−20.8**	−1.24E−06	−19.31**
Y^2	—	—	—	—	5.44E−13	13.88**	1.93E−12	12.15**
Y^3	—	—	—	—	—	—	−7.49E−19	−8.99**
city	−0.006 64	−3.50**	−0.006 77	−3.57**	−0.003 85	−1.97*	−0.125 08	−2.21*
$city^2$	—	—	—	—	—	—	0.056 12	2.22*
$city^3$	—	—	—	—	—	—	−0.007 74	−2.28*
edu18	−0.011 16	−4.35**	−0.010 66	−4.15**	−0.031 94	−6.80**	−0.027 41	−5.83**
$edu18^2$	—	—	—	—	0.001 17	2.84**	0.000 98	2.39*
family	−0.014 27	−6.41**	−0.014 23	−6.40**	−0.015 59	−6.78**	−0.014 98	−6.54**
emp	−0.015 85	−1.95*	−0.013 50	−1.65'	−0.037 81	−4.53**	−0.031 64	−3.82**
$H1$	0.071 06	11.47**	0.070 78	11.43**	0.076 01	11.89**	0.075 43	11.89**
$H2$	0.025 57	5.66**	0.025 44	5.62**	0.026 15	5.58**	0.028 58	6.12**
$L1$	−0.039 38	−6.06**	−0.039 79	−6.13**	−0.032 98	−4.93**	−0.031 49	−4.74**
C	1.060 77	49.76**	1.386 27	10.19**	0.579 0	37.80**	0.645 80	16.57**
Adj.$R2$	0.246 3		0.247 2		0.197 3		0.213 0	
Obser.	4 195				4 195		4 195	

注：t 值标有'号表示在 10% 水平显著，* 号表示在 5% 水平显著，** 表示在 1% 水平显著。

分析说明，半对数函数和半对数二次函数的回归结果非常接近（见图 4-1），其中后者的调整 $R2$ 最高；而二次函数结果的可信度较低。因此作者采纳了半对数二次函数的回归结果。在以上分析结果的基础上，最终可以求解出不同组别城镇居民的恩格尔系数所对应的收入水平。这一结果在下一节阐述。

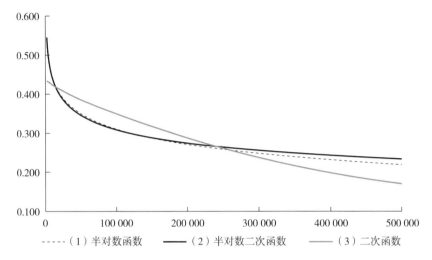

图 4-1 函数模拟曲线：恩格尔系数与收入水平的关系

第三节 求解真实的居民收入

一、城镇居民分组收入推算结果

根据上述计量模型分析，作者把各参数的估计结果、统计样本中的分组恩格尔系数，以及各控制变量的全国平均值带入函数，推算出对应于不同恩格尔系数的 2008 年人均收入水平。表 4-4 列出了两种方法的推算结果，一种可以称为分组比较法，即不采用模型分析方法，而是将我们的调查样本数据按人均收入水平进行排序，用递推的方法找到与官方统计中的城镇居民家庭分组数据相同的平均恩格尔系数，并计算出与之相应的调查样本分组收入水平。第二种方法就是前面介绍的模型分析法。两种推算收入同时列出作为参照，并与统计局公布的分组收入数据（表中简称为"统计收入"）进行比较。实际上因为模型分析法比较可靠，作者采纳的是该方法的推算结果。

表 4-4　2008 年城镇居民分组人均收入：统计数据和推算结果的比较（元）

分组	恩格尔系数	统计收入	推算收入： （1）分组比较法	推算收入： （2）模型分析法
最低收入	0.481	4 754	5 685	5 350
低收入	0.459	7 363	8 646	7 430
中低收入	0.429	10 196	13 392	11 970
中等收入	0.404	13 984	20 941	17 900
中高收入	0.379	19 254	29 910	27 560
高收入	0.340	26 250	47 772	54 900
最高收入	0.292	43 614	164 034	139 000
全部城镇居民	0.379	15 781	35 462	32 154

注：　统计局公布的全部城镇居民平均收入是 15 781 元，但按其所公布各组收入加权平均计算应为 16 054 元。

从表 4-4 的数据看，分组比较法和模型分析法的推算结果总体上比较接近，它们对中等以上收入组的推算收入都显著高于统计收入，但分组比较法的差异更大一些。模型分析法结果对最低收入、低收入和中低收入水平的推算，虽然不同程度上高于统计收入，但差异不太大。从中等收入组往上，推算收入与统计收入的差距明显扩大。差距最大的是最高收入组，模型分析法的结果是 13.9 万元，是统计收入（4.36 万元）的 3.19 倍。

表 4-4 显示，主要由于高收入和最高收入组的收入差异，按模型分析法推算得到的全国城镇人均收入平均值为 32 154 元，而不是统计局公布的 15 781 元。推算数与统计数相差了一倍。

表 4-5 也提供了 2005 年和 2008 年两次研究的推算收入（2005 年只采用了分组比较法进行推算）与统计收入的比较，并把没有反映在统计数据中的居民收入定义为"隐性收入"。我们发现这两个年份

推算收入的分布状况是相似的，但 2008 年与 2005 年相比，高收入组（仅次于最高收入组的第二组）推算收入与统计收入的差异明显变大，似乎显示出隐性收入有从最高收入家庭向次高收入家庭扩散的趋势。在表中的最后一列，计算了 2008 年各居民组的隐性收入占隐性收入总量的比重。可以看到，最低收入组和低收入组基本上不存在隐性收入（它们与统计收入之间有细小的差别，可以认为这仅仅是反映了统计误差）。从中高收入组开始，推算收入与统计收入出现明显差异。而隐性收入的 81% 集中在 20% 的高收入和最高收入家庭，其中 10% 的最高收入家庭占了 62% 以上的隐性收入。

表 4-5 2005 年和 2008 年推算收入与统计收入之比

分组	推算收入 / 统计收入 2005 年	推算收入 / 统计收入 2008 年	隐性收入的分布 2008 年
最低收入	99.1%	112.5%	0.4%
低收入	101.8%	100.9%	0.0%
中低收入	106.9%	117.4%	2.3%
中等收入	114.0%	128.0%	5.1%
中高收入	130.6%	143.1%	10.9%
高收入	138.7%	209.1%	18.8%
最高收入	337.6%	318.7%	62.5%
全部城镇居民	177.7%	190.4%	100.0%

注：推算收入与统计收入之比以各组的统计收入为 100%，隐性收入分布以 2008 年隐性收入总量为 100%。

图 4-2 更直观地给出了分组比较法和模型分析法这两种方法得到的 2008 年推算收入与统计收入的比较。两种方法具有一致性，但也有一定的差异。为了进行对比，作者把 2005 年的推算结果（只有分组比较法）与统计数据的比较在图 4-3 中表示出来。可以看到这两个年份的收入分配推算结果有相似的分布，这显示了两次调查和研究结

论的基本一致性。

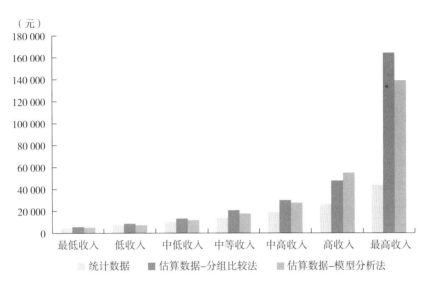

图 4-2 2008 年城镇居民分组收入：推算数据与统计数据比较

资料来源：王小鲁（2010）。

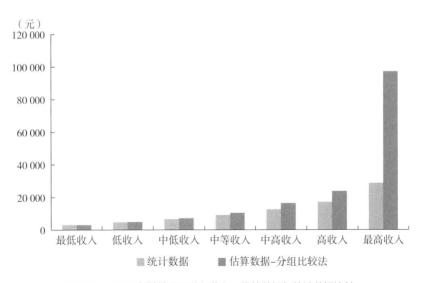

图 4-3 2005 年城镇居民分组收入：推算数据与统计数据比较

资料来源：王小鲁（2007）。

二、隐性收入和居民收入差距有多大

根据包括隐性收入在内的各组居民推算收入来计算城镇居民收入分配差距，就会发现实际收入差距要比统计数据显示的情况大得多。按城镇居民家庭 10% 分组，2008 年城镇最高收入家庭与最低收入家庭的实际人均收入分别是 5 350 元和 13.9 万元，相差 26 倍；而按统计数据计算，两者只相差 9 倍。

如果我们用城镇 20% 的高收入家庭和农村 20% 的低收入家庭来近似代表全国最高和最低收入各 10% 的家庭[①]，那么 2008 年全国最高 10% 家庭的人均收入是 9.7 万元，而最低 10% 家庭的人均收入是 1 500 元，两者相差 65 倍，而按统计数据计算，两者只相差 23 倍。

相信这种隐性收入绝大部分发生在城镇。近似假定农村居民收入统计数据是可靠的，使用城镇居民人均推算收入数据来代替统计收入数据，与农村人均纯收入统计数据分别乘以城乡人口数，则可以得到 2008 年全国居民可支配收入总额为 23.4 万亿元，但如果按城乡住户统计数据计算，2008 年全国居民收入总额只有 13.2 万亿元。两者相比，隐性收入高达 10.2 万亿元，比作者根据 2005 年调查数据推算的 2005 年隐性收入（5.2 万亿元）扩大了 96.8%。而同期（2008 年比 2005 年）名义 GDP 只增长了 69.8%。这说明隐性收入在以快于 GDP 增长的速

---

① 这只是一个简便的近似推算。因为城镇和农村居民人均收入的平均水平相差 3 倍以上；按统一标准衡量，全国高收入家庭绝大部分集中在城镇，低收入家庭绝大部分集中在农村。在数量上，2008 年全国城镇 20% 高收入家庭数占全国家庭数的比重为 10.7%，农村 20% 低收入家庭占全国家庭数的比重为 9.3%，可以分别近似地代表全国各 10% 的最高和最低收入家庭。因此这种近似计算不会导致很大误差。

度迅速扩大[①]。

分别按统计数据和推算数据计算的城镇人均可支配收入、全国居民可支配收入及其占GDP比重，以及它们在2005—2008年期间的增长幅度、名义GDP的增长幅度（见表4-6）。在包括了隐性收入后，2008年比2005年全国居民可支配收入总额增长了73.2%，甚至超过了名义GDP的增长幅度。而按统计数据计算（不包括隐性收入），全国居民可支配收入2008年只比2005年上升了58.6%，远远落后于GDP增长。在不包括隐性收入的情况下，居民可支配收入占GDP的比重在2005—2008年期间下降了3个百分点，而在包括了隐性收入之后，该比重反而上升了1.5个百分点。在此期间，隐性收入占GDP的比重上升了4.5个百分点。

表4-6　2005—2008年居民收入变动

项目	2005年	2008年	增长幅度
城镇居民人均可支配收入（元，统计数据）[1]	10 493	15 781	50.4%
城镇居民人均可支配收入（元，推算数据）	19 730	32 154	63.0%
城镇人口（亿人）	5.621 2	6.240 3	11.0%
农村人均纯收入（元，统计数据）[1]	3 255	4 761	46.3%
农村人口（亿人）	7.454 4	7.213 5	-3.2%

---

① 有几点需要说明：第一，农村"纯收入"与"可支配收入"在统计口径上有某些差异，这里忽略这种差异，将其近似地视为可支配收入。第二，依据国家统计局住户统计计算的全国居民可支配收入，与国家统计局"资金流量表"提供的全国居民可支配收入有较大差别。这里列举的统计收入来自前一来源。而本书后面关于国民收入分配格局的讨论中，所涉及的居民可支配收入统计数据则来自后一个来源。请注意这一区别。关于这两个统计数据的差别，以及导致这种差别的原因，作者在本章第一节中做了解释。第三，这里对隐性收入的计算结果，与作者2010年报告（王小鲁，2010）中的计算结果有某些差异。这是因为国家统计局2012年对城乡人口和资金流量表等历史数据做了修正。这里根据修正后的数据进行了重新计算。

续表

项目	2005年	2008年	增长幅度
全国居民可支配收入（亿元，统计数据）	83 246	131 991	58.6%
全国居民可支配收入（亿元，推算数据）	135 170	234 168	73.2%
推算隐性收入（亿元）	51 924	102 177	96.8%
GDP总量（亿元）	184 937	314 045	69.8%
全国居民可支配收入（统计数据）占GDP比重	45.0%	42.0%	−3.0（百分点）
全国居民可支配收入（推算数据）占GDP比重	73.1%	74.6%	1.5（百分点）
隐性收入占GDP比重	28.1%	32.5%	4.5（百分点）

注1：表中的城镇居民人均可支配收入和农村居民人均纯收入是按照统计局公布的住户统计数据。表中的全国居民可支配收入（统计数据）是按上述这两个人均收入统计数据分别与城镇和农村人口数相乘并求和得到的，不同于国家统计局"资金流量表"中公布的居民可支配收入数据。

注2：此处隐性收入占GDP的比重，是在不对GDP进行相应调整的情况下计算得出的。因此推算的居民收入占GDP的比重相当高。但在居民收入有严重遗漏的情况下，GDP核算必然也会存在一定程度的遗漏（尽管未必在数量上相等），因此实际的居民收入比重不会像表中显示的这样高。但GDP核算究竟有多少遗漏是一个复杂的问题，这里不做讨论，在下一节中将要进行简略的讨论。

三、通过其他途径验证隐性收入

以上基于调查数据和恩格尔系数法推算的全国居民收入，与本章第一节根据部门数据推算的居民收入，使用了完全不同的方法，依据的数据来源也完全不同。在表4-7中，分别列出了国家统计局两种来源的2008年全国居民收入数据，和作者用两种完全不同的推算方法得到的居民收入和隐性收入数据，以作为对比。其中隐性收入是指该项推算得到的居民收入与国家统计局第一种来源（住户调查）得到的居民收入之间的差额。可以看到，作者用这两种方法推算得到的居民收入总额分别为 22.9 万亿元和 23.4 万亿元,隐性收入规模分别为 9.7 万亿元和 10.2 万亿元。两种估计比较接近,居民收入(包括隐性收入在内)在 23 万亿元上下,其中隐性收入在 10 万亿元上下。这起到了互相验证的作用。

表 4-7　比较统计数据和两种方法推算的居民收入及隐性收入(2008,万亿元)

项目	全国居民收入	隐性收入
统计局住户调查数据	13.2	0
统计局资金流量表数据(据经济普查)	18.6	5.4
作者基于部门数据的推算	22.9	9.7
作者基于恩格尔系数法(模型法)的推算	23.4	10.2

其实,如果存在上面所估计的巨额隐性收入,它也必然会在国民经济的方方面面有一系列反映。下面我们还可以通过几个不同途径对此进行检验。

1. 房价收入比

根据国外经验,通常商品住宅价格是居民家庭年收入的 3—5 倍,是可承受的价格,否则住房市场不会有充足的需求。而按住户收入统计计算,我国城镇居民的房价收入比一直在 10 倍左右,住房市场却持续火爆,这始终是国内外研究者面对的一个不解之谜。2008 年,商品住宅销售 2.1 万亿元,2010 年猛增到 4.4 万亿元,扣除贷款支付的部分之后,居民以现金支付的购房款应在 3.1 万亿元左右,超过了居民收入统计所显示的城镇 10% 最高收入户的当年全部收入总额。而同一年,居民的银行存款还增加了 4.4 万亿元,其中大部分来自高收入居民。这是一个无法用统计数据解释的现象。

根据我国 2010 年城镇居民收入统计,人均可支配收入 1.911 万元,平均家庭规模 2.88 人,合家庭年收入 5.503 万元。而同一年新建商品住宅销售4.40万亿元，按每套平均110平方米、每平方米售价4 725元计，估算售出849万套，每套均价52.0万元，是统计显示的城镇居民平均家庭年收入的近10倍。按同样方法计算，近些年来城镇房价收入比都在10倍左右。这远远超出了统计显示的城镇居民承受能力。这说明城镇居民平均收入可能被低估了一倍以上。

2010年，新建高档公寓和别墅销售4 219万平方米，每平方米均价10 943元。如果按每套平均160平方米计算，估算售出26万套，每套均价175万元（别忘了还有大量没有统计为高档公寓，但每套价格数百万元的住宅）。而按照居民收入统计，2010年占城镇家庭数10%的最高收入家庭人均收入为5.14万元，平均家庭年收入12.9万元。按高档公寓和别墅的平均价格计算最高收入家庭的房价收入，在13—14倍之间。这似乎暗示高收入家庭的实际收入应当是统计收入的数倍。

1990—2010年，商品住宅累计销售超过5 492万套，超过了城镇20%的高收入家庭总数（约4 650万户）。调查数据显示，有相当一部分高收入家庭不需要购买商品房（有公房、公司提供的住房或低价购买的"房改"房），但至少有三分之一的高收入家庭拥有第二套、第三套或更多的住宅。这些情况说明，高收入居民的实际购买力远远超过仅仅能够承受当前房价的水平。

2. 家庭汽车与收入

根据我国的私人汽车拥有量统计，2010年我国私人拥有的小型和微型载客汽车为4 919万辆。该数据以牌照发放和年检数为依据，应该是准确的。如果按90%属于城镇居民计算，城镇家庭的家用汽车普及率已达21.2%（每百户拥有家庭汽车21.2辆），如果按占城镇住户20%的高收入家庭数计算，已经超过每户一辆车。实际上有不少中等收入家庭也已经成为有车阶层。但根据城镇住户抽样调查统计数据，每百户城镇家庭仅拥有13.1辆家用汽车，遗漏了近40%。这说明在住户抽样调查中，或者有一部分居民少报了汽车拥有数，或者该样本对高收入家庭有相当大的遗漏。而且更明显的矛盾是，按照该调查提供的收入统计数据，有车家庭的收入水平还不足以拥有汽车。

根据近年来汽车销售中高档车比例上升的趋势，如果以家用汽车平均价格15万元、年相关支出2.5万元（燃油、保险、维修保养、年检、停车费、过路费等）计，一般需要25万元以上的家庭年收入（或者10万元以上人均年收入）来支持。但根据统计数据，2010年城镇20%高收入家庭的年可支配收入平均只有10.5万元，人均只有4.1万元，就平均而言远远达不到普及家庭汽车的程度。而目前的实际家用汽车拥有量已经超出了20%城镇高收入家庭的总数。这再次说明高收入居民的统计收入被严重低估了，而本节前面所述对城镇高收入居民人均收入的推算（2008年按20%高收入家庭计算，人均接近10万元）则大体上与其购车能力相吻合，尽管该推算还有可能偏低。

3. 每年流入澳门赌场的钱有多少

根据渣打银行一个研究报告估算，2011年澳门赌场的博彩业收入约为340亿美元（按年平均汇率6.46折算，为2 196亿元人民币），是拉斯维加斯赌场收入的4倍。其中73%的收入来自贵宾厅，而90%的"贵宾"来自中国内地（Stephen Green，2011）。据此估算，中国内地2011年被澳门赌场赚走的赌资为1 443亿元。

但这还远远不是问题的全貌。实际上每年经过澳门赌场流出中国内地的资金总量，数倍于澳门赌场的博彩收入，数额惊人。据同一个报告估算，这个数字近年来一直都在上升，2011年经过澳门赌场贵宾厅流出中国内地的资金总量为1 850亿美元，折合人民币1.195万亿元（参见图4-4）。

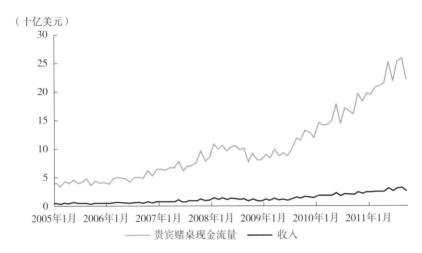

图 4-4 中国内地流入澳门博彩业的资金

资料来源：Stephen Green，2011。

我们可以合理地假定有能力把这样大量的资金投入澳门赌场并转移他处的只能是城镇 10% 的最高收入家庭（实际上可能只限于其中百分之一、千分之一或者万分之一的极少数家庭）。而如果我们相信住户统计提供的 10% 最高收入家庭的人均收入数据（2010 年为人均 5.1 万元），那么这 10% 最高收入家庭的年收入总额只有 3 万亿元。他们需要每家拿出 1/3 的年收入投入澳门赌场，才能达到上面计算的 1.2 万亿元。这当然是不可能的。隐性收入到底规模有多大？由此可见一斑。

4. 其他

除去以上列举的城镇居民住房、汽车等支出情况，一部分城镇居民在其他许多方面的支出也是其统计收入不能解释的。其中一个例子是国外消费。2010 年，全国因私出国出境 5 739 万人次，相当于全国 20% 的城镇高收入家庭平均每户 1.23 人次。内地出出境人员的购买力相当惊人，据报道支撑了香港奢侈品销售业的主要部分，也是其他一些欧美国家奢侈品产业的主要目标人群。如果假定因私出国出境的人群中有 1/3 是商务原因而予扣除，其余为旅游、探亲、留学等，按人均花费 3 万元人民币的保守估计，全国出国出境旅游等支出超过 1.1 万亿元，约占城乡住户统计中居民消费总额的 1/10，约占城镇住户统计中 20% 高收入居民消费总额的 1/3。这显然违反常理，按目前统计的高收入居民收入水平是无法解释的。

第四节　重新审视国民收入结构

根据国家统计局城乡住户调查数据和人口数据近似计算，2008 年全国居民可支配收入总额为 13.2 万亿元，占 GDP 的 42%。但根据国家统计局的"资金流量表"核算，住户部门可支配收入总额为 18.6 万亿元，比按照城乡住户收入统计数据计算的可支配收入总额高出 5.4 万亿元。但比本书推算的 23.4 万亿元居民可支配收入，仍然少 4.8 万亿元。资金流量表和住户统计数据不一致，主要是由于数据来源的不同。前者主要依据的是经济普查资料，数据主要来自企业，而不是统计局的住户调查资料。这说明经济普查比统计住户调查对居民收入的遗漏要小。然而这仍然无法解决灰色收入不能进入统计视野的问题。

这里，作者把推算居民收入与资金流量表居民收入的差额 4.8 万亿元视为灰色收入，而把推算居民收入与住户统计的居民收入之间的差额 10.2 万亿元称为隐性收入。后者既包括了灰色收入，也包括了统计调查的遗漏和误差。而经济普查基本上涵盖了居民正常收入的所有来源。经济普查数据不能反映出来的居民收入，大体上可以看作合法性不能明确界定的收入，将这部分收入称为灰色收入是适当的。[①]

按照"资金流量表"的数据，2008年的居民可支配收入占可支配收入总额的份额为58.3%。其中初次分配的劳动者报酬相当于可支配收入总额的47.2%。这也就是说，居民的非劳动收入占11.3%。另外企业（包括金融部门）和政府的可支配收入分别占22.7%和19.0%。

图4-5是根据统计局历年"资金流量表"数据做出的国民收入分配结构变化图。该图显示，2008年与1998年相比，居民可支配收入（劳动者报酬和非劳动收入之和）占可支配收入总额的比重下降了10.1个百分点，其中劳动者报酬的比重下降了6个百分点。而企业和政府收入分别上升了9.2个和0.9个百分点[②]。

但是如果用本报告前面推算的、包括灰色收入在内的居民可支配收入来代替资金流量表中的居民可支配收入，收入分配的情况会发生很大的改变。因为灰色收入基本上不可能是劳动报酬（劳动报酬没有必要隐瞒，也很难隐瞒），在下面（表4-8和4-9）作者把推算居民收入与资金流量表居民收入的差额（2008年4.82万亿元，2005年2.23万亿元；后者是根据作者2007年报告的推算）作为灰色收入分配到居民非劳动收入中。

---

① 在作者完成2010年研究报告时，2008年资金流量表尚未公布，作者依据更早年份资金流量表数据线性外推，得到2008年住户部门可支配收入17.87万亿元。据此，作者推算的灰色收入为5.4万亿元。但后来公布的2008年资金流量表显示，2008年住户部门可支配收入为18.24万亿元，再以后又调整到18.59万亿元，同时对以前年份数据以及城乡人口等数据都做了修正。这样作者推算的居民收入与资金流量表公布的居民收入之差就应从5.4万亿元调整到4.8万亿元。

② 国家统计局在2012年对2000年以后的资金流量表数据进行了更新，与以前数据相比有很大改动，但没有更新2000年以前的数据。这里反映出来的政府收入上升幅度很小，与财政数据反映的情况很不一致，有可能是因为没有对更早的数据进行更新，而前后数据互相不匹配造成的。如果从2000年算起，按新数据，政府收入比重到2008年上升了4.5个百分点。

第四章 收入差距与灰色收入

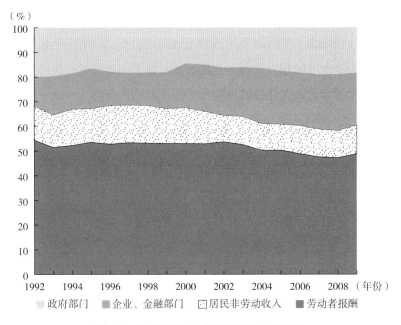

图 4-5 资金流量表中劳动者报酬的变动趋势

资料来源：国家统计局，《资金流量表历史资料 1992—2004》《中国统计年鉴 2012》。

在根据推算的灰色收入对居民可支配收入做了调整后，如果不相应调整可支配收入总额（以及国民总收入和国内生产总值），那么居民可支配收入所占的比重会大幅度上升，而企业和政府收入的总额和所占比重都要大幅度下调。居民收入是国内生产总值的一个主要组成部分，我国的国民经济核算主要采用生产法和收入法计算，如果居民收入有重大的遗漏，不可能不在一定程度上导致国民总收入和国内生产总值核算的遗漏。①

例如，不少企业、事业单位将内部人员的灰色收入，以及对外支

---

① 可支配收入总额与国内生产总值（国内生产总值，或 GDP）和国民总收入（GNI）这三个统计口径互相接近。2008 年，可支配收入总额只比 GDP 高 1.6%，比 GNI 高 0.9%。

付的回扣和行贿支出，以种种方式计入物耗成本或者计入差旅、交通、会议等支出，虚增了生产成本和管理费用，低报了企业的增加值。这种情况可能相当普遍。这也部分解释了假发票买卖为何如此盛行。这些情况自然会导致国内生产总值总量核算偏低。

灰色收入的另外一部分来自公共资金、公共财产、他人收入及财产的转移，是一种暗中进行的再分配。这包括公共投资资金以及其他各种政府财政预算和非预算资金流失到私人手中的部分、国有资产的流失、土地开发转让中的价值流失，也包括收受贿赂、房地产投机等造成的个人财产和收入的转移。这一类灰色收入并不来自国内生产总值的漏算，但实际上减少了政府和企业的收入，增加了少数人的个人收入；或者减少了普通居民的收入而增加了某一部分高收入居民的收入；或者是将少数人从普通公务人员和处于某种垄断地位的人员造就成高收入者。医疗、教育界相当普遍的私下收受红包，也是其中的一部分。

基于以上原因，作者在调整居民收入的同时，在表4-8中把2008年可支配收入总额做了一定程度的上调，调整幅度相当于当年4.8万亿元灰色收入的60%。其余的40%，需要相应地将企业和政府收入做一定程度的下调。对2005年的可支配收入总额，也采用同样方法进行调整。需要说明的是，由于国民经济核算是一个非常复杂、工作量浩大、需要大量基础数据支撑的工作，本项课题不可能对之进行重新核算，也不能以估计数据来替代原有的核算数据。在表4-8的数据中，作者只是依据本书前面部分的推算，对居民可支配收入尝试进行了修正。其他部分乃至可支配收入总额的数据调整，是根据一定的假设条件做出的，仅仅为研究界和各界读者提供一个参考。

可支配收入各构成项目调整前后的数额见表4-8，它们调整前后占可支配收入总额的百分比变化见表4-9。

第四章 收入差距与灰色收入

表4-8 可支配收入的调整：2005—2008年（单位：万亿元）

项目	调整前		调整后	
	2005年	2008年	2005年	2008年
住户部门	11.29	18.59	13.52	23.42
劳动报酬	9.31	15.05	9.31	15.05
居民非劳动收入	1.98	3.54	4.20	8.37
企业、金融部门	4.01	7.26	3.52	6.20
企业部门	3.70	6.55	3.25	5.60
金融部门	0.31	0.71	0.27	0.62
政府部门	3.26	6.05	2.86	5.18
可支配收入合计	18.56	31.90	19.89	34.80

注：2008年调整前的可支配收入总额和各分项数据来自国家统计局"资金流量表"。调整后的数据是在此基础上将估算的灰色收入进行了分配后得到的数据。
资料来源：国家统计局，2012，《中国统计年鉴2012》，"资金流量表"；作者推算结果。

表4-9 可支配收入结构变动：2005—2008年（当年可支配总收入=100%）

项目	调整前		调整后	
	2005年	2008年	2005年	2008年
住户部门	60.8%	58.3%	67.9%	67.3%
劳动报酬	50.2%	47.2%	46.8%	43.3%
居民非劳动收入	10.6%	11.1%	21.1%	24.0%
企业、金融部门	21.6%	22.7%	17.7%	17.8%
企业部门	19.9%	20.5%	16.3%	16.1%
金融部门	1.7%	2.2%	1.4%	1.7%
政府部门	17.6%	19.0%	14.4%	14.9%
可支配收入合计	100.0%	100.0%	100.0%	100.0%

资料来源：同表4-8。

从表4-9可见，调整前，2008年居民（住户部门）收入只占可支配收入的58.3%，调整后提高到67.3%，比重上升了9个百分点。按调整前的数据，居民收入在2005—2008年期间下降了2.5个百分点，而按调整后的数据,居民收入在此期间几乎没有下降。这说明加上遗漏的灰色收入后,实际的居民收入在国民总收入中的比重并不像原来我们认为的那样低,其比重下降的幅度也不像原来认为的那样大。

但这并不是一个值得乐观的结果。表4-9显示,劳动报酬所占比重比原来更低了,下降的速度也更快了。2008年,劳动报酬占比从原来的47.2%调整到43.3%,下调了3.9个百分点。与2005年相比,下降了3.5个百分点。而非劳动收入的比重则大幅度上升,2008年为24.4%,比原来的比例提高了12.9个百分点。尽管2005年的该比例也有大幅度上调,但2008与2005年相比,还是上升了2.9个百分点。按照调整后的数据,2008年相对于2005年的变动情况,可以从图4-6中更直观地看到。

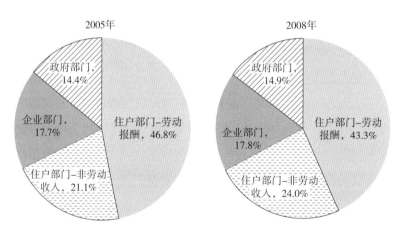

图4-6 2005年和2008年可支配收入的分配状况(调整后)

注:企业部门包括金融部门。
资料来源:同表4-9。

调整后的居民收入比重虽然显著高于原来的统计,但高出的部分是非正常的灰色收入,导致非劳动收入比重大幅度增加;正常收入的比重并没有提高，尤其是劳动报酬比重更低，下降更快。这意味着收入差距进一步扩大，收入分配的公平性进一步下降。必须注意到，灰色收入也不同于正常的资本和人力资本回报，对鼓励竞争、改善效率不会有任何积极作用。相反，其相当部分可能来自企业收入和政府收入的漏失，或者是对正常的居民收入及财产的侵蚀和掠夺。这种状况不仅不利于公平，同时也损害了经济效率，并成为导致社会冲突、加剧不安定的主要因素。

与世界多数国家，特别是与发达国家相比，我国的劳动报酬占国民总收入的份额都远远低于一般水平，居民的非劳动收入份额则高于一般水平。调整后的数据加强了这种情况。如果按调整后的估计数字来看，政府收入所占份额虽然低于原来的统计数据，但这并不说明政府集中的财力少了，而是说明有一部分政府收入由于腐败和管理不善而流失了。

此外，尽管我国的政府收入比重仍然低于发达国家的一般水平，但在政府收入的使用方向上与发达国家之间有重要区别。因为在大部分发达国家，政府收入的最主要用途是社会保障，以及提供教育、医疗、住房等方面的服务。它们建立了一整套覆盖全体公民、人人可以分享的社会保障和公共服务体系。在这些方面，我国虽然近年来发生了不少改变，但社保体系保障水平仍然较低，而且也还没有实现覆盖十三亿人的目标（其中最突出的是在城市打工的农民工大部分没有被城市的社保体系覆盖）。公共服务的提供仍然是不均等的，医疗服务、教育服务在城乡间和各地之间的分配差距很大。其中保障性住房存在严重的分配不均问题，公务员获得保障性住房的比例远高于社会平均水平。

另一方面，一段时期内我国的政府收入用于政府自身消费和各种投资活动的比例畸高，在各种政绩工程、形象工程方面浪费巨大，更严重的是有大量公共资金通过各种隐秘的渠道流失，转化为少数人的非正常收入。这说明我国的公共资金和公共资源管理体制亟待改革。在这些方面制度不规范、操作不透明、严重缺乏社会公众的监督,这些问题已经成为导致收入分配扭曲的关键因素。

第五节 巨额隐性收入和灰色收入说明什么

在国民收入分配中,出现如此巨额的隐性收入和灰色收入,而且分布高度集中,说明我国收入分配存在严重的扭曲。根据本章第三节表4-5的推算,中等收入居民也在一定程度上存在低报收入的倾向,低报的幅度大致相当于他们报告收入的17%(中低收入居民)到43%(中高收入居民)之间的范围内。可以推测,中等收入居民的这些隐性收入中,可能有很大一部分仍然属于正常收入的统计遗漏,也许主要与调查对象不愿"露富"的心理状态有关。

但隐性收入在中高收入阶层以上,随着收入水平上升而大幅度增加(见第三节图4-2),特别是最高收入居民(占城镇居民家庭的10%)的实际收入是统计收入的几倍,这说明存在深刻的制度性原因。这些隐性收入中的主要部分,也不再是正常收入的统计遗漏,而只能用灰色收入来解释。

"灰色收入"是一个有些人不愿涉及的概念,常常以"不科学""不准确""没有明确的定义"为理由,强烈反对别人使用。实际上,之所以出现这样一个词汇,就是因为现实生活中有些人的确拥有大量无法清楚界定来源、不能明确判断其合法或非法的收入。对如此重大的国民收入分配问题采取回避的态度,无益于问题的解决。即便取缔了"灰色收入"的概念,也并不等于取缔了灰色收入本身。经验说明，某些最坚决反对使用这个概念的人，自己可能就有大量的灰色收入。这可能也说明，试图解决灰色收入问题，会深深触及某些人的既得利益，必然会遇到很大的阻力。

灰色收入并不仅存在于我国，而是一个广泛存在于世界各地的现象。在国外，除了"灰色收入"（grey income）和"隐性收入"（hidden income）以外，还有一些类似或者相关的词汇，例如"影子经济"（shadow economy）或"地下经济"（underground economy）等。当然由于国情不同，各国的表现形式也各有区别。其中影子经济或地下经济通常是从经济活动的角度定义的，指以逃避政府管制、监管和税收为目的，未向政府申报注册、未纳税的生产和经营活动，其产出和收入一般也不会包括在国民经济核算和收入统计中。这其中既包括合法的经济活动，但其收入逃避了纳税而形成非法收入，也常常包括走私、制毒、贩毒、行贿受贿等非法经济活动，收入自然也是非法的。而灰色收入和隐性收入是从经济活动的结果角度定义的，通常是指上述经济活动形成的收入。有时隐性收入也用来指政府统计体系统计不到的收入，其中也包括统计遗漏的合法收入。

本书在比较宽泛的含义下使用隐性收入的概念，既包括灰色收入，也包括被收入统计遗漏的合法收入。而灰色收入这个概念，在中国特有的条件下，通常包括以下三种情况：

第一种情况，现实生活中有些收入，由于在制度上或法律上没有明确界定，因此处在合法与非法的中间地带。用一个例子来说明，老百姓举行婚礼，收受亲朋好友馈赠的礼物礼金，既是民风民俗，也是法律所允许的。即便发生在党政官员的亲属、子女身上，如果在合理限度内，也未必能够简单禁止。但有些官员借子女、亲属婚礼的名义收受重金，聚敛财富，动辄以数十万、数百万计，实质上是变相的索贿受贿。这就需要法律法规对官员亲属收受礼品礼金的情况，在情节和金额上划定一个合法的界限,并制定可行的监督办法。越过这个界限,必须严格禁止,以非法收入论处。但在法律法规没有明确规定的情况下,这类收入无法界定其为合法性的收入,也只能算作灰色收入。

又如,企事业单位或政府机关在工资之外,给雇员提供某些奖励和福利待遇,一般而言是正常、合法的行为。但有些政府机关或具有垄断地位的国有企业,慷公共资金之慨,以种种名义给官员、企业管理层或职工提供远高于市场常规的福利或额外给付,这是一种半公开或者不公开的行为,常常也逃避了纳税,实际上侵害了公众利益。其中常见的情况,是违规违纪,但并不违法;或者虽然违法,但法不责众,成为社会的潜规则。在法律法规对此没有做出明确界定,或者即便有法律规定,但司法体系并没有认真对待的情况下,这类收入也只有用灰色收入来概括。

当然,也不排除有些道理上正当的收入,由于法律没有明确赋予其合法地位,因而变成了灰色收入。

第二种情况,是某些有理由怀疑为非法的收入,在没有充分证据证明为非法的情况下,也只能作为灰色收入来看待。例如频繁出现的通过内幕交易、虚假拍卖获得的地产收益,通过内线消息、散布虚假信息、操纵市场而在股票市场、期货市场上获得的暴利,以及政府官员以权谋私,通过幕后交易获得的利益等等。但如果仅仅是公众或有关人士怀疑存在上述情节,而拿不到确凿证据,也无法将其作为非法收入来对待。

由于已经曝光的非法收入毕竟是少数情况,因此我们这里所讨论的灰色收入,除了包括对其合法性没有明确的法律界定的收入外,也涵盖了绝大部分事实上的非法收入。

第三种情况,是具有合法来源的收入,但逃避了纳税。由于其所得者不愿公开，也成为灰色收入。这种情况主要发生在非劳动收入中，因为一般而言劳动报酬的税收管理比较规范，逃避纳税的可能性不大。而经营性、财产性收入和一些其他类别的收入，则因为认定、计算和征收比较复杂，特别是因为税收征管不善，比较容易逃税。

上述第一种情况，是由于法律法规对某些情况缺乏严格明确的界定，导致收入分配的许多环节存在模糊区间和漏洞，形成了某些灰色地带。这是法律和制度体系不健全的结果。

上述第二种情况，说明现行体制对一些经济活动的重要领域以及对公务人员的行为缺乏有效的监管。这些现象通常与腐败有关。在一个经济体中，存在大量法律能够明确界定为非法，但在实践中无法具体认定非法的收入，是由于某些法律形同虚设，有法不依、执法不严；在法律框架本身与法律的实施、对违法行为的监督和执法之间存在严重脱节。

而第三种情况，则是在立法和执法、监督之间存在脱节的一个表现突出的领域，主要涉及税收征管的有效性。

这三者都导致国民收入分配发生扭曲。当一个社会出现大量灰色收入的时候，说明存在严重的制度不健全或漏洞，是现行体制不健全的表现。这是一个危险的信号，说明国民收入分配脱离了常轨。因此，要解决灰色收入和收入差距过大的问题，关键不在于如何给灰色收入下定义。缺乏针对性地空谈"取缔"也不解决实质性问题。根本出路，在于推进制度改革，理顺国民收入分配体制，建立和健全对收入分配，特别是涉及公共资金、公共资源及其收益的立法与监督机制，使国民收入分配得到有效的规范。

灰色收入并不能完全等同于腐败带来的收入，但与腐败有非常密切的关系。至少，灰色收入中相当大的一部分，就是腐败造成的。腐败和制度不健全有直接的关系。因为制度不健全和缺乏监督让腐败有了可乘之机,而且由于制度不健全或缺失,在一些领域、一些场合,在合法收入与非法收入之间难以划分一条清楚的界限。因此,要解决灰色收入问题,必须从改革现行体制做起。

第五章

影响收入分配的体制与政策

作者提示

在这一章里，作者讨论几个重点领域影响收入分配的体制和政策问题。其一是财政体制、投资体制、政府管理体制缺陷和管理不善带来的公共资金流失浪费、腐败高发和分配苦乐不均；其二是现行土地制度缺陷在土地资本化过程中造成的收入分配扭曲；其三是垄断行业管理体制和某些政策导致的分配不公；其四是大中小企业之间的不公平竞争地位对收入分配的不良影响；其五是城市化过程中社会保障覆盖缺失和公共服务分配不均对收入分配的不利影响，这还涉及政府支出结构不合理的因素。在每一部分分析中，作者也都提出了在这些领域推进体制改革的思路或政策建议。作者认为，推进这些领域的体制改革将使我国收入分配状况得到巨大的改善。

在本章完成后的九年间，上述一些方面已经有了某些改善。这包括财政支出管理和政府投资管理更为严格，因而杜绝了不少资金分配漏洞和腐败现象；对小微企业的政策支持力度加大，在一定程度上改善了它们的营商环境；社会保障覆盖面扩大、公共服务支出增加，改善了部分低收入人群和弱势群体的状况。但一些深层次的体制问题尚未解决，例如，财政体制改革整体进展缓慢，政府支出结构仍然有待改善；土地制度改革缺乏实质进展、土地财政问题仍然突出；市场对资源配置的决定作用在某些领域受阻，公平竞争的营商环境有待落实；大量新城镇居民未能安家落户，社会保障覆盖缺失仍然严重。因此，这些领域的深入改革仍然亟待推进。

作者于 2021 年 10 月

在市场经济体制下，国民收入分配主要依据生产要素对经济的贡献进行，即区分为对劳动、人力资本、资本、土地以及其他自然资源的回报。这些回报是在市场上自发实现的。市场经济体制并不能自动保证收入分配公平合理，但一般而言有利于经济效率的发挥。因为在竞争条件下，生产率高的生产要素，自然得到较高的报酬，因而通过收入分配的激励就促进了效率提高，而且生产要素的自由流动也保证了资源配置的优化。在较大贡献得到较高报酬这个意义上，竞争性市场条件下的收入分配能在一定程度上保证收入分配的公平性。

但任何社会也都需要政府参与收入分配。因为市场机制不能自动保证全体社会成员的基本生存和生活需要得到满足，也不能防止收入分配向某些居于主导地位的个人和人群过度倾斜，忽视弱势群体的利益，无限扩大收入差距。因此就需要通过政府来建立社会保障、公共服务和转移支付体系，以改善收入分配。社会还必须以一部分资源或产出用于公共基础设施投资和维护、进行宏观调控、促进科技开发、保证国防和社会安全等。这些都不是市场机制能够自发完成的。发达国家在整个20世纪，经历了这方面的一系列制度变革，减少了收入分配的不公平，也减少了社会冲突，从过去弱肉强食的传统资本主义演进到比较人性化的资本主义。这些改变增进了社会和谐与安定，并间接地保障了经济的持续发展。

这些情况，比经济学理论所描述的抽象的收入分配更复杂。二十世纪经济学的发展，尽管出现了有关经济外部性的公共经济学、有关宏观平衡和宏观管理的凯恩斯和后凯恩斯主义经济理论，以及有关选举、公共政策与公众利益的公共选择理论等，各自涉及了收入分配问题的某些方面，但总体而言这些理论进展仍然落后于社会实践，能够提供的指导是相对有限的。

其中一个重要领域，是如何保证公共资源及其收益的合理使用和分配。掌握这些资源的权力机构或人员，在利益的驱使下，很容易染指其分配过程，侵占这些资源，或利用这些公共资源获取个人利益。在这种情况下，本来用于保障社会公平的公共资源，可能成为少数特权阶层的猎物，反而加剧收入分配的不公平。

广义而言，行政权力本身也是一种公共资源。因为掌握权力者可以利用行政权力来干预收入分配、资源配置和各种社会经济活动，这在对经济活动发生正面或负面影响的同时，也给予了他们创造或者利用寻租机会为自己谋利的可能性。而对权力的滥用，必然会影响或侵害其他社会成员的利益，不但导致不公平的分配，而且常常会妨碍经济资源的有效配置，降低经济效率。

所谓灰色收入的一个重要来源，就是围绕权力产生的贪污、渎职、寻租等腐败行为。这就不仅需要对公共资源的使用和权力的行使作出严格的法律界定，并建立一系列相应的制度来对之进行约束，而且需要对公共资源的整个使用和分配过程进行严格的监督。靠政府进行自我监督是远远不够的，关键的一点是使政府管理透明化，从而使社会公众能够对政府实行监督。

在下面的几节里，作者将重点分析当前灰色收入比较集中、收入分配扭曲程度比较严重的一些领域的情况。

第一节　财政体制、政府权力与腐败

一、财政体制与公共资金使用

从 20 世纪 90 年代中期以来，我国财政收入占 GDP 的比重持续快速上升，从 1995 年的 10% 上升到 2011 年的 22%。2011 年全国公共财政收入已经超过 10 万亿元，如果再加上各级政府的土地出让收入和其他政府性基金收入、社保基金收入和中央国有资本经营收入，总额达到 17.2 万亿元，政府实际支配的收入已占到 GDP 的 36%（数据来自国家统计局，2012a；财政部，2012a，2012b）。与政府收入比重持续上升同时，居民收入占 GDP 的比重则一直在下降（这里指正常的居民收入）[①]。

目前，围绕着政府究竟是否需要在国民收入分配中占有这样高的比例，存在很多争论。反对者认为政府收入挤压了居民收入，应该以减税等方式减少政府收入，才能改善收入分配。肯定者认为政府还有大量公共职能需要履行，而且中国政府在国民收入或 GDP 中的占比与发达国家相比并不高，还有提高的余地。上述两种意见各有道理，

[①] 这里用政府收入数据考察政府在国民收入分配中所占份额是有所欠缺的，用政府支出占比较政府收入占比更合理些。这是因为超过政府收入的政府支出实际上同样占用了国民收入。政府支出（= 一般公共预算支出 + 政府性基金支出 + 社保基金支出 – 财政对社保基金的补贴 + 国有资本经营支出）在过去十年继续呈直线上升趋势，2000、2010、2020 年占 GDP 之比分别为 22.8%、33.2%、41.7%。如果扣除其中的社保基金支出，这三个年份政府支出占 GDP 之比分别为 20.4%、29.6%、34.0%，其不断上升的趋势没有改变。作者在这一节中讨论的问题，有些在程度上有所改变，但基本都仍然存在。——作者 2021 年注

第五章　影响收入分配的体制与政策

但都忽略了下列事实：

我国政府收入占GDP的比重实际上已经接近发达国家的水平（高于美国，但低于大多数欧洲国家），用于民生的政府支出近年来有明显提高，但比重却仍然远远低于发达国家水平。在发达国家，用于民生的政府支出（社会保障、对居民的补贴、公共医疗和教育支出）通常占政府支出的50%以上或更高。而我国以2011年为例，政府支出（包括公共财政支出、社保基金支出、政府性基金支出和中央国有资本经营预算支出）中，用于公共教育、医疗卫生、社会保障和就业、住房保障支出总共5.85万亿元，扣除其中的相关部门行政管理支出后，为5.4万亿元，占全国公共财政支出的31%。这一比重与往年相比，已经有了很大提高，但仍然远低于发达国家这方面的支出比重。

我国政府财政体制有许多值得改进的地方。

其一，政府收入长期以来没有实现统一渠道，统一管理。除了预算内财政收入以外，政府过去还有大量土地出让收入和预算外资金收入长期没有纳入预算。其中土地出让收入在不少地方几乎与一般财政收入数量相当，数额巨大。但其透明度低，管理不严格、不规范，导致了大量的腐败、资金流失和浪费等问题，而且也加剧了地区之间的苦乐不均。自2011年起，根据规定全面取消预算外资金，各类预算外政府收入纳入"政府性基金"预算管理。这看来是一个进步。但一些地方和部门并未认真执行这一规定，仍然有相当数量的政府收入未纳入基金管理[①]。此外，已经纳入基金管理的政府收入，能不能做到严格、规范、透明的管理，也还有待观察。根据有些地方反映的情况，纳入基金管理后只是名称上有变化，并无实质性改变。新闻媒体上也不断有关于政府性基金管理混乱的报道。

---

① 参见"审计署审计长向全国人大常委会作2011年度中央预算执行和其他财政收支的审计工作报告"，人民网，2012年6月。

其二，政府财政收支透明度低，社会公众无法对之进行监督。各级政府每年一度的财政预算和计算报告虽然向各级人代会提交，但缺乏细节，基本上是走走形式。由于缺乏监督，政府支出一掷千金，浪费巨大，"三公消费"成为天文数字。有计算指出我国一年"三公消费"高达 8 000 亿元。如果大体准确，就大大超过了整个国家的军费开支。全国政协副主席、前审计署审计长李金华在 2012 年全国政协会议上也指出："如果我们紧一紧、省一省，作风方面稍微改进一下，一年省几千亿元是不成问题的。"从现实生活中的大量现象来看，此言绝非夸大其词。

其三，地方政府常规财政来源不足，过多依赖转移支付。我国目前的公共财政，85% 的支出功能是由地方政府来完成的。但地方财政收入只占到全国财政收入的一半。差额部分是通过中央对地方的转移支付和税收返还来补充的，2011 年前者达到 3.49 万亿元。但这些转移支付过多采用了一事一议的专项拨款方式，而没有根据地方政府的公共职能需要来充实其常规预算。2011 年，对地方的专项转移支付高达 1.66 万亿元，几乎占了全部转移支付的一半。

在理论上，专项转移支付可以灵活掌握，根据地方政府的实际需要拨款，把资金用在更需要的地方。但在实践中，一段时期内，由于中央政府缺乏充分信息，只能通过地方与中央之间的博弈和讨价还价来实现，使地方政府"跑部钱进"变成了争取专项转移支付的常规机制，把大量时间精力耗费在进北京、跑部门、拉关系，以争取资金上面，败坏了风气，导致了大量寻租和腐败现象。"会哭的孩子有奶吃"，资金分配常常取决于谁更会"哭"，或者谁的私下"工作"做得更好，结果是资金分配更不公平、效率更低；常常不是雪中送炭，而是锦上添花，无助于解决地方政府常规预算不足的问题，还迫使地方政府以卖地为生，逼出了一个"土地财政"的顽症。

第五章 影响收入分配的体制与政策

过分倚重专项拨款的财政资金分配方式,事出有因,主要可能是怕地方政府乱花钱,预算资金不能用在"刀刃"上。但解决问题的方向是错误的,因为它没有从制度上解决地方财政的严格监督、管理和透明化的问题,而是假定高高在上的中央政府比地方政府都更了解每个地方的具体情况,比地方政府更知道当地的财政资金怎样花更有效;实际上还假定地方政府提供给它的信息都是真实的,于是根据这些信息来决定对各地的资金拨付。它又进一步假定专项拨付给地方的资金都会用在指定的用途,教育经费一定会用在教育上,医疗卫生经费一定会用在医疗卫生上。而这些假定都未必靠得住。

审计署 2005 年曾对 20 个省区市的地方预算进行抽查,结果发现中央对地方转移支付 7 733 亿元中,编入地方预算的只有 3 444 亿元,仅占中央实际转移支付的 44%。超过一半的对地方转移支付没有列入地方政府的财政预算,而是直接由地方政府的相关职能部门在预算以外自行支配。这种支配方式由于制度更不健全、更缺乏监督,结果可能是腐败更多,资金流失更加严重。

其四,在现行财政体制下,在各地区间财政资金的分配上,省与省、市与市、区县与区县之间的分配存在苦乐不均的现象,过多照顾已有的既得利益,缺乏制度化的分配标准,较少根据变化的情况调整分配格局。资金不足的地方,财政亏空,常规公共服务得不到保证;资金充裕的地方则常常要在年终突击花钱,把大量宝贵的公共资金花在无用的地方或者政府的自身消费。

这些情况都说明,"财权要与事权相匹配"的要求是合理的。事权交给地方,而中央独揽财权,不利于解决问题。困难之处有以下三点:第一,要真正界定清楚各个地方、各级政府、各职能部门的事权,不是一件容易的事。第二,根据这些事权来授予各级政府相应的财权,在承认经济发展水平差别的同时,做到大致公平和平衡的财政分配，也相当复杂。第三，该给地方的财权给了地方之后，怎样才能保证地方政府合理支出，不乱花钱？

解决好以上三个问题，就从根本上理顺了财政体制，理顺了收入分配中的一个关键的方面：公共资金的合理分配，也杜绝了腐败的一个主要来源。

但是要解决以上三个问题，需要一场真正的财政体制改革，而且需要进行大量基础性工作，需要认真细致的研究、扎扎实实的测算、客观中立的立场，也需要有挑战既得利益的勇气。改革的要点是合理化、制度化、规范化、透明化。其中最关键的是透明化。因为再好的制度也需要人来执行。解决怎样管钱的制度非常重要，但更关键的问题是怎样保证人对制度的遵守。只有财政公开、制度透明、钱花在阳光之下，让社会大众能够监督政府资金的使用，才能够保证制度落到实处，保证制度本身能不断优化，弊端能及时解决，保证财政资金合理使用。

二、怎样管好政府投资

在现行财政体制下，政府用于固定资产投资、政府自身消费，以及因腐败和管理不善而流失的部分过高。在政府主导的固定资产投资中，有大量用于政府楼堂馆所建设和形形色色的"形象工程""政绩工程"，形成低效及无效投资。投资资金的流失是一个更加隐秘的部分，从媒体披露的各类案件和人们日常所见所闻来看，也是一个非常巨大的数字。这部分资金流失，在更大程度上恶化了收入分配格局，因为它不仅扩大了收入差距，而且是少数人对社会公众利益的掠夺和侵占。

公共投资领域是导致收入分配扭曲的一个重点领域，涉及数额巨大。这也是因为公共投资除了来自财政的资金外，还有大量银行贷款。2011年，全国国有部门的固定资产投资8.25万亿元，国家预算投资只占1.48万亿元，更大量的来源是银行贷款。由于不来自财政预算，不受预算监督，而银行对政府项目贷款的监督更不到位，因此弊病更多，流失更大。有一些政府投资的具体案例显示，施工单位实际拿到的工程款常常是工程预算的一半甚至三分之一、四分之一，其余部分则在中间环节漏出。这是各种豆腐渣工程层出不穷的直接原因。根据原国家安监总局（2018年3月改组为中华人民共和国应急管理部）的数据，从2007年到2012年8月这短短5年多的时间内，全国至少有18座桥梁发生垮塌，导致135人死亡。而这些桥梁的大多数，使用还不到15年。此外像新建学校倒塌、新建公路塌陷这类事件也不断发生，说明公共投资项目层层转包、贪污公款、弄虚作假、偷工减料已经成为相当普遍的现象。

公共投资项目按照规定需要采用公开招标投标程序。《中华人民共和国招标投标法》早在2000年已开始实施。但其中留下了不少空白或规定不具体的地方，尤其是在保障法律实施的措施和对违法行为的处理方面缺乏有效的规定，使得绕开"招标投标法"的做法在公共投资领域普遍存在，使该法形同虚设。虽然在12年之后，公布了一个该法的实施条例，但这一条例在多大程度弥补了该法的漏洞，又在多大程度上能够严格实行，还需观察。

除了直接违法不实行项目招标，相当普遍的现象是化整为零或改变项目性质以规避招标、先施工后招标、滥用邀请招标，以及发标方与投标方互相勾结、泄露标底和其他招投标资料、设置门槛排除竞争者，以进行虚假招标等等。这些情况，就是在一些国家大型重点工程中，也常常出现。

较近的例子是审计署2011年2—3月份公布的四份审计报告显示，在西气东输二线工程东段项目、10省区市部分机场建设项目、京沪高速铁路建设项目和10省份扩大内需投资项目上都不同程度地出现了工程招投标违法违规现象，包括不公开招标、人为拆分标段、事先确定中标人、排斥潜在竞标人、工程转包分包等等。粗略统计，上述工程涉及违法违规招投标项目的资金超过百亿元（中评网，2011年3月）。

审计署发现，西气东输二线工程西段在截至2009年5月签订的36亿元施工合同中，有近80%未按规定招标，27亿元的合同招标中存在人为拆分标段、违规确定中标人等问题。此外，在京沪高速铁路和西气东输二线工程西段工程中，审计还发现超进度计价、多计工程款、建设成本中非法列支其他费用和用虚假发票报销等问题26亿元。

出现这些问题，说明有法不依、执法不严、有错不纠，或者纠错时"高高举起、轻轻放下"，是当前突出的问题。现行法律本身也存在许多漏洞。例如在"招标投标法"中规定："违反本法规定，必须进行招标的项目而不招标的，将必须进行招标的项目化整为零或者以其他任何方式规避招标的，责令限期改正，可以处项目合同金额千分之五以上千分之十以下的罚款。""招标人以不合理的条件限制或者排斥潜在投标人的，对潜在投标人实行歧视待遇的，强制要求投标人组成联合体共同投标的，或者限制投标人之间竞争的，责令改正，可以处一万元以上五万元以下的罚款。"

对于投资规模巨大的公共建设项目，在招投标中作弊，寻租腐败的空间可能以亿元为单位。而一旦发现这种作弊行为，"处一万元以上五万元以下的罚款"，似乎说明法律在制定的时候就没有打算认真杜绝这类现象。况且对公共投资而言，罚款罚的是单位，羊毛出在羊身上；这些条款也没有包含对责任人追究刑事责任的规定。这样的惩罚措施，怎么可能起到阻止违法的作用呢？

其实更大的漏洞还在于怎样防止和怎样及时发现招投标违法。未经招标的建设项目能不能拨款？对公共建设项目的招投标过程和建设过程有没有进行普遍监督的制度？公共建设项目要不要逐个审计？审计发现的问题和处理结果要不要向社会公开？有没有鼓励公众举报违法现象的措施？这些措施跟不上，法律还是会被束之高阁。

借公共投资贪污公款并不仅发生在中央投资项目，在地方项目中更是频繁发生，常常更加严重。作者当时在某地调查中采访的一位当地居民，对当地地方政府某段时间内投资项目的说法非常形象，"上届政府刚建完，这届政府就翻修，要不然就重建。建了拆，拆了建；不拆不建从哪弄钱呢？"

一个时期以来，各地耗资巨大、大而无当、大而无用的形象工程、政绩工程层出不穷。深究起来，有些地方官员有如此强烈的投资冲动，恐怕不单纯是用追求"形象"和"政绩"能够解释的，而是背后有巨大的利益驱动。

国际金融危机时期的2008—2010年期间，我国实行了4万亿元规模的公共投资计划。除此之外，各地政府为地方公共建设项目设立了融资平台，融资规模超过了"4万亿"的几倍，截至2012年还有10万亿元的贷款余额挂在账上。2007年，全社会固定资产投资规模为13.7万亿元，而到2010年同口径规模已达到27.8万亿元，三年中总规模翻了一番。

这些措施在当时的确起到了抵抗金融危机、拉动经济增长的作用。但如此规模巨大的公共投资，在短时间内仓促上马，一些过去未获批准、存在不少问题的项目都得到了批准。而且在制度准备不充分的情况下，在项目资金管理方面出现了一些问题，可以说有不少项目为腐败和公共资金流失、为不公平分配敞开了大门。这些经验教训是应该认真总结吸取的。

投资领域是腐败和公共资金流失的重灾区，但不是唯一的领域。由于管理不善，直接侵占公共资源的情况也相当普遍。例如根据审计署关于2009年度中央预算执行和其他财政收支的审计报告，抽查了56个中央部门已报销的29 363张可疑发票，发现虚假发票5 170张，占抽查发票数的18%，列支资金1.42亿元。有一个情况可以为此做出注解，那就是卖假发票已经成了一个颇具规模的行业，公然兜售假发票的人员和广告在城市街头随处可见，此类广告也充斥手机短信和电子邮件。从这些情况看，审计署查出的1.42亿元，不过是冰山的小小一角。公共资金正在以可观的规模，无声无息地流向与权力有关的人群。

从上述情况看，合理调整政府资金分配和公共投资项目的资金使用，关键倒不在于降低或提高政府收入比重，而主要在于两个方面：其一，怎样改善政府支出结构，大幅度压缩无效投资和政府自身的过度消费；其二，如何健全制度，有效管理公共资金和公共项目投资项目，杜绝腐败和资金流失，使公共资金得到有效利用。如果能做到这两点，以现有的政府收入规模，完全可以支持更完善的社会保障和公共服务水平，以及更大力度的财政转移支付；通过合理的再分配有效减少收入分配的差距，增进社会福利，也将大幅度减少收入分配的扭曲。

而要做到上述两点，除了推进公共财政体制改革，合理规范公共资金的分配，还需要在所有公营部门和领域，尤其是公共投资的领域，提高管理的透明度，实行政务公开、财政公开、项目管理和资金使用公开，使社会公众能够对所有涉及公共资金使用的领域进行监督。

三、政府权力与腐败

政府权力对收入分配的影响，并不仅限于政府资金的管理和使用。因为凡是权力发生作用的场合，都有可能对经济运行、资源配置以及不同人群的利益产生正面或者负面的影响。一些人为了趋利避害，就会设法寻求权力的庇护，以获得特殊利益，或逃避应该承担的责任和义务。这就会形成寻租空间，产生钱权交易，对权力构成腐蚀。一些握有权力者，更有可能滥用权力，创造机会以给自己带来利益。这种情况，可以称为"设租"。因此凡是权力发生作用的地方，就可能有权力的滥用和腐败。不管这种权力是否直接涉及资金管理和分配，都有可能导致不公平的分配，带来收入分配状况的恶化。

在现实中，权力带来寻租、设租行为和腐败的现象不胜枚举。例如建设项目的批准，优惠政策的制定和授予，公司上市，土地出让，矿产资源管理，工商税务管理，金融市场监管，环保卫生稽查，人事干部管理，城市管理，市场管理，公安司法等等，无不存在发生腐败的空间。

据新闻媒体的不完全统计，自改革开放以后的 1987—2010 年期间，中国省、部级党政官员因涉嫌腐败等问题受到查处者 120 人，其中因受贿罪、贪污罪、挪用公款罪、巨额财产来源不明罪、玩忽职守罪、滥用职权罪、故意杀人罪、间谍罪被判刑者 81 人。在已判刑的案件中，犯有受贿罪者 72 人，占已判刑人数的 89%，是这一级官员犯罪行为中发生率最高的罪行，说明权钱交易是最普遍的职务犯罪行为。

根据 2006 年一项涵盖全国四千家企业的调查，对于"贵企业去年用于政府和监管部门人员的非正式支付有多少？"这一问题，只有 19.8% 的企业负责人回答"没有"；回答"有一点""比较多"和"非常多"的，总共占到了 80.2%，其中回答"比较多"和"非常多"的占了 18.1%。这一情况说明了权力机构的腐败问题已经严重到了何种程度。按行业分布来看，凡涉及资源、具有垄断性和由于行业特点而涉及较多行政监管的行业，所反映的问题都更严重。其中回答非正式支付"比较多"和"非常多"的比例，采掘业占到了35.2%，电力和煤气生产供应业占24.3%，房地产业23%，化学原料和化学品制造业24.2%，都明显高于平均水平。①

一个与腐败现象直接相关的"新兴产业"，是城市街头和公共场所随处可见、其广告信息公开泛滥于手机短信、电子邮件的假发票销售业。其销售量有多大，直接反映了有多少资金从公共领域或商业渠道漏出，进了私人腰包（但远不是全部）。另一个类似行业是越来越兴旺的礼品收购业，折价收购大额购物卡、礼券以及贵重药材、金银饰品、高档烟酒等等。消费者用自己的收入大量高价买进再折价卖出购物卡或奢侈品，是不可解释的非理性行为。这种怪现象只有一个解释，即此类进入流通的贵重礼品或礼券，全部来自馈赠，是金钱的代用品，基本上都是为了规避直接以现金行贿的风险而采取的特定行贿方式。送礼已经从一种维系友谊和社会交往的行为变成了钱权交易的畸形商业行为。

还有一种特殊商品之前出现过，就是党政军官员的职位。当时有些地方，已经到了明码标价的程度，卖官鬻爵成风，腐败的速度令人震惊。

腐败在一段时期内成为中国社会面临的最大挑战，并从权力部门扩散到一切具有垄断性和有寻租空间的领域，包括资源性和垄断性行业，医疗、教育、科研部门等等。权力与资本结合，形成侵占公众利益、掠夺社会资源的既得利益集团，成为经济和社会生活中的癌症，对中国社会产生了无可估量的深远危害。

导致这些情况的根本原因，就是权力过度集中，缺乏一套民主程

---

① 中国企业家调查系统，2006：《2006·企业经营者问卷跟踪调查报告》，2006年11月发布。

序和民主管理制度对权力进行有效监督。尤其是在经济体制转向市场化的过程中，原有的一套政治体制没有相应改革，执政者受到权力和金钱的双重腐蚀。这说明我国的政治体制改革严重滞后，不加快推进政治体制改革，就不可能制止腐败泛滥。所谓"不改革亡国，改革亡党"的说法，是一个虚假的二律背反。实践证明，只有改革才能救党救国，不改革的结果，只能是既亡国又亡党。

我国在改革以前那一套经济上靠自上而下的行政命令管理的、僵化的计划经济体制，和政治上权力过度集中的政治体制是相辅相成、互相保障的。从1978年开始，我国在没有对政治体制进行改革的情况下，先进行了渐进式的经济体制改革，基本实现了从原来的计划经济体制向市场经济体制的转轨。后来的实践证明，当时先经改、后政改的改革策略，和"摸着石头过河"的渐进式经济改革的路径是成功的，在改革期间保持了社会稳定和经济持续发展。而苏联和其他有一些东欧国家的"休克疗法"式改革，带来了长达十年的经济大滑坡和剧烈的社会动荡。

但这绝不意味着中国可以逃避对原有政治体制的改革。绝不意味着原有的高度集权的政治体制能够与市场经济体制顺利对接。事实上，经济体制一旦市场化，原有政治体制下不受制约的党政权力就暴露在金钱的强力侵蚀之下，而且当事者完全可能在利益诱惑之下，利用手中的权力去寻找与资本的集合点或者为自己创造资本。这种不受制约的权力支配市场的情况，可能在短时期显示出有效率的一面，但在更长时期必然导致官僚垄断的权贵资本主义。它不仅会扼杀经济效率，而且会形成权贵集团对社会公众的掠夺，导致尖锐的社会冲突。

实践证明，不推进政治体制改革，不推进民主化和法制化，不切实提高政府透明度，不加强社会公众对权力的监督，只靠官员自律，靠党政机关的自身监督，难以遏制腐败趋势。政治体制改革的核心，是要解决党政权力过分集中而且缺乏有力的监督的问题。当然这不可能一蹴而就，需要一步一步推进。当前的当务之急，是提高党政机关的透明度，凡涉及政府立项、审批、许可、监管、稽查乃至党政官员人事任免等事项，都应有制度可循并向社会公开，接受公众监督和问责，并逐渐扩大民主管理的程度，以防止以权谋私和内幕交易[①]。

第二节　土地的资本化

中国在最近一二十年，特别是最近十年左右的时间里，出现了井喷式的财富大量涌现的情况。这突出表现在两个领域：土地市场与资本市场。在这一节里，我们将集中讨论土地市场的情况。

一、土地：财富喷涌的源泉

在土地市场上，2001 年全国土地出让收入为 1 296 亿元，相当于当年 GDP 的 1.2%。而 2011 年全国国有土地出让收入为 3.35 万亿元，相当于当年 GDP 的 7.1%、公共财政收入的 32%。扣除征地、拆迁补偿支出后，政府的土地收入仍高达 1.91 万亿元（数据见自然资源部，2011，2012；财政部，2012b；国家统计局，2012a）。

---

① 这方面的认识有必要深化。近些年来依靠强化党内政府内的纪律约束和监督、加强反腐执法力度，使猖獗一时的腐败现象受到遏制，也使收入分配得到一定程度改善。这说明政权内部的纪律约束和监督是有作用的。但要从源头上铲除滋生腐败的土壤，这些措施显然还不够，需要更多转向治本，即通过改革形成一整套将权力置于监督和约束之下的制度。——作者 2021 年注

按土地出让面积看，2001年是9万公顷，2011年是33万公顷，增长了2.7倍。如果加上土地划拨等其他供地方式转让土地，国有建设用地实际供应总量达58.77万公顷。划拨土地也存在价值增值的潜在空间，只是没有从账面上反映出来。

而按土地出让价格看，2001年每公顷土地的平均成交价格是143万元，而2011年是每公顷943万元，土地价格增长了5.6倍[①]。

2001—2011年这10年间土地出让的变化情况，见表5-1。

表5-1 2001—2011年土地出让收入的变化

项目	土地出让收入（亿元）	土地出让面积（万公顷）	土地出让均价（万元/公顷）	土地出让收入/GDP
2001年	1 296	9	143	1.2%
2011年	31 500	33	943	6.7%
增长幅度（倍）	24.3	3.7	6.6	5.6

注：自然资源部公布的2011年土地出让收入略小于财政部公布的数字（33 477亿元）。
资料来源：自然资源部，2011，2012。

然而以上表中的土地出让均价数据还远没有反映出城市地价的水平和溢价的幅度。当农业用地被征用而转为城市商业用地时，每亩土地的实际价格常常从几万元（征地费用）上升到几百万乃至上千万元，溢价率成百倍。2011年末，全国102个主要城市综合地价为3 049元/平方米，是表5-1中的全国土地出让均价（折合每平方米943元）的3倍以上。2012年第一季度，全国商业、服务业用地平均地价水平为每平方米5 705元，而地价最高的上海为每平方米31 637元。折合为每亩地价，全国为380万元，上海为2 109万元（国土资

[①] 此后这些年，土地价格又有大幅度上涨。按国家统计局公布的全国房地产开发企业土地购置成交价计算，2011年每万平方米2 006万元，2020年为每万平方米6 762万元，是2011年价格的3.4倍。——作者2021年注

源部土地利用管理司，2012）。

巨额土地溢价，产生自两个不同的来源。首先，它反映了生产方式转变和城市化的规模经济带来的巨大收益。

在市场上，一种资源（或称生产要素）的价格，取决于使用这种资源能够创造的财富。在城市化和工业化发展程度很低的情况下，土地资源主要用于农业生产。在传统的农业生产方式下，每亩耕地的年产出不过几百斤粮食，而且这是劳动力、土地和其他投入品共同的产出，土地产出只占其中的一部分。微薄的收益，决定了土地的价格低廉。如果假定一亩耕地的年收益为200元，按5%回报率资本化，每亩土地价格只有4 000元左右。而当土地用于城市（尤其是大城市）的工、商、服务业时，其回报可以成百倍地提高，地价自然会大幅度飙升。

比较极端的例子像北京市个别繁华地段的商铺，每平方米年租金已达上万元，如果按容积率为3、土地成本占一半、资本回报率10%计算，折合每亩土地的资本化价格为1亿元，是农业用地价格的几千乃至上万倍。

这样的情况当然是个别的，但其中普遍的道理是，城市的高地租和高地价，前提条件是该土地能够产生高于地租的年收益。其原因在于城市聚集效应带来的高生产率。

城市的聚集效应至少体现在以下这些具体的方面。其一，人口的聚集和工、商、服务产业的集中，扩大了市场规模，缩短了空间距离，大幅度减少交通运输成本和生产流通过程的时间损耗，使各类生产要素的效率得到最大的发挥。其二，各类关联产业、各种生产要素在城市能够充分有效结合，发挥互补作用，从而提高生产率。其三，人口和产业聚集使基础设施和各类服务机构（后者可以称为"软性基础设施"，包括金融服务、技术服务、物流和信息服务、人力资源服务、法律服务、管理和财务咨询等等）得以发展和有效利用，而更好的软、硬基础设施条件会进一步提高企业的生产率。其四，人口和企业的聚集还会提高土地利用率，使单位面积的土地带来更大的产出。

从 1978 年经济体制改革起步算起，中国在此后的 33 年中城市化率从 18% 上升到了 51%，年均上升 1 个百分点。这一快速城市化过程，意味着生产方式的急剧变化，带来了生产率迅速提高和财富的大量涌现。而土地作为城市经济发展的几项基本生产要素之一，必然给其所有者带来丰厚的回报。

土地与劳动力、资本和人力资本等其他生产要素相比，还有一个非常不同的特点，在于它的数量是有限的、不可再生的。城市经济的高收益，会吸引资本和劳动力等生产要素大量涌入，这会抑制这些要素的回报率无限上涨。但土地是有限、稀缺的资源。越是稀缺的资源，在市场上得到的回报会越高。这就决定了城市化发展过程中地租和地价迅速上升，带来巨额的土地溢价收入。而这部分财富如何分配，就成为一个事关国民收入分配的重大课题。

当代经济学的基本理论把土地看作一种生产要素，承认它对生产的贡献（这里的生产不仅包括工农业，同时也包括第三产业即广义服务业），并认为总产出和国民收入中的一部分是对土地贡献的报酬（地租）。但在现行的各国国民经济核算体系中，并不承认土地资本化过程中产生的溢价是新形成的价值，而只作为资产交易中的市场价格变动处理。

在处理普通的资产交易过程中的价格变动时，资产溢价不作为产出来处理是对的。在我国的国民经济核算中，土地溢价也不计入 GDP 和国民收入。这符合国际惯例。但这样处理也带来了一些突出的矛盾。因为当一个经济体处在迅速城市化和生产方式急速转轨的过程中，土地的资本化的确会带来大量新的收益。这些收益实际上并不产生于交易过程之中，因此也不能简单地把土地交易过程看作创造价值的生产过程。但当我们把视野从个别的土地交易这个微观过程转向整个经济的城市化过程时，就会发现这些新涌现的土地价值在城市化之前并不存在，而恰恰产生于城市化过程之中，产生于城市化中资源重新配置带来的生产率大幅度提高。

同样一片土地，如果不是处在城市化的大背景之下，不是位于正在开发的城市周边，仅仅是所有权转手不会带来价值的增加，单纯改变土地用途也不会导致地价大幅度升值。恰恰是城市化的迅速发展，会使城市周边的地价连续倍增。这可以看作城市化的溢出效应，是一个把城市高生产率创造的价值向周边扩散，并附着于开发中的土地的过程。地价的急速升值，正是这一宏观的价值形成过程的一部分。

处在这样一个转型过程中，如果经济学的国民经济核算理论继续恪守地价增值不计入财富创造过程的经济学准则，必然会与现实经济发生冲突。因为这会在国民经济核算中忽略巨额的地价收益。这些财富是怎样形成的？通过哪些渠道进行分配的？哪些主体（政府、企业和居民）从土地溢价中获得了收益？这些都没有从国民经济核算账户中得到充分的反映。

举个极端的例子，假设某人一年前以低价得到了 1 公顷土地，今年以市场价格卖出，获利 1 亿元，当年还有其他收入 1 万元。我们在进行收入统计时，他当年的年收入只有 1 万元而不是 1 亿元。这是因为在理论上，这 1 亿元获利只是他原有财产的形态变动而已（由地产形态转化为现金形态），并不是他的当年收入。然而所有具有常识和正常思维能力的人，都不会否认这 1 亿元收入是真实存在的。这显然带来了理论和实践的巨大冲突。

当中国各级政府在 2011 年获得了 3 万亿元土地出让收入的时候，这 3 万亿元的收入也应该是真实存在的。这笔巨额收入，实际是中国快速城市化过程中资源重新配置带来的巨大收益的一部分。当国民经济核算将这 3 万亿元收入从 GDP 中剔除时，实际上也造成了收入和财富核算的遗漏。

对发达国家而言，这种理论和现实的冲突不会带来严重的失误。因为它们在其国民经济核算体系完整形成之前，早已渡过了生产方式转型、生产要素资本化的阶段，经济中不再有这种迅速转型带来的巨额收益。这些问题，至多只给它们带来某些相对较小的统计误差和不一致，比较容易忽略。而在我们当前的情况下，这变成了一个必须正视的问题。如何解决这一问题？我们寄希望于经济学理论的创新。但是不管理论创新能否早日实现，我们在进行收入分配考察时，都不能忽略土地溢价的分配。因为这对收入分配确实有太大的影响。

二、土地垄断、投机与高地价

除了城市化导致的大规模土地溢价外，地价和房价持续上涨也还有另一方面的原因，是由现行土地制度、财税体制和畸形的收入分配状况所导致的。

按照现行的土地制度，农业用地归农村集体所有，城市用地归国家所有。农业用地资本化的第一个步骤，是由地方政府代表国家向村集体征地。这一过程不是市场行为。地方政府处于强势一方而且有利益驱动，农民常常处于弱势一方，村集体的管理者又往往不能充分代表村民利益而且容易被收买。同时，国家没有明确有力的法律法规保护被征地农民的利益，现行征地费用的规定是按耕地年产值的倍数限定补偿标准。这些决定了征地补偿费用通常严重偏低甚至有时带有掠夺性质，农民一般无法参与分享土地溢价（但也需要指出，改变这一状况需要改变整个土地管理体制，而不是单纯提高征地补偿标准）。①

土地资本化的第二步，一般是由地方政府进行土地整理并通过招拍挂的方式出让给开发商。因为地方政府常规预算不足，土地出让收入已成为地方政府的一个主要财源，而且地方政府是垄断性的土地供应者；地方政府通常希望看到地价上涨，愿意通过招拍挂的方式提高地价，而且也有能力通过控制土地供应量的方式造成土地供不应求的局面，从而造成高地价。

当然这其中还有不少例外。除了某些情况下按规定仍然采取行政划拨土地外，还常常出现应该采取招拍挂方式出让而实际采取协议出让方式的情况，以及名义上走招拍挂过程，实际上通过幕后交易完成土地出让的情况。其中原因，一类是地方政府为了吸引外商或外地投资而让价让利，另一类是地方政府官员和开发商之间存在利益交换关系。

根据审计署 2010 年第 6 号公告披露，审计署抽查的 11 个省份的 13 个城市中，绝大多数城市都存在变相减免、压低价格出让土地、不按招拍挂方式出让经营性用地、应征未征土地出让收入、改变土地出让用途、土地出让收入未按规定纳入基金预算管理、违规使用土地出让收入等问题。总共有 674.81 亿元土地专项资金未规范纳入预算管理，还有 323 亿元土地出让金应征未征。不难想象，在这个过程中通过各种渠道渗透出去的巨额土地收益，造成了多少腐败，培养了多少千万、亿万富翁，在多大程度上导致了收入差距扩大和分配不公。

这后一种情况主要涉及腐败，常常造成大规模的财富非法转移。这

---

① 《中华人民共和国土地管理法》于 2019 年修正，2020 年 1 月 1 日开始施行。新修改的土地管理法破除了农村集体建设用地进入市场的法律障碍；改变了过去以年产值倍数法来确定土地补偿费和安置补偿费的做法，以区片综合地价取代原来的土地年产值倍数法。另外，在原来的土地补偿费、安置补偿费、地上附着物三项基础上增加了农村村民补偿和社会保障费，从法律上为被征地农民构建了更加完善的保障体系。

种情况并不导致终端土地价格的降低,而是在土地出让价和市场价中间保留了一个巨大的差额,可能以幕后钱权交易的方式由双方当事者分享。

土地资本化的第三步是开发商拿到土地以后的房地产开发和出售。开发商方面一旦拿到土地,也有囤地捂地以抬高地价、房价的动机。因为这期间地价和房价再上涨,就会给他们带来丰厚的利润空间。尤其是资金实力雄厚或有大量银行贷款可用的大开发商,更容易这样做。而且大开发商一旦拿到成片土地,就在一定时期内处于某种垄断地位。他们的囤地行为导致已出让的土地长期闲置,人为造成可用土地供应短缺,促使地价飙升,使控制地源的开发商大发其财。

除了地方政府和开发商,推高地价的还有第三只手,这就是某些高收入阶层和企业的投机性购房行为。中国过大的收入差距,导致了商品住宅市场畸形的需求结构。一方面,商品房价超出了中、低收入居民的正常承受能力,成为他们的沉重负担;另一方面,少部分高收入居民拥有过高的收入,可以大量购买商品住房用于投资(也可以称为投机)目的。

直到2012年对商品房投机需求采取行政性限制措施为止,这种投机行为在过去很长一个时期导致了旺盛的住房需求,从而不断推高房价,也间接拉高了地价。反过来,房价不断上涨使得投机行为更加有利可图,因而在不断助长这种行为。这种畸形的住房需求结构造成了很多人买不起房,又有很多人买了房而不住的局面,以及房价不断上升、住房空置率也不断上升的房地产泡沫。房地产需求的泡沫也带来了土地需求的泡沫,促进了地价上涨。

一方面是垄断的土地供应,另一方面是投机炒高的房地产需求。两者结合,在拉升地价和房价的同时,还额外造成了一种收入和财富分配的效应,使土地资本化带来的财富向政府、房地产开发商和高收入居民倾斜分配。

只要地价和房价不断走高，投机性购房者就不用承担高房价的后果。因为他们只是炒房，后果则早晚会转嫁给最终的住房者来承担。其中数量最大的承担者，是对住房有刚性需求的中产阶层，以及城市工商业和服务业的房产使用者。房地产价格和租金，构成了城市工商服务业的一项主要成本，然后摊销到城市工商业和服务业提供的商品及服务价格中，最终转嫁给作为消费者的广大普通城市居民。

这实际上是一种隐蔽的逆向转移支付。在这个过程中获利的是地方政府、房地产开发商，以及从事投机性房产买卖的高收入阶层，高地价使他们获得了高收益。而付出的一方是对住房有刚性需求的中产阶层，和广大购买商品和服务的城市消费者。他们必须为高地价、高房价、高租金付出代价。最初出让土地的农民也很少能够分享到土地溢价，因为他们在和地方政府及开发商的博弈中一般处于弱势一方，常常只能被动地接受对方给出的征地补偿条件，而征地成本通常只占土地出让价格的很小部分。不过在一些寸土寸金的大城市郊区，情况可能很不相同：由于土地供求关系的作用，失地农民有可能获得高额补偿。

至此，土地溢价的分配走完了一个全过程。它由两部分构成。一部分是来自城市化的聚集效应带来的资源配置优化、生产率提高，可以认为是真实的财富形成。另一部分是在某些现行体制和收入分配格局下，地方政府、开发商和从事投机性购房的某些高收入阶层，共同拉动地价和房价上涨，造成地价、房价虚高。这后一部分溢价，会通过供求关系的传导和扩散，最终转嫁给商品房居住者和所有购买商品及服务的城市居民。

三、土地收益的分配状况

2011年，全国土地出让收入总额3.35万亿元，相当于全国10.39

万亿元财政预算收入的32%，相当于地方政府本级财政收入5.24万亿元的64%（未包括在财政预算收入内），成为地方政府收入的一个最重要支柱。但在这个过程中，地方政府出让的是国有土地70年的使用权，实际上预支了未来70年的土地收益，一次性花掉，造成了短期的过度繁荣。而土地资源是有限的，这种情况不可能长期持续。更严重的问题，是管理这笔巨大收益的制度存在许多漏洞。

由于土地资源的稀缺性，政府掌握了批地、征地、卖地的权力，使得土地供应和相关的房地产开发都具有某种垄断性。在一段时期内并没有一套对这种垄断权力进行监督的规则，从而围绕着与土地相关的权力，产生了一系列寻租行为。在一些地方，土地收益管理混乱，成了当地官员任意开支的钱口袋。而地方官员对土地出让收入的豁免权，还可能给个人他们带来更大的利益。

地方政府获得的土地出让收入，并不是土地溢价的全部。尽管地价居高不下，还是有大量土地溢价收入通过各种方式转移给了房地产开发商。根据一项估算，2009年全国城镇商品住房各项建造成本和税费合计为每平方米2 500元，按销售面积和销售额计算的平均销售价格约4 500元，房地产业出售商品住宅的利润高达1万多亿元[①]。而根据国家统计局更新后的2009年商品住房销售面积和销售额数据，按同样方法计算，实际应为1.69万亿元；加上其他商品房的估算利润，总共约为1.86万亿元。这相当于当年全国工业企业利润总额的一半以上。而按实收资本计算，房地产业只相当于工业的24%；按就业人数计算，只相当于工业就业人数的2%（见表5-2）。因此如果上述估算大体可靠，房地产业显然可以划为暴利行业。

不过，1.86万亿元可以说是房地产业的利润空间，并不一定是房

---

① 据全国人大代表、重庆市政协副主席陈万志估算，《代表委员质疑房地产暴利平均每平方米成本2 500元》，《东方早报》2010年3月4日，引自新华网。

地产商实际拿到的利润。因为根据潜规则，房地产商要拿地，可能需要给握有批地或其他相关权力的人行贿。这些可能已经通过各种方式打入了房地产成本，而账面利润自然会低得多。因此，1.86万亿元巨额利润，实际上是在资本和权力之间进行分配的。这些利润最终是由千千万万购买商品房用于自己居住的普通中产阶级支付的。因此在实际上，通过土地资源的垄断性和缺乏透明度的分配，实现了财富在中产阶级和超级富豪之间的逆向财富再分配。

表5-2　房地产业和工业的利润、资产、就业人数比较（2009年）

项目	利润总额（万亿元）	实收资本（万亿元）	净资本回报率[1]	就业人数（万人）
1. 房地产业	1.86[2]	2.90	64%	195
2. 工业	3.45	12.25[3]	28%	8 831
1/2	53.9%	23.7%	228%	2.2%

注1.因公开的数据不全，这里用利润总额与实收资本之比近似表示净资本回报率，不大准确，但可作为互相比较的参考。2.为估算数据。3.为2010年数据。
资料来源：国家统计局，2010；《东方早报》，2010年3月4日。

由于土地的垄断性和投机哄抬而导致的高地价，也转化为商业和服务业房产的高房租，大幅度推高了城市商业区的商品和服务价格，从而成为城市居民必须缴纳的一项税款。这进一步加剧了财富的聚集。

2011年，在《福布斯》资产超过10亿美元的世界富豪榜中，中国富豪有133人，其中房地产业是一个富豪最集中的领域，占了上榜中国富豪的35%（详见下一节）。这与俄罗斯的情况有所不同，在俄罗斯，世界级富豪最集中的领域是石油、天然气和金属及矿山。为什么会有这种区别？原因在于俄罗斯在20世纪90年代的"休克疗法"时期，一夜之间实行了全面私有化，大量地把国有石油和冶金工业廉价或无偿转让给少数人，造就了一小批石油和冶金寡头。而在中国，石油和冶金工业仍然保持了国有企业的垄断地位，但房地产业则在很大程度上私有化了。

但问题并不在于私有化，而在于这个领域所涉及的土地资源收益的分配。在很多产业领域，非国有企业（私营、外资、非国有控股的股份制企业等等）已经占有多半壁江山，但并没有产生多少世界级富豪。因为要在竞争性领域致富是一件很辛苦的事情。这通常需要这些企业家们付出比别人更多的努力，企业管理得比别人更好，产品更有竞争力，效率更高，技术更先进，成本更低。但在那些涉及不通过市场分配的稀缺性资源的生产领域，例如土地资源，情况会有很大的不同。因为土地资源是有限的，其占有是排他性的。企业盈利性如何，有时不取决于企业在市场上的竞争性，而取决于企业或企业家与掌握批地权力的政府及政府官员之间的关系。

可以预计，在房产税改革、土地出让制度改革、财税体制改革能够全面推进之前，高地价——高房价——逆向收入再分配这样一个怪圈，是难以根本打破的。

第三节　垄断性行业的收益分配

一、垄断行业的公有和私有产权

在关于公有产权和私人产权问题上，一直以来都有两种截然不同的说法。一种说法来自西方的新自由主义经济学家。他们说，只有私有制才能保证资源的有效利用和分配的合理。因为公共权力可能会被滥用，因此必须维持一个"小政府、大市场"的经济模式，政府干预越少越好，公共产权和再分配越少越好，只有私人经济才能保证合理和高效。

另一种说法在国内常常听到。一些人说，私有制会导致分配不公平，因此必须保持强大的国有经济，决不能搞私有化；还有些人认为，私人经济也不如国有经济更有效率，因为只有靠国有经济或者靠国家调动资源，才能"集中力量办大事"，才能"快速发展"。因此必须保持"政府主导经济"和"以国有经济为主体"的经济模式。他们把这看作是"中国模式"的核心。

这两种说法各自从不同角度说出了某些事实，但也都对事实有严重的扭曲。世界上确实没有任何一个成功的市场经济是没有私人产权的市场经济。一些转轨国家曾经在转轨过程的某个阶段搞过以集体所有制或者企业所有制为基础的市场经济，例如前南斯拉夫铁托执政时期和中国20世纪80年代初期的改革开放早期阶段[①]。但那只具有实验性质或过渡性质。事实上所有转轨国家都已经跨过了这个阶段。中国在改革中，包括私营企业、股份制企业、外资企业在内的非国有经济，为中国的经济发展做出了最重要的贡献。事实证明，私人产权是市场竞争的最重要基础，而没有市场竞争，就不能提高效率和实现资源优化配置。

但私有产权本身并不必然意味着市场竞争，并不是竞争性市场的充分必要条件，不能直接等同于公平竞争的市场经济。如果我们不仅仅满足于经济学教科书上某些过于简单的或过时的理论，睁眼看看现实世界，就会发现在私有经济中，垄断并不是特例，而是与竞争并存的常态。而完全竞争和完全垄断实际上只是两种极端的情况。有些国家私有化搞得很彻底，但市场经济搞得很糟。私人垄断财阀控制经济，导致财富高度集中，贫富两极分化，意味着放任极少数人对大多

---

① 前南斯拉夫当时的经济制度称为"社会所有制"，实际上是以企业为单位的集体所有制。在此基础上引进了市场竞争机制。这种体制相比于苏联和中国改革开放前的计划经济和国家所有的体制是成功的，但也有很多缺点，后来就放弃了。

数人进行掠夺。这不仅造成社会不公平，而且也严重影响效率。在大多数国家的经济中，通常都会有一些部门处在接近于完全竞争的状态，而另外一些部门则存在不同程度的垄断。私人垄断常常带来财富的高度集中，使收入分配向少数人倾斜。

对某些行业部门而言，只要消除行政保护，减少进入壁垒，就有可能消除垄断，增强市场竞争。在另一些部门，反垄断法可能起到某些降低垄断程度的作用。但不能过高估计这些手段的作用，而且这并不适用于所有的行业部门。

举例说，世界上没有哪个国家的石油产业处于完全竞争状态，该产业在世界范围内处于寡头垄断状态。区别仅在于是私人垄断还是国家垄断。在类似这些涉及天然垄断或者有限资源的领域，私有化常常不能解决公平竞争、增强效率和合理分配的问题，反而有可能加剧这些问题。相反，在合理的制度框架保障和公众监督机制的前提下，保持国有经济部门在这些领域的存在，并将这些部门的垄断性收益用于社会公益，或者以国家的力量对私人垄断部门征收高额税或进行其他反垄断干预，只要是为了社会公众的利益而不是为了某些利益集团的利益，都是名正言顺的。通过这些手段，国家可以把资源收益和垄断利润的相当大的部分纳入国家财政，用于增进社会公众利益的用途。

但另一方面，笼统地以为以国有制代替私有制，就能够保障公平分配和高速发展，同样是经不起推敲的。改革开放以前的国有制和计划经济体制，并没有保证高效、快速的发展，而且那时的"公平分配"，只是以低效率和普遍贫困为代价的平均主义分配。相反，过去超过30年的经济高速发展，根本原因就是改革开放，从旧的计划经济体制转向了市场经济体制。而且这期间，经济加速增长的主要贡献，是由非国有经济部门作出的。

我国经济已经是多种所有制并存，国有经济部门在整个经济中的比例早已不再占有绝对多数。在工业中，1978年改革开始时国有企业占工业总产值的比重为78%，经过三十多年改革后，到2011年国有和国有控股企业在工业总产值中的比重已经降低到26%（见国家统计局数据；但在第三产业即服务业中，国有经济的比重相对较高）。这一变化是改革带来的结果，是非国有企业更加生气勃勃的发展导致的结果。那种想走回头路、想用政府支持下的国有经济挤垮私人企业、用政府调配资源代替市场竞争的思想和主张，实际上是旧思想的回潮，是否定改革的危险倒退。

那种所谓国有经济占主体地位才能保证公平分配的说法，在事实面前是站不住的。我国目前的国有经济所占比重仍然高于世界上多数发达国家，但收入差距远远大于所有发达的市场经济国家和多数发展中国家，基尼系数已经接近0.5，与世界上少数收入差距特别大的拉美和非洲国家接近。这说明收入分配是否公平，并不取决于国有经济的比重，而是要靠公平的市场竞争和公平、透明的制度。

国有经济有可以发挥作用的场所，但主要不是在一般竞争性领域，而是在那些市场竞争机制不能充分发挥作用的天然垄断部门、资源性部门、生产公共产品的部门。"政府主导"在基础设施建设、城市规划和管理等领域的作用也不可忽视。然而笼统地主张"政府主导经济"，甚至在一般竞争性部门也实行国有经济对民营经济的限制和替代，必然走上一条错误的道路。国有经济部门的运作和政府对经济的干预，也必须有合理的制度保证，必须公开透明，接受社会公众监督；否则，很容易导致幕后交易、以权谋私、贪污腐败，很容易形成少数人利用政府权力和垄断地位侵害社会公众利益的局面。在这种情况下，所谓"国有经济"就会蜕变成少数权势者和既得利益集团凭借国家力量谋取私利的工具。

以上所谓"右"的和"左"的两种极端理论，在实践中都是有害的。极端的私有化实践和极端的政府主导实践,常常导致殊途同归的结果,那就是权力与资本的结合;不是权力依附于垄断资本,就是垄断资本从权力滋生,两者都会导致既得利益集团对经济的控制,把经济拖向权贵资本主义的泥坑。前者已经见之于"休克疗法"时期的俄罗斯经济和其他某些转轨经济,后者则是中国经济当前面临的现实危险。

二、资源收益与世界富豪

长期研究世界发展问题的著名经济学家安格斯·麦迪森曾在他的书中批评俄罗斯的经济转轨,而对过去时期的中国改革给予了高度评价。他指出了中国改革超越"休克疗法"时期俄罗斯改革的几个方面,其中一个方面是:"中国并没有通过俄罗斯那种廉价出售国有企业的做法创造超级富豪。在《福布斯》2007 公布的世界最富有的 100 名亿万富翁之中,俄罗斯有 13 个,中国香港有 3 个,而中国(内地)一个也没有。"(安格斯·麦迪森,2008,101 页)。

麦迪森在另一本书里引用欧洲复兴银行的报告描述了俄罗斯私人垄断寡头的兴起:"在 1995 年实施的'资产担保贷款'计划下,许多重要的资源型公司落入一小撮金融家即所谓的'寡头'手里。这导致财富和收入的不平等性急剧上升。到 1997 年,俄罗斯收入的基尼系数大约为 0.5,达到了哥伦比亚或马来西亚的水平。这更易于造成严重腐败、不透明的商业交易——包括易货贸易,和任人唯亲的投资环境。""在收入不平等急剧上升的同时,转型过程中的社会福利支出却在倒退。这表明了一些狭隘利益集团对国家的控制。"(EBRD,1999;转引自麦迪森,2003,151 页)。

关于俄罗斯改革,当年曾作为俄罗斯政府经济改革顾问,推荐了"休克疗法",并亲眼见证了整个过程的美国经济学家杰弗里·萨克斯,事后也曾不寒而栗地这样描述当时的情况(见美国公共广播公司访谈录,2000):"俄罗斯所经历的腐败程度是世界上极为罕见的";"一些最有价值的自然资源蕴藏被白白送了我们现在称之为寡头的那些人,他们一夜之间就成了亿万富翁。要想一夜暴富可不那么容易,……但他们有不同的办法能够一夜之间成为亿万富翁:那就是进入克里姆林宫的内部圈子,然后就能够把那些资源公司中的某一个攫取到手。"很明显,20世纪90年代,俄罗斯官商勾结的私有化是导致俄罗斯财富高度集中的原因。

其实中国在20世纪90年代的国有企业改制过程中,也发生了一些与俄罗斯私有化过程类似的问题,即政商勾结,幕后交易,贱卖国有资产,变相掠夺公共资源。但就全局而言这些问题的规模相对较小。

中国90年代的国有企业私有化主要是发生在中小型企业,以竞争性领域为主;避免了把石油等重要的资源性、垄断性部门白白送人,继续保持了相对较强的国有经济部门。这导致了麦迪森所发现的结果,即在全世界最富有的100名超级富豪中,俄罗斯的经济寡头占有很大份额,而中国人还鲜见身影。当时的中国走了一条与俄罗斯明显不同的转轨道路。

但2010年左右,情况发生变化。中国的收入差距越来越大,基尼系数已经接近0.5,与前一个时期俄罗斯的情况几乎并驾齐驱。有几个现象非常值得关注。

其一,一些国有垄断部门的特权地位已经越来越令社会不安。这些部门的人员(尤其是高管层)与普通竞争性部门之间的收入差距越来越大。这还远远不限于公开数据反映出的工资水平差距,而更大的差距来自这些部门管理层的灰色收入。这些具有垄断地位的企业享有许多事实上的特权。例如,它们因从事石油等资源性行业而获得高额利润，而只交非常有限的资源税（目前针对石油、天然气的5%从价税仍然是一个很低的税率）。它们的盈利过去不用给所有者分红，现在的分红率也仅在5%—15%，而且没有纳入财政预算。

其二，宏观政策频繁变化常常有利于大企业而不利于中小企业。在放松信贷的时候，一些处于垄断地位的国有企业可以拿到大笔实际并不需要的银行资金，可以用来炒房、炒股，或者高息转贷给那些通过正常途径贷不到款的中小企业，大赚一笔息差。在银根收紧的时候，首当其冲受到影响的是中小企业，它们用于正常生产的流动资金会被压缩，而对那些具有垄断地位的大企业却常常可以网开一面，或者因为投资于房地产等不动产项目而无法抽回资金。

其三，某些国有企业的高管层与权力相勾结，通过各种隐秘的途径侵吞和转移国有资产，或利用企业上市、并购等机会为个人套取财富，或利用投资、采购等机会进行寻租活动，形成了大量非法收入和财富转移。权力与私人资本勾结，共同谋取非法利益，或者凭借权力攫取资本和财富的情况也屡见不鲜。由于国有企业和政府管理不透明，这些活动通常能够避开公众视线，不引起社会注意，但常常涉及数额巨大，造就了一批超级富豪，严重扭曲收入分配格局。

其四，上述情况经常发生在政府进行深度干预的某些领域，使这些领域的收入和财富分布不均等的程度越来越高，寡头级别的私人富豪越来越多地涌现，以至于某些情况和"休克疗法"时期的俄罗斯越来越接近。房地产业是这种情况表现突出的一个领域。由于土地供应完全控制在各级政府手中，房地产业可以说是一个受到政府高度干预的部门。但同时，房地产业也是培养超级富豪的最大温床。

作者对2008年和2011年《福布斯》富豪榜的名单进行了统计。与安格斯·麦迪森所做的有所不同的是，统计范围从福布斯富豪排行榜的前100位扩大到全部财产超过10亿美元的一千多名世界富豪。

在《福布斯》2008年排行榜中，财产超过10亿美元的世界级富豪共有1 125名，俄罗斯占87名，其中80%的俄罗斯富豪集中在石油、天然气、金属和矿业、银行、房地产这几个资源性或垄断程度很高的领域。这些人基本上是在过去十几年中突然致富的最大暴发户。这种异常集中的分布，说明俄罗斯的收入分配状况不正常，因为多数富豪的财富更可能是靠获取原国有垄断资源，或者靠他人难以获得的垄断地位取得的，而不是通过市场上的公平竞争积聚起来的。

在2008年这1 125名世界富豪中，中国内地占42人，只相当于俄罗斯富豪的一半，而且产业分布相对比较分散，多数属于竞争性领域。这是一个相对较好的情况，因为一般而言，从竞争性领域致富的正当性和合法性比较容易证明，而通过市场竞争合法致富是无可指责并值得肯定的。其中唯独集中程度较高的一个行业是房地产业，中国的房地产开发商在福布斯富豪榜中有13人，占42名中国大陆《福布斯》富豪的31%。这说明在中国，房地产业比其他行业更容易培育世界级富豪。此外还有7人从事垄断程度或集中程度相对较高的金属和矿业、能源、金融、投资等行业。两者合计共20人，占42人的48%，接近半数，但与俄罗斯富豪绝大部分产自资源性和垄断性行业的情况相比，不公平的程度相对较低。

不过从2008到2011年这短短几年中，情况发生了很大变化。2011年进入《福布斯》富豪榜的世界级富豪（财产超过10亿美元）共1 206人。其中，中国内地富豪迅速上升到133人（未包括已取得香港居民或外籍身份的富豪），是2008年富豪人数的3倍。其中，从事房地产业的增至46人，占到133人的35%（其中以房地产为主业者29人，以福布斯富豪榜中从事行业中排在前面的行业为准）。此外，还有从事金属与矿业的15人，煤炭电力等能源行业10人，医药业18人，投资业15人，金融保险业8人。从事上述行业者合计80人，占

133名内地富豪总数的60%。与2008年相比，富豪中出自一般竞争性行业的比重明显下降了。

为什么上述这些领域更容易产生富豪？与俄罗斯的情况一致，因为这些行业的进入和对有限资源的获取，都不取决于市场竞争（或者至少市场约束程度较弱），而更多取决于政府的许可、批准和授权。在这些领域中，房地产业涉及土地资源，金属与矿业涉及矿产资源，要进入这些领域和获得这些有限的资源，都需要政府批准或授权。电力、金融、投资具有某种天然垄断性，同时也涉及准入限制。医药等行业也是有准入限制和政府干预程度较高的行业。

这些垄断性行业的政府干预必不可少，然而如果政府权力的运用不透明，不受制度约束和社会公众监督，就容易形成大量寻租机会，导致权力与资本的结合，导致既得利益的产生。因此，也更容易导致财产、资源收益和垄断性收入向少数人集中，导致不公平的收入分配和财富分配。当然还需要说明，这里讨论的富豪榜分布情况，只涉及数字变化所反映出的倾向性特征，并不针对上述数字中涉及的任何具体个人。

三、垄断、监管与寻租

上述情况，也很容易通过其他途径获得佐证。一项覆盖全国4 000家企业的较早调查显示，占总数80%的企业在调查年份曾向政府和监管部门人员提供过程度不等的"非正式支付"，其中，占总数18%的企业承认，这类支付"比较多"或者"非常多"。但该比例的分布有明显的行业差异，在竞争性领域较少，而在非竞争性的或竞争不完全的领域，以及涉及政府进行资源分配和监管的领域，该比例明显高于竞争性较强的行业。

其中对政府人员非正式支付"比较多"和"非常多"（两项合计）的行业，排在前6位的是（1）采掘业，（2）电力、煤气和水的市场供应业，（3）化学原料及化学制品制造业，（4）食品饮料制造业，（5）租赁和商务服务业，（6）房地产业。这6个行业平均，对政府人员的"非正式支付""比较多"或"非常多"的企业占25.6%，而其他24个行业平均，这两种情况之和只占15.5%。两类企业有重大差异，前者比后者平均高出10个百分点。这两类行业的分类统计数据见表5-3。

表5-3　不同行业企业2005年对政府人员的"非正式支付"（%）

行业	1没有	2有一点	3比较多	4非常多	3+4
总体	19.8	62.1	16.3	1.8	18.1
采掘业、房地产业等6行业	16.5	57.9	22.3	3.3	25.6
其他24行业	20.1	64.4	14.0	1.5	15.5

资料来源：王小鲁、樊纲、刘鹏，2008。

在前一类的6个行业中，最突出的是采掘业，该行业非正式支付"比较多"和"非常多"的企业比例高达35%，远远超过其他行业。这反映了政府干预、垄断与寻租行为之间的某种必然联系。这显然是由于矿产资源开发需要政府审批和监管，给双方都带来寻租的机会。某种程度上有类似情况的还有化工业、食品饮料制造业、房地产业等等。房地产业有涉及政府对土地资源的管理。电力部门的情况是市场竞争程度低，具有垄断性。上述情况说明，垄断性行业和政府干预较多的行业是腐败和寻租行为高发的行业。

调查发现，上述这些行业不仅"非正式支付"较多，同时受到政府部门及其工作人员的干预也比较多。调查中有一个问题是了解企业经营者与政府部门及其工作人员打交道的时间占其工作时间的比例。

结果显示，花更多时间与政府部门及其工作人员打交道的行业，与"非正式支付"更多的行业，有相当高的重合度。按照企业经营者在这一项时间支出上的比例排序，名列前茅的6个行业依次是：（1）房地产业，（2）采掘业，（3）电力、煤气和水的市场供应业，（4）租赁和商务服务业，（5）农林牧渔业，（6）食品饮料制造业（分类数据见表5-2）。这6个行业中，有5个行业与前面所述对政府人员的"非正式支付"较多的行业是重合的。平均计算，这6个行业的企业经营者要花费20%以上的工作时间与政府部门及其工作人员打交道，其中居第一位的房地产业经营者，花在这方面的时间高达他们工作时间的24%。

相比之下，其余的24个竞争程度高的非垄断性行业，企业经营者平均只花14%的时间与政府部门及其工作人员打交道，而把更多的时间花在企业内部管理和外部营销等活动上（见表5-4）。

表5-4 不同行业企业经营者的工作时间分配情况（%）

行业	企业内部管理	企业营销采购投资等	与政府部门及人员打交道	其他
总体平均	42.8	28.8	15.4	12.9
房地产业等6行业平均	41.7	24.5	20.5	13.3
其他24行业平均	43.3	29.6	14.0	13.1

资料来源：王小鲁、樊纲、刘鹏，2006。

由于上述第一类行业部门存在不通过市场竞争途径分配的资源收益、地租收益、天然垄断或政策性垄断收益，它们必然与政府管理有更多的联系，受到更多的政府干预。如果我们把企业经营者与政府人员打交道的时间看作政府监管和干预程度的一个反映，而把前面所述"非正式支付"看作腐败现象和寻租行为的反映，那么可以看出，缺乏社会监督、缺乏公开透明度的政府干预，与寻租和腐败存在必然的联系。而且在这种情况下，也容易促使掌握权力者有意识地进行不必要的干预，为自己创造更多的寻租机会。

此外，调查还发现，如果按企业规模和类型来区分，大型企业、国有企业，其经营者与政府各部门打交道花的时间也多于平均水平，同时各种非税上缴和用于政府人员的非正式支付也较多。

以上情况说明，产业的健康发展，以及不同产业间和产业内部的收入分配是否合理，关键并不在于国有还是民有，更重要的是以下几个方面：其一，在竞争性领域，是否有一个有利于公平竞争的制度环境？在这些领域实行歧视性的和特殊优惠的政策、过于苛刻的限制进入政策以及其他类型的政府过度干预，都不利于竞争性产业的健康发展。其二，在某些资源性和天然垄断性行业，在政府干预和管理不可避免的情况下，关键在于需要建立一套透明、严格、具体的管理制度，并且引进社会公众的监督；不仅规范和监督企业行为，同时也需要规范和监督政府行为，使之符合社会公众利益，防止官商勾结、钱权交易。

四、垄断性行业与其他行业的收入分配差距

根据近年来的工资统计，具有垄断性的行业（石油、烟草、电力、电信、铁路、银行、证券等等）平均工资与一般竞争性行业平均工资之比，除了证券业超过 8 倍，其他在 2—3 倍上下。但这些数据没有反映出实际的行业间收入差距。

第一，垄断性行业的实际人均收入水平远远高于其工资水平。据权威人士估计，这些行业与其他行业实际人均收入的差距平均在 5—

10倍之间。① 有大量收入是通过工资以外的途径取得的。尤其对管理层而言更是如此。

第二,垄断性行业内部分配极度不均。在某些垄断性行业,普通员工工资水平与一般竞争性行业差距不大,但管理层尤其是高管层收入水平极高,与普通员工之间收入差距非常悬殊。

垄断性和竞争性行业之间收入相差悬殊,基本原因是它们的利润空间和盈利水平相差悬殊。而前者的高额利润,或者来自它们占有的稀缺资源,或者来自垄断性价格,而不能看作正常的经营性收益。因此其主要部分不应成为企业所得,而应当通过资源税或垄断利润调节税的形式将这些超额收益纳入公共财政,用于社会公共服务和保障的目的。

稀缺资源或市场垄断会导致垄断价格和超额利润,使民收入的分配向垄断部门倾斜。一个经济体中,由于自然资源的稀缺性和规模经济的排他性导致某些部门的天然垄断是难以避免的。对这些领域的问题,需要靠税收调节、反垄断立法、价格听证、公众监督等手段来解决。这对我国的资源性行业和具有垄断地位的国有企业而言尤为关键。

其中,针对资源收益和垄断利润的税收调节是一个关键环节。而我国过去很长时期缺乏实质性的资源税,国有企业(尤其是其中的垄断型企业)利润不用分红,实质上是侵占了社会公众的利益。近年来针对石油和天然气行业的资源税改革(资源税按5%从价计征)和国有企业红利上缴制度(利润的5%—15%),是有重要意义的改革措施。但这些改革还远远没有到位,特别是在如下几个问题上有待推进:

---

① 劳动和社会保障部原副部长步正发在2006年一次会议上的讲话,见《中国经济周刊》2006年5月22日。

其一，覆盖面不到位，资源税只包括了石油和天然气，没有把其他有大量资源收益的行业纳入改革范围。例如煤炭部门，前几年山西和内蒙古的一些煤老板在各大城市炒房，是推高房价的一个重要因素。这说明煤炭行业的实际利润很高。而且煤炭的资源收益也成了寻租行为和腐败的一个重要来源。煤炭行业的私人经营者为了获得煤炭开采权而大量向政府官员行贿，握有审批和监察权限的地方官员为谋取私利而索贿、入干股、为非法采煤提供保护，成为腐败和收入分配扭曲的一个重要方面。据媒体报道，山西某县一个煤炭局长，在北京和其他大城市购买高档公寓 35 套，资产达 1.7 亿元。不用说，这笔资金与煤炭收益密不可分，涉嫌腐败和钱权交易。这是煤炭行业暗中的非法利益分配的一个写照。解决煤炭资源收益分配问题，单靠把私人煤矿国有化和推行兼并重组，并未从根本上解决问题。关键是通过合理的资源税把这些资源收益纳入公共财政[①]。

其二，力度偏小。目前 5% 的石油行业资源税只提取了资源收益的一小部分，没有解决大部分石油资源收益的分配问题。对于其接近 60% 的成本利润率而言（2011 年是 58.8%），这部分税收只相当于利润额的 15%。假定价格不变，纳税以后的成本利润率仍然高达 44%，远远高于 7.7% 的工业平均成本利润率。相比之下，澳大利亚在 2011 年推出的矿产资源税税率为利润额的 30%（按原方案是 40%，因受到既得利益集团的阻击而实行了较低的改革方案），我国的资源税改革力度远远小于澳大利亚，还有大幅度提高的余地。

其三，没有考虑级差收益。地下资源开采条件差别悬殊，利润率相差很大。统一的资源税率，只能就低不就高，使那些资源条件特别优厚的企业在分配中仍旧处于天然优势地位。可以考虑针对不同情况

---

① 2020 年实施的资源税法已规定对煤炭从价计征 2%—10% 的资源税，并调整了其他资源的税率，但改变不大。——作者 2021 年注

制定几个档次的资源税级差税率，使资源收益的提取做到大致公平。

其四，从价或从量计征的间接税与针对利润计征的直接税相比有明显的缺点，因为前者的税负可以通过提高价格的方式从生产者转嫁给消费者，而直接税是针对利润额征收的，不容易转嫁，因此更容易实现针对资源收益进行再分配的目的。从这个意义上说，我国2011年的资源税改革与澳大利亚2011年资源税改革相比，不仅力度更小，而且指向更不明确，更容易由生产者转嫁给消费者。当然，资源税改为针对利润征收，就需要更严格地审计企业的成本利润核算，防止企业人为缩小账面利润。

国有企业红利上缴与资源税改革面临某些类似的问题，因为有很多国有企业，特别是多数大型国有企业，是处于垄断性行业或者具有某种程度的垄断地位，在收入分配中拥有得天独厚的优势。对这些企业来说，现有的5%到15%的红利上缴比例过低，需要提高上缴的比例，而且要解决上缴红利纳入公共财政的问题。目前上缴红利归国资委掌握，取之于国企，用之于国企，没有纳入公共财政，也没有用于社会公众，这是需要改变的。

此外，还有些本属于竞争性领域的部门，也可能由于不适当的经济政策而导致垄断和收入分配失衡。某些不适当的行政性价格干预，也是因素之一。

2010年前后银行业垄断程度很高，而且存贷款基准利率由央行规定，人为预留了很高的利差空间。例如按照自2011年7月以来实行的存贷款基准利率，一年期存款和贷款利率分别为3.5%和6.56%，利差高达3.06个百分点，长期存贷款利差也都在1.5个百分点以上。2012年6月存贷款基准利率同时下调，利差不变。

据银保监会数据，2011年中国商业银行净利差为2.7%，净利润1.04万亿元。这一利差水平超过国外银行一般利差水平一倍到几倍，人为造成了银行业利润超高、高到银行业自己觉得"为富不仁","不好意思公布利润"的地步。这是导致收入分配失衡的一个体制因素,也不利于推动银行降低成本、提高效率。我国的金融业平均工资是各行业中最高的,但与其他行业相差更加悬殊的还不是平均工资,而是银行业高管层的工资和工资以外的收入。

解决这个问题,有人建议用缩小利差的办法。但在目前情况下,这未必是一个能有效解决收入分配失衡的办法。原因在于,目前银行中的居民储蓄存款,分布极其不均。据央行前些年一项研究报告的数据计算,5%的储户拥有大约60%的银行存款。这还没有考虑高端储户拥有更多的银行账户这个因素。因此实际上的财产分布不均等程度会明显高于这两个数字所反映的情况。2012年西南财大和人行金融所的《中国家庭金融调查报告》(见搜狐网报道,2012)发现,10%的家庭拥有84%的家庭总资产。这两个来源反映的情况差不多,但后者可能也没有考虑账户多少分布不均这个因素。因此目前降低利差,提高存款利率,主要受益者是富人,对改善收入分配状况可能没有多少帮助。

有几个不同的改革方案可以考虑:其一是针对过高的银行利润征收垄断利润调节税;其二是针对高利差设立利差调节税,将过高的银行收入纳入国库,用于充实社会保障和公共服务的资金;其三是把利差降低到国际通行标准,同时针对利息收入征收累进的个人所得税。三个方案都可以改变银行业过高利润的状况。其中第二方案的好处,是不鼓励低效率的金融机构。如果银行因为经营不善、成本过高而导致无利或亏损,在前一种情况下就不需要付出,而在后一种情况下仍然需要为其占有的社会资源付出代价。第三方案,还应该与个人所得税的改革统筹考虑。因为现行的个人所得税对工薪所得征收累进所得税,而对资本所得和财产收入按固定税率征收较低的所得税,导致税负不均。个人所得税改革的方向，应该是统一税负，按共同的税率征收累进所得税，但累进率可以考虑适当调低。

解决银行业垄断性的问题，另一方面的改革途径是降低门槛、扩大竞争，鼓励民间金融机构特别是地方性小型金融机构参与竞争。目前大银行主导金融市场的情况，非常不利于小型、微型企业的外部融资，而大企业在获得银行贷款方面则处于有利地位。尤其在资金紧张的情况下，常常有大企业以低利率从银行获得贷款，转手以高利率贷给小企业以牟利，更加提高了小企业的融资成本，导致大小企业间的不公平分配。因此只有大量小型金融机构参与银行业竞争，才能改善金融市场不均衡的资金供应状况，有利于解决小微企业融资难的问题，使小微企业能够公平参与竞争，因而有利于收入合理分配。

垄断性领域越多，或对垄断的制约机制越不健全，市场竞争的范围就越小，收入分配就越可能失衡。因此，限制垄断、促进竞争、调节垄断收益、防止垄断部门的既得利益集团侵蚀公众利益并影响经济政策，将是解决因垄断导致的收入分配扭曲的关键。

第四节　企业与市场

一、竞争与垄断的不同形态

企业规模与市场结构，也是一个影响收入分配的重要方面。在一个充分竞争的市场上，收入分配一般比较公平。而充分竞争的一个先决条件，是需要有大量的中小企业参与市场竞争。中小企业因为无法控制价格、操纵市场，一般只能通过积极改进技术、提高效率、降低成本，才能在充满竞争的市场上立足。尤其是小企业的竞争性、灵活性和创造性，通常是一个市场能够保持勃勃生机的基本来源。

美国有一项研究还显示，小企业也是技术进步的源泉，因为大部分新技术在初始阶段都是由处于竞争环境中的小企业首创的，只是由于受到资金实力的制约，小企业通常无法独自完成从技术开发到产业化的全过程，最终往往要把开发的技术转让给大企业，由后者来完成产业化过程。

大企业或者大企业的联盟在占有很大市场份额的情况下，通常会获得某种垄断地位。即，它可以影响该行业产品的价格形成和供给数量，通过操纵价格或改变产量来排挤竞争者，以获得垄断利润。市场的垄断程度通常反映在行业的集中度上。这指的是少数几家最大企业占有该行业市场份额的比例之和。很高的行业集中度说明该行业具有很高的垄断性。

而一旦大企业获得了某种垄断地位，它可能就不必再致力于提高效率、改进技术等竞争手段来获得收益，而能够以操纵价格、限制竞争等手段更轻易地获得高额利润。因此垄断常常会带来因循守旧、效率低下，以及不公正的高价格对广大消费者的侵害。在垄断条件下，收入分配必然是不公平的，收入差距必然过大，必然有利于少数处于垄断地位的大企业及其所有者，而不利于广大中小企业和普通劳动者。

垄断的存在也有其客观原因。在某些行业或生产领域，生产的技术特征决定了规模经济具有决定性的影响。在这些领域，达到一定生产规模的大企业，生产效率会显著高于中小企业。企业规模过小过散，互相过度竞争，不利于提高效率，不利于国际竞争。在这些领域，即便初始阶段有众多的中小企业参与，如果完全任其自由发展，它们中的绝大部分都会随着时间推移而被逐渐淘汰，在经过漫长的充分竞争阶段后，最终结果会导致垄断。这种存在规模经济性的生产行业，在经济学中称为天然垄断性行业。

在天然垄断性行业，企业做大做强是必然的、合理的。而且政府政策也可以发挥一定的作用，在竞争条件下促进企业做大做强的过程，加快其达到经济规模的进程。这也提高了经济效率。但同时，问题还有另一面。即当企业规模大到能够在行业中占据垄断地位时，它们就有可能采取反竞争的手段维护其垄断地位。垄断或竞争不充分会带来制度层面上的低效率，但往往被规模经济带来的高效率所掩盖，而不被人们注意。在发展到更严重的程度时，垄断会全面窒息市场竞争，规模经济带来的优势会被垄断的低效率所抵消，整体经济效率会越来越低，收入分配也会随之变得越来越不公平。

因此，政府政策有理由鼓励企业做大做强、发挥规模经济的优势，但在这样做的时候，要保持中立地位，不能给某些企业吃偏饭。而要特别防止的，是不要给某些国有企业吃偏饭。同时，还非常有必要完备反垄断立法和行政措施，防止过度集中、垄断价格、排挤竞争。需要靠制度安排和法律手段在大企业之间、大中小企业之间保持竞争的关系。

在另外一些生产领域，不存在显著的规模经济，或者说，规模经济有一定限度，企业规模超过了这个限度，就不是越大越好，而会导致效率降低。例如，榨糖企业依赖于甘蔗、甜菜等原料，而这些原料不易保存或价值过低，不适合于远距离运输，因此企业只能靠近种植基地，就地取材就地加工；企业规模也不能太大，否则原料供不上，或者原料供应成本过高。在这个领域，如果有企业合并、扩大规模的需要，通常也不是出自扩大生产规模的需要，而可能是出自营销战略的考虑。

还有一些产品具有多样性或地方性，产品特征可能跟随消费者偏好的改变而经常改变，不适合大批量生产。例如服装就是这样。这些领域通常是充分竞争的，垄断企业不容易立足。如果有某种程度上的垄断，那么一般也不是靠生产规模，而是靠品牌优势。传统的经济学所描述的完全竞争状态，其实只有在这样的生产领域才比较接近于常态。

如果把完全垄断和完全竞争定义为两种极端状态，那么其实绝大部分行业或生产领域是处于两者之间的状态。在这些生产领域，大企业有规模经济的优势，可能形成一定程度的垄断。但是如果没有行政力量对大企业的保护，其相对垄断地位往往难以长久保持，常常会被规模更小但竞争力更强的后来者所取代。这会迫使大企业继续从事技术创新和提高效率，以其产品的差别性、技术上的领先性来保持它们的相对垄断地位。这种由暂时的技术领先加上规模效益导致的既垄断又竞争的状态，在许多行业往往成为一种不稳定的常态，被经济学理论称为垄断竞争[①]。

处在这种情况下的产业领域，常常由少数大企业和众多的中小企业组成。它们互相之间既存在分工合作的关系，也存在互相竞争的关系。大企业的规模经济优势能够得到发挥，但一般又不至于扼杀市场竞争；小企业能够积极参与和推动竞争，但低效率的小企业也会不断被自然淘汰。但即便只是处于相对垄断地位的企业，也有可能利用其相对垄断地位，采取不公平的竞争手段以排挤中小企业和其他竞争对手。这种情况，通常也需要行政或法律手段进行干预，保护竞争。

从以上分析可以看出，有效的产业政策，首先是保持市场的充分

---

① 该理论认为，垄断竞争并不排斥竞争，甚至可能有利于提高效率。因为这种领先企业的相对垄断状态是暂时的，一旦被其他企业在技术方面或在满足消费者特定需要方面超越，其相对垄断地位就会结束。因此需要将垄断竞争状态与天然垄断及行政性垄断状态相区别，后者更具有排斥竞争的特点，因此更可能妨碍效率提高。——作者2021年注

竞争。在公平竞争的条件下，政策可以鼓励有利于提高效率的企业兼并重组，但同时必须防止在一般竞争领域产生过度集中和垄断，防止具有某种垄断地位的大企业采取不公平竞争的手段。根据发达国家的经验，对处在弱势地位的小企业，倒是需要政府政策给予一定的保护和优惠。这样才能保证一个充分竞争的状态，使大企业的规模效益和中小企业的活力都能得到充分的发挥。即使在天然垄断领域，也需要有适当的反垄断立法和政策措施，防止过度垄断。政府尤其不能给大企业吃偏饭，提供特殊优惠政策，不能对中小企业采取歧视性的政策。人为保护垄断，限制竞争，结果将是导致低效率、阻碍技术进步，也导致不公平的收入分配。

二、企业规模与市场格局的变化

我国自改革开放以来的产业发展过程，可以大致分为两个阶段。20世纪80年代到90年代，非国有企业迅速发展，突破了旧的计划经济体制和国有经济一统天下的局面。其间首先发展起来的是市场导向的农村乡镇企业，它们在20世纪80年代曾一度成为推动中国经济高速增长的最主要动力。在这个阶段，低技术的、规模不经济的、分布过散过偏而缺乏工业布局合理性的乡镇企业，以更大的市场活力打败了技术装备和人力素质较高、规模较大、布局相对合理的国有企业，获得了高速的发展，并成为满足市场需求、繁荣经济的主要力量。

到了20世纪90年代，城镇私营企业和外资企业发展起来，逐渐取代了乡镇企业的位置。但这个时期，私营企业的平均规模仍然过小，技术水平仍然过低，人力资本仍然非常缺乏，在银行贷款和政策待遇等方面也面临很多不利因素。尽管如此，它们仍然能够以远远快于国有企业的速度发展壮大。

上述这两个时期，可以概括为体制优势胜过规模优势的发展阶段。之所以能够如此，是因为当时的国有企业在参与市场竞争方面受到种种制度束缚，而且由于缺乏有效的激励机制，生产经营死气沉沉，效率非常低下。而乡镇企业和私营企业则在市场竞争中生机勃勃。它们在制度上的优势弥补了规模上的劣势。到了90年代中期，大量国有企业经营不善，国有小企业更是全面亏损、资不抵债，不得不通过改制卖掉了大部分国有小企业。

因此这一阶段的产业发展，可以说虽然出现了规模经济劣化（企业平均规模变小，布局变差），但是经济机制优化（市场竞争导致的效率提高和资源配置总体改善）带来的增长效应和经济收益远超过了企业规模和布局上的效率损失。

从20世纪90年代中期以来的最近十几年，情况发生了很大变化。这期间各类民营企业继续快速发展，其中一些企业逐渐发展壮大，提高了规模经济性。同时，进入中国的大型外资企业也越来越多。大量亏损的国有中小企业已经关闭或者改制，剩下来的国有大企业经营状况有了很大改善。在政策支持下重整旗鼓，在一些行业保持了垄断地位。

以工业2000—2010年的情况来看，企业平均规模扩大，特别是大型企业的数量和规模都明显上升。这期间，企业规模划型的标准在2003年发生了很大改变，无法用同一个口径进行比较。但平均而言，2010年的大型企业标准（在对该期间的价格变动进行平减后）大致相当于2000年的特大型企业加上一少部分大一型企业。据此估计，按2003年以后的标准衡量的大型国有企业，在2000年大约有720家，占工业总产值约22%左右。而2010年大型工业企业有3742家，占工业总产值33%。

目前国有和国有控股企业在一些垄断性行业中占有很大比重。国有经济占绝对优势的领域主要有铁路、民航、电信、银行和工业中的电力、石油天然气、烟草等。国有企业占产值比重超过或接近50%的还有煤炭、钢铁、交通运输设备、燃气等行业。在其他大多数行业，国有企业虽然在企业数量和产值比重上不占优势，但企业的平均规模远远大于非国有企业，因此在许多行业继续扮演着龙头老大的角色。

在工业中，2010年"规模以上"（主营业务年收入500万元以上）企业有45万家，平均资产规模和产值规模分别为1.3亿元和1.5亿元。其中，国有和国有控股企业只有2万家，只占"规模以上"企业总数的4%，但平均资产规模和产值规模分别为12.2亿元和9.2亿元，基本上都是大型企业。它们占工业资产和工业总产值的比重分别为42%和27%。

当市场上企业平均规模偏小、达不到经济规模时，国家以其雄厚的经济实力，投资具有更高技术水准的大型国有企业，这有其积极意义。近年来，工业的发展和经济效益提高，与规模经济的作用也有直接的关系。但在这样做的时候，必须保证国有大企业与其他企业处在同一起跑线上，接受平等的市场竞争的检验。但实际上，常常由于以下几点而导致不公平竞争和不公平的收入分配：

其一，由于国有企业在体制上与政府密切的联系，容易导致凭借政府权力寻租的机会，导致官商勾结和腐败行为。目前由于政府管理和国有企业经营管理的透明度都很低，在这方面形成了大量漏洞。国有企业滥用公共资金谋取私利的现象也大量存在。这些严重扭曲了收入分配。

其二，国有企业过去不上缴红利，2012年的红利上缴率也只占利润的5%—15%，是一个很低的水平。[①] 按上缴红利与所有者权益之比计算，工业国有资本的回报率只有1%—2%，远低于银行贷款利息。

---

① 《中共中央关于全面深化改革若干重大问题的决定》于2013年11月12日十八届三中全会通过。《决定》提出，提高国有资本收益上缴公共财政比例于2020年提至30%，且更多用于民生。——作者2021年注

因此国有企业实际上仍然是受到国家补贴的，与民营企业并没有真正站在同一起跑线上。

其三，由于我国银行业由国有控股的大银行主导，大企业特别是国有大企业，在向银行贷款方面常常享有得天独厚的条件，而且通常能够按基准利率获得贷款，实际的贷款成本通常显著低于中小企业，这加强了它们的优势地位。而一般中小企业即使能贷到款，通常利息成本也要高出一倍以上。

其四，国有企业较多地集中在垄断性和资源性行业，利润率远高于市场平均水平，目前只有石油和天然气行业实行了资源税改革，而税率也只占销售额的5%，垄断利润的大部分仍归国有企业自己支配。缺乏针对垄断利润和资源收益的合理税制，这是导致收入分配严重扭曲的一个重要原因。在这些行业的私人企业也同样得到了特殊的利益。对此，仅仅采取像山西煤炭领域那样的国有化措施，并未根本解决资源性收益合理分配的问题。

其五，在一般竞争性领域，包括具有垄断竞争特征的领域，要防止大企业（目前突出的是国有大企业）形成垄断和采取不公平竞争的手段。这方面，我国的反垄断实践还非常落后，实际上给垄断行为提供了方便。

其六，由于存在着上述对大企业给予特殊照顾的制度和政策偏向，为数众多的小企业实际上处于不利的竞争地位。而小企业劳动密集度高，其健康发展会提供大量就业机会，使中低收入居民广泛受惠，在收入分配中有十分重要的作用。因此有必要对小企业（包括微型企业）政策作进一步改善。

以上情况说明，在促进企业做大做强、发挥规模优势的同时，制度和政策还必须能够创造公平竞争的条件，消除不平等的政策待遇，限制和反对垄断，以保证充分的市场竞争，使市场经济的制度优势能够充分发挥出来。为此，在国有企业管理体制和红利上缴制度、资源税制度、金融体制和产业政策方面，都需要围绕保护公平竞争和反垄断这个主线，进一步推动改革和调整。这对实现公平的收入分配也有十分重要的意义。

三、小微企业发展与收入分配

小型和微型企业的发展，在实现充分就业和改善收入分配方面的意义非常关键。根据第二次全国经济普查数据和年度统计数据计算，2008年末全国小型和微型工业企业法人单位186万个，占工业企业单位数的98%；小型和微型工业企业从业人员6 978万人，占工业企业从业人员数的60%，占产出（近似以主营业务收入计算）的41%（见表5-5和表5-6）。因此在提供就业机会方面，小微企业是主力军[①]。

表5-5　工业企业按规模分类的情况（2008）

企业类型	企业单位数（万个）	从业人数（万人）	资产总计（亿元）	主营业务收入（亿元）
全部工业企业	190.3	11 738	473 048	535 629
微型企业	147.7	2 900	41 742	35 609
小型企业	38.6	4 078	125 977	181 208
中型企业	3.7	2 789	141 043	146 075
大型企业	0.3	1 971	164 286	172 738

资料来源：汇总数据来自《第二次全国经济普查主要数据公报（第2号）》，大、中、小型企业数据来自《中国统计年鉴2009》的年度统计。这里的微型企业指的是国家统计局年度统计不包括的"规模以下"企业（与2011年四部委新定义的微型企业口径不同），其数据来自经济普查数据与年度"规模以上"企业数据两者之间的差额。

---

① 根据第四次全国经济普查数据（普查未公布企业规模分类，需要与年度统计数据比较得到分不同规模企业的数据），2018年全国小微工业企业法人单位数（不包括个体经营户）占全国工业企业法人单位数的98.5%，从业人员占55.4%，营业收入占40.7%。——作者2021年注

表 5-6 工业企业按规模分类的构成

企业类型	企业单位数	从业人数	资产总计	主营业务收入
全部工业企业	100%	100%	100%	100%
微型企业	78%	25%	9%	7%
小型企业	20%	35%	27%	34%
中型企业	2%	24%	30%	27%
大型企业	0%	17%	35%	32%

注：表中第二、三项指标各项之和超过100%，是尾数四舍五入所致。
资料来源：据表5-5数据计算。

第三产业缺乏分企业规模数据，但估计小、微企业的就业比重更高。特别是在批发零售业、住宿餐饮业、企业服务和居民服务业、公路交通运输及物流业、建筑业等劳动密集型行业中，小微企业占有主要或非常重要的位置。

根据表5-6显示的情况，如果按小微企业在工业就业中的比重推算，我国小微企业提供了非农企业就业岗位的60%。如果把从事工业的个体经营户也看作更小的微型企业包括在内，它们的就业比重还会更高。小微企业的发展状况如何，基本上决定了我国的就业形势，因此也在很大程度上决定了中低收入居民的收入状况。小微企业在提高市场竞争程度、推动创新等方面，也起着不可替代的作用。当前，要特别注意防止各级政府在政策上和实际操作上过多偏向大企业、忽视小微企业发展的倾向。而且长期以来，小微企业在融资、税收负担、企业管理等方面一直面临若干发展障碍，有待解决。

我国近年来就业形势有明显好转，主要是因为劳动力市场供求关系发生了变化，农村劳动力向沿海地区和大中型城市转移的速度放慢，跨省流动减少，本地和就近就业比重提高。这改变了某些地区劳动力市场供过于求的状况，造成劳动力供给的局部短缺，也因而促进了工资水平上升,对提高中低收入居民的收入水平起了积极作用。

不过,近年来的就业形势变化,并不意味着我国的剩余劳动力问题已经根本解决。2011年我国的城市化水平刚刚跨过了50%,还有接近一半人口仍然居住在农村。大部分在城市打工的农民工仍然难以在城市定居,其就业仍处于非常不稳定的状态。中年以上农村劳动者由于种种制约因素,外出较少;青壮年外出者也通常在打工一段时间后,不得不最终返回农村。

这种情况,与城乡分割的户籍制度迟迟没有改革、城镇社会保障和公共服务体系迟迟未能将大部分进城农民工覆盖进来等情况有密切关系。这些制度障碍与我国城市化发展的大趋势是不相协调的,需要继续推进这方面的改革。[①]而随着未来这些改革的推进,势必还会有相当数量的农村劳动力和人口继续向城镇地区和非农产业转移。因此,继续保持就业机会的稳定增长,仍然是一个重要议题。

2012年公布的《国务院关于进一步支持小型微型企业健康发展的意见》,延长了一些对小微企业已有优惠政策的适用期限,并在财税支持、缓解融资困难、推动创新发展、开拓市场、提高经营管理水平、促进企业集聚和提供公共服务等方面出台了一些新的优惠政策。这些政策的落实,对于改善小微企业的经营环境,帮助它们克服面临的困难,会起到一些积极的作用。

但是,并非政策出台,问题就会马上得到解决。过去已经出台的一些帮助小微企业的政策措施,尚未全面落实,还有很多在政策覆盖范围内的小微企业并未实际享受到这些优惠。已有的政策措施,在力度上和具体做法上也颇有值得进一步探讨的地方。以下几个方面可能

---

① 2014年国务院发布《关于进一步推进户籍制度改革的意见》,至2016年9月,中国大陆31个省份全部出台了户籍制度改革意见,各地普遍取消农业与非农业户口性质区分,部分地区放宽落户条件。——作者2021年注

非常重要：

第一，需要尽快推动政策的落实。已经出台的政策，有些条款只是规定了一些基本原则或者意向，还不到具体执行的层面，需要尽快制定实施细则。如果实施细则迟迟不能出台，那么已有的政策只能形同画饼，无法落实。有了细则，也必须广而告之，让小微企业都了解，不给寻租者留出上下其手的空间。

第二，增加普惠政策，减少特惠政策，减少执行者的自由裁量权。普惠政策一般而言更加透明，更容易实施，结果也更公平。而针对某些特定企业、某些特定情况的优惠政策，则往往因为规则过于复杂或者规定比较模糊笼统，会降低政策透明度，或者会给政策执行者以过大的自由裁量权，造成大量寻租机会，很容易导致腐败和政策实施的不公平。规定越不具体或越是留有较大浮动范围的特惠政策，越容易导致这类问题。因此在小微企业政策方面，应当增加针对所有小微企业或所有微型企业的政策，减少仅仅针对某一类或处于某种特定情况下的小微企业的优惠政策。

第三，包括发达国家在内的很多国家都有帮助小企业（包括微型企业）发展的税收和其他优惠政策。相比之下，我国的某些优惠政策力度太小，有"口惠而实不至"之嫌。举例说，按执行到2015年的政策，对"小型微利企业"实行减半征收企业所得税的优惠政策。而按政策解释，"小型微利企业"仅仅是指"应纳税所得额"（即利润额）低于6万元的企业（这已经提高了一倍，原来的政策是低于3万元）[①]。

根据2011年的规定，小型企业是指营业收入2 000万元以下，或者从业人员300人以下的企业。6万元利润只占2 000万元销售收入的0.3%；这些企业的绝大多数利润额都会超过6万元，因此也就都

---

① 此后小型微利企业的范围经历了数次调整，已经大幅放宽，是一项明显的改善。——作者2021年注

会被排除在优惠政策之外。这样的优惠政策，惠及面未免过窄，条件过于苛刻，实际作用有限。

从以上情况看，关于促进小微企业发展的政策，在实施方面和政策设计方面，还都有继续改善的很大空间。

四、小微企业实际数量锐减

我国历来关于第三产业的统计数据不全，其中关于小微企业的数据基本空白。在工业统计中，从 1999 年以来，国家统计局公布的工业数据不再包括销售收入 500 万元以下的小企业。原来"全部工业企业"的指标被"规模以上工业企业"指标替换。这在数量上把绝大多数小企业排除在了统计之外。统计中的小型、微型企业其实只是全部小微企业中的一小部分。而根据 2011 年 7 月份四部委对中小企业划型标准的新规定和 2011 年统计局对"规模以上企业"的新定义，未来全部小型和微型工业企业都将被排除出年度统计之外。[①]

我国小微企业众多，变动频繁，账目资料不全，统计难度很大，不容易把数据搞准。而且依赖各级地方政府进行统计并层层上报，还往往导致严重的数据失真。例如在 20 世纪 80 年代后期到 90 年代，很多地方的乡镇和县政府为了夸大政绩，大量虚报乡镇企业产值，使

---

① 按照 2011 年的企业规模划分标准，工业中的小型企业是指营业收入 2 000 万元以下，或者从业人员 300 人以下的工业企业；微型企业是指营业收入 300 万元以下，或从业人员 20 人以下的企业。同时从 2011 年开始，国家统计局关于"规模以上工业企业"的划分范围从过去的主营业务收入 500 万元以上调整到 2 000 万元以上（见工信部、统计局、发改委、财政部，2011；国家统计局，2012）。这样一来，全部小型企业和微型企业都被排除在统计之外。（此处需要更正，由于该企业规模划分规定同时设立了营业收入和从业人员两项标准，一项不满足要下划一档，因此实际在"规模以上工业企业"中保留了相当部分小型企业。——作者 2021 年注）

乡镇企业统计和我国工业统计数据大量"掺水"。这些教训是应当吸取的。因此,常规统计将小微企业排除在外,可谓事出有因。

但是,大部分或全部小微企业从常规统计中消失,后果也是严重的。这使得研究机构和决策部门对小企业的情况失去了跟踪了解的机会,无从判断各项政策和经济形势变化对小微企业的影响。我国在20世纪90年代后期到2010年的这十几年中,几度实行紧缩性和扩张性的财政和货币政策,实施了各类区域发展政策,制定了《中小企业促进法》《企业所得税法》《劳动合同法》等等与中小企业经营有密切关系的法律,这些政策变化各自对小微企业的发展产生了什么影响?各项具体政策效果如何?政策调控力度把握是否得当?这些情况,研究者和政策制定者都很难从常规统计中找到答案。只有在经济普查年份,才可能从普查数据中找到有关这些企业的蛛丝马迹,但也很不详细。

尤其危险的是,常规统计有可能对决策者和研究者产生误导,使人们经常误以为统计中的小企业数据就代表了整个小微企业部门。由于"规模以上"数据中的小企业仅仅是小企业中规模偏大的一小部分,它们的情况恰恰不能代表大多数小微企业。按照1995年工业普查结果,小型工业企业平均从业人数不到12人,而2010年"规模以上"统计中的小型工业企业平均从业人数为102人。在前一个统计中,小型工业企业的工业总产值平均只有92万元,而后一个统计中的小型工业企业工业总产值平均达到了6 517万元。

显然,两个统计口径所反映的内容是非常不同的。这很容易对政策产生误导,造成经济形势判断和经济政策的偏差。所以常规统计简单地舍弃"规模以下"企业并不是最好的办法。关于"规模以下"小微企业的信息,在经济普查以外的年份,可以通过精心设计,在全国一些地区进行有代表性的抽样调查,在此基础上对全国小微企业的数据进行推算,并利用经济普查年份的全国数据对抽样调查数据进行校正。这对于准确判断经济形势和制定正确的经济政策是非常必要的。

近些年来,没有包括在常规工业统计中的"规模以下"小微企业究竟有多少?它们的情况发生了哪些改变?在表5-7中,作者将1998年和2008年统计局公布的全部工业企业和"规模以上"工业企业两套数据放在一起进行比较(1998年的全部工业数据是以前常规统计的延续。因为有1995年工业普查数据作参照,可以认为1998年全部工业企业数据是基本可信的。2008年的全部工业数据来自第二次经济普查)。从中可以看到这两个年份有多少小微企业被常规统计遗漏,而且可以看到这些被遗漏企业在此期间发生了哪些变化。因为公布的经济普查数据并未按企业规模分类,表中第5列"规模以下企业"数据得自"全部工业企业"数据和"规模以上企业"数据之差额。

表5-7 工业企业两种统计口径比较(1998—2008年)

统计方向	年份	全部工业企业	规模以上企业[c]	规模以下企业	规模以下占全部
企业单位数（万个）	1998	797.5	16.5	781.0	98%
	2008	190.3	42.6	147.7	78%
工业总产值（亿元）[a]	1998	119 048	67 737	51 311	43%
	2008	535 629	500 020	35 609	7%
从业人员数（万人）	1998	15 113[b]	6 196	8 917	59%
	2008	11 738	8 838	2 900	25%

注：a. 2008年经济普查未公布工业总产值数据,故2008年以主营业务收入代替。两指标接近,误差不会大。

b. 1998年统计未公布全部工业企业就业人数,这里的数据是根据1995年工业普查和历年第二产业就业人数的增长率近似推算的。

c. 1998年公布的数据为"全部国有及规模以上非国有工业企业",与后来的"规模以上工业企业"数据相比,只有细小的差别,大体上可以忽略不计。

资料来源：国家统计局,1999;国务院第二次全国经济普查领导小组办公室、国家统计局,2009。

从表5-7可见，1998年总共有797万家工业企业，"规模以上"企业只有16万家。被常规统计忽略的"规模以下"企业781万家，占企业总数的98%。2008年被忽略的"规模以下"企业还有148万家，占企业总数的78%。

按工业总产值计算，"规模以下"企业1998年占全部工业总产值的43%，2008年占工业总产值的7%。按就业人数算，它们1998年占全部工业企业就业人数的60%，2008年占工业企业就业人数的25%。

可以看到，2008年没有包括在常规统计中的小微企业（"规模以下"企业）仍然占企业总数的一大半，占工业企业就业人数的1/4。不过，与1998年相比，它们不仅在工业产出和就业中的比重发生了显著下降，而且企业数量大幅度减少，从781万家下降到148万家；就业人数从8 900万人下降到2 900万人。

在短短10年间，"规模以下"小微企业发生如此大幅度的减少，是一件值得引起高度重视的事情。不可否认，其中一个原因是这期间发生了产业升级，企业平均规模做大了，资本和技术密集度提高了，一些低技术的劳动密集型小微企业在市场竞争中被取代或淘汰了。但这很难解释小微企业减少的幅度为什么如此大。这意味着这期间发生了不利于小微企业的经营环境变化。很多地方政府出于财政收入和政绩（以GDP为代表）的考虑，都越来越把关注的焦点放在大企业和大型投资项目上，而对大多数普通小微企业的生死存亡不大关心。虽然中央和某些地方有一些针对中小企业的优惠政策，但实际受惠的企业数量非常有限，而且往往是中型企业里规模偏大的企业，轮不到小微企业。

更为关键的是对小微企业非常不利的融资环境和法制环境。对此，下面将分别叙述。

五、小企业融资面临困难

根据实地调查反映的情况看，尽管 2002 年颁布了《中小企业促进法》，2009 年公布了《国务院关于进一步促进中小企业发展的若干意见》，但由于许多政策说的是一般原则，缺乏具体实施办法，往往没有落到实处。有些政策只有少部分企业得到了实惠，主要是一些规模较大的中型企业。在中小企业中，小企业的融资环境尤其不容乐观。

根据作者 2003 年在西南三省区进行的中小企业调查，有众多的小企业反映外部融资渠道过于单一、银行贷款抵押条件过严，是影响小企业发展的一个主要障碍。企业普遍反映，国有银行对小企业和非公有制企业没有明文规定的歧视，但有"玻璃墙"，事实上小企业和民营企业还是处于不利地位（大多数民营企业都是小企业）。

其一，资产规模小，罕有可抵押的不动产，是难以获得贷款的重要原因。

其二，银行对企业的风险评级指标体系本身把资产规模作为抗风险能力的一项重要指标，实际上把小企业都列为融资风险大的企业。

其三，银行对不良贷款的内部责任追究，在涉及民营企业时比较严格，而涉及国有企业时比较宽松，通常可以免责，造成银行信贷员为了规避自身风险，放贷偏向国有企业。

其四，大银行管理层次多，经营不够灵活，缺乏"草根"层次的信息渠道，加上利率缺乏弹性，使得对小企业贷款成本高、收益低，两者严重不对称。这客观上严重限制了对小企业贷款。上述情况在宏观控制收紧和银行强调效益的情况下，就变得更加严重。

其五，国家投资的大中型建设项目越来越多，对银行配套资金的需求量相当大，进一步压缩了小企业和民营企业的融资空间。2003 年同 1999 年相比，全国金融机构中长期贷款余额增长了 165%，主要是用于大的建设项目和大中型企业贷款。而同期短期贷款余额仅增长了 31%。在短期贷款余额中，个体私营企业（以小企业为主）贷款微乎其微，比重仅占短期贷款的 1.7%。

根据 2004 年 6、7 月份有关机构进行的一次非公有制中小企业抽样调查（包括 7 座城市的四百多家企业，其中绝大多数为"规模以下"的小企业，并且多数小于 50 人规模），有 51% 的企业把"资金短缺"列为企业经营和发展面临的"比较严重"或"非常严重"的问题。按比例排列，在所涉及的十几种困难中居第一位。其中有 53% 的企业认为在当地筹措资金开办新企业"相对困难"或者"几乎不可能"。只有 9% 的企业在创业过程中使用了银行贷款。只有不到 4% 的企业将银行贷款列为企业主要资金来源。

这种情况近年来并没有好转。相反，大企业在信贷市场上的地位越来越强势，而小微企业的相对条件则越来越不利。加上小微企业基本上都是民营企业，在与银行打交道时又多了一条潜在的不利因素。这可以从 2009 年的一组数字上反映出来：该年国有企业在工业总产值中所占比重只有 8.3%，而同一年国有企业在全国金融机构贷款余额中占到 26.0%。相反，私营企业在工业总产值中的比重为 29.5%，但私营企业贷款只占金融机构贷款余额的 6.2%[1][2]。

---

[1] 这里的国有企业工业总产值数据和贷款数据都未包括国有控股企业。此外这里的产出数据只限于工业企业，是因为统计中没有提供其他产业的相关数据，而贷款数据是全国汇总，不分产业；因此两个数据并不对应，但仍然能反映出不同所有制企业贷款不平等的基本状况。

[2] 需要说明，近年来由于推行普惠金融，小微企业融资情况出现了改善。根据国民经济研究所的全国数千家企业问卷调查结果，2019 年大、中、小、微样本企业对银行贷款难易度的平均评分依次为 3.86 分、3.73 分、3.33 分、3.26 分（评分范围在 1—5 分之间），比 2012 年分别提高 0.47 分、0.62 分、0.34 分、0.49 分。小微企业情况也有明显改善，但与大中型企业相比仍然存在融资偏难的问题。见王小鲁等：《中国分省企业经营环境指数报告》（2013、2020）。——作者 2021 年注

近些年来，国家宏观经济政策随着经济形势的变化不断调整。货币政策宽松时，银行大量对大企业放贷，大企业自己不需要的贷款再转手以高利率贷给小企业，使小企业的融资成本远高于大企业；货币政策收紧时，由于采取"有保有压"的政策，常常在具体执行过程中保大企业、大项目，压缩小企业和民间投资项目，使小企业处于更加不利的地位。

小企业在融资方面的困难，说明我国金融领域改革滞后已经拖了经济发展的后腿，也给就业形势带来了不利的影响。金融改革亟待推进。在这方面，我国金融业集中度过高、大银行垄断的体制值得特别关注。

对一家大银行来说，按照常规发放一笔小型贷款和一笔上亿元的贷款所需要进行的企业资信调查、风险评估、逐级审批程序和所发生的成本都相差不多，因此在同等利率的情况下，对小企业贷款得不偿失。然而调查发现，一些地方的城市商业银行由于规模较小，决策程序简单，在对小企业贷款方面具有一定的优势。有些地区一些更小的民间金融机构，由于在当地具有良好的信息沟通渠道，对贷款对象的了解更充分，有利于降低成本、规避风险。加上其成本意识更强，在对小企业贷款方面比大银行的优势更加突出。不过在大多数地区，小型民间金融机构并没有发展起来，几家大型国有控股银行基本上垄断了金融市场。未来我国金融市场的开放，应当首先面向国内小型、地方性民间金融机构，给它们成长的空间。金融监管不应仅着眼于防范风险，人为设置过高的门槛；而应当在防范风险的同时，着眼于金融市场的发展和竞争机制的培育，为民间资本的进入和成长开辟一条合法的道路。

六、小企业面临不良的行政和法制环境

制约小企业发展的另一个重要因素是制度环境方面的障碍。根据前面提到的400家小企业调查结果,有高达41%的企业认为"政府规章制度繁杂"构成了影响企业经营与发展的严重问题。有39%的企业认为"税率太高",31%的企业认为"税收管理存在严重问题"。把"政府官员贪污腐败"和"规则缺乏透明度"列为影响企业经营与发展严重问题的各有36%。还有34%的企业认为"法治不完善、得不到法律保障"也是企业面临的严重问题。加总计算,在上面这些问题中,认为至少有一项构成影响企业经营和发展的严重问题的企业,占调查企业总数的69%。

调查发现,大中型国有企业和外资企业面临的经营环境优于国内的小企业。小企业往往不像大中型国有企业和外资企业那样受到政府重视,又缺乏与政府搞"公关"的实力。许多小企业反映"最怕和政府部门打交道"。部门间互相推诿、刁难企业、政府部门拖欠企业款项、随意撕毁合同、不依法征税导致税负不均的现象相当普遍。政府官员和司法、执法人员滥用职权,敲诈企业的事件时有发生。

加上政出多门,政策不透明,企业常常要花费大量时间精力为某些项目的审批在众多政府部门间往返奔波。近些年来,有些地方设立了为企业提供"一站式服务"的集中办公场所,在某种程度上缓解了行政审批难的问题。自2004年7月1日起施行的《中华人民共和国行政许可法》的公布,也在一定程度上提高了行政审批的透明度。但还是有不少企业反映,有许多事在这种"一站式"场所的部门值班人员那里解决不了,还得跑部门。

关于清理不合理的规章制度、减少行政审批环节的工作进展不理想。有些政府部门不愿意放弃手中的权力,使许多审批制度名亡实存,或者如企业所形容的"像割韭菜,割了一茬又长一茬"。

在规章制度烦琐、政策透明度低的情况下，对企业的鼓励和优惠在一些地方就常常变成了"法外施恩"。例如有的省为了表示对中小企业的鼓励，在全省中小企业中指定若干家"重点企业"，予以特殊保护，不许各政府职能部门随便打扰，并在贷款、批地等方面给予特殊优惠。这意味着"非重点"的绝大多数中小企业是可以随便打扰的，贷不到款、批不到地也是正常的。

作者在某省调查中发现，各政府部门掌握的各类用于无偿支持中小企业的资金，每年合计数亿元；但哪些企业有资格获得这些款项，到哪里申请，授予标准是什么，通常不透明。多数企业甚至根本不知道有这些款项存在。得到这些资金的企业，钱花得是否合理，也没有人认真检查。一些"中介公司"应运而生，凭借与政府官员的个人关系，帮助企业争取资助并从中获利。因此这些资金使用效率很低，没有起到支持中小企业的作用，并导致了暗箱操作和腐败。

这些问题说明，对不适应市场经济要求的规章制度和不必要的审批程序的清理还需要继续进行，对行政许可法的贯彻执行还需要加大力度，制度和政策的透明化还需要坚持推进，反腐败的斗争还需要坚持不懈地努力。

此外，要理顺政府行为，政府除了要从那些在市场经济环境下本不该政府做的事情中退出来，也需要把那些该由政府来做，但是没有做或没有做好的事补起来。小企业发展普遍面临的又一障碍是企业自身管理素质太低，人力资源缺乏。这方面恰恰需要政府和市场中介组织提供服务，帮助解决，例如提供企业所需要的财务、税务、法律、企业管理等方面培训和市场信息服务，给行业协会等中介组织的发展提供空间，等等。但目前各级政府，以及政府主办的行业协会，在为小企业提供服务方面做得还非常有限。

解决上述这几方面的问题，不仅有利于小企业的发展，还将促进就业机会增加，有助于消除贫困和缩小收入差距。

第五节　城市化中的公共服务与社会保障

发达国家20世纪以来的经验证明，在市场经济条件下解决收入差距过大问题，一个最重要和最有效的手段是建立全面覆盖的社会保障和公共服务体系、给全体居民提供风险保护，关键是给全体居民提供起码的医疗、教育、失业、养老、住房等方面的保障。实践证明，这些制度在解决收入差距过大、社会不安定方面的作用是显著的。在我国已经进入中等收入国家行列的时候，这样一个历史性的任务也摆在我们面前。近些年来，我国在建立健全社会保障和公共服务体系方面取得了非常显著的进展，但仍然存在某些严重缺陷。

一、城市化与农民工的社会保障

改革开放以来，中国的城市化率从18%（1978年）上升到51%（2011年）。1978—2011年，城镇人口从1.7亿上升到6.9亿，净增加了5.2亿人，而乡村人口则从7.9亿下降到6.5亿，净减少了1.3亿多人。大量农村劳动者进入城镇，为中国的工业、建筑业、服务业等产业发展提供了源源不断的劳动力。这期间，向城镇转移的农民工成为支撑中国经济增长的重要支柱，快速的城市化成为中国经济增长和社会变迁的发动机。

截至2012年，中国接近7亿的城镇人口中，原有的城镇户籍人口只有4亿多人，其余2亿多城镇常住人口仍然持农村户籍。在城镇的3.6亿劳动力中，原籍农村的劳动者至少应占一半。①

未来二、三十年，中国的城市化率很可能再提高20—30个百分点，达到与发达国家差不多的70%到80%的城市化率。届时，中国将可能步入高收入国家行列（但前提条件是推进改革，避免陷入中等收入陷阱）。

不过我国的城市化，只能说是个半截子的城市化进程。尽管我国的社会保障体系和公共服务近年来有不少改善，但总体而言，我国人口管理和公共服务体制的改革，远远落后于经济改革的进程和经济社会发展的需要。这突出表现在把城乡居民分隔为两类人的旧户籍制度三十年没有改革，相应的福利保障制度落后于形势发展，使长期在城市打工的农村转移劳动者，至今头上还顶着一个"农民工"或"流动人口"的帽子，得不到应有的社会保障和公共服务，无法在城市安家落户。②

这些原籍农村的劳动者通常从事比城市居民更繁重更艰苦的工作，工作时间更长，工资更低，更容易失业，居住条件更差，多数人至今没有医疗保险、养老保险、失业保障。面对艰苦和不稳定的工作、城市的高物价，以及缺乏公共服务和社会保障，他们多数人不得不选择把父母子女留在农村，自己在城市的工作地点和农村的家之间往返奔波，成了不折不扣的流动人口。他们在城市的打工生活中度过了精力最旺盛、人生最宝贵的青壮年时期之后，多数人因为无法在城

---

① 这以长期在城镇打工的农民工为主，还有一部分是由于居住地的城镇化，使农村户籍人口成为城镇人口。此外，有证据证明目前的城镇就业统计低估了在城镇打工的农民工人数，因此也低估了城镇就业人数。证据之一是该统计中的农民工人数过少，与各类农民工调查数据严重不符。证据之二是城镇就业人数与城镇人口之比甚至低于农村就业人数与农村人口之比。这与大量农民工进城打工、农村劳动力越来越少的现象严重不符。因此，城镇就业人数中原籍农村的劳动者，实际比重可能超过一半。
② 2014年后此情况已得到改善，2016年9月，我国存在半个多世纪的城乡二元户籍制度退出历史舞台。——作者2021年注

市落户而不得不返回农村。

根据国家统计局的调查，2011年全国有2.53亿农民工，其中外出农民工1.59亿人。他们参加养老保险的只占13.9%，参加工伤保险的只占23.6%，参加医疗保险的占16.7%，参加失业保险的占8.0%（图5-1）。这部分我国劳动者队伍的主力军，绝大部分至今没有被社会保障体系覆盖。这说明我国目前的社会保障体系仍有重大缺漏，而且被社保体系遗漏的社会群体，恰恰是收入水平更低、就业更不稳定、抗风险能力更弱、因而也更需要社会保障的低收入及中收入劳动者[①]。

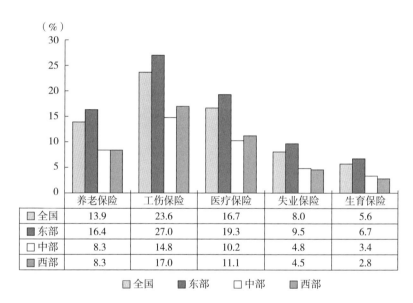

图 5-1 2011年外出农民工在各地区参加社会保障的比例

资料来源：国家统计局，2012，"2011年我国农民工调查监测报告"，国家统计局，2012c。

---

① 国家统计局公布该项调查关于外出农民工参加社会保障比例的数据只延续到2014年，此后不再公布。2014年外出农民工参保比例为：养老保险16.4%，工伤保险29.7%，医疗保险18.2%，失业保险9.8%，生育保险7.1%。与2011年相比，各项保险的参保比例有小幅度提高，但大多数人未纳入社会保障覆盖的情况没有改变。——作者2021年注

前一时期，一些新闻媒体过早地宣传我国实现了"全民医疗保障"。这是把农村参加"新农合"的统计人数与城镇参加基本养老保险的人数简单相加得到的结果。但这一数据反映的情况不够真实。通常农村参加"新农合"是按户人口统计，也包括已经到城市打工的人口。但他们人在城市，基本上享受不到农村"新农合"的服务，多数在城市看病只能自己花钱，甚至干脆有病不看。

除了被城镇医疗、养老保障体系排除在外，农民工一般也享受不到城镇保障性住房，很多人只能住在城乡接合部，租住农民的住房，或者住工棚、地下室。他们中很多人的孩子仍然不能像原有城市居民的孩子一样在城市免费读书。

这种情况说明，我国目前的社会保障和公共服务，分配仍然是不均等的，甚至在一定程度上是逆向再分配，保障了中等收入及以上的人群，但把最需要得到社会保障和公共服务、收入水平更低的人群排除在外，因而扩大了收入差距，也造成了这种半截城市化的局面。这带来了一系列不良的社会后果：

第一，新老城市居民被人为分成了两部分，"新"城市居民不能享受与"老"城市居民同等的公共福利，不具有同等权利，加剧了不安定、不和谐和社会冲突。

第二，大量家庭被割裂为城乡两半，不仅给这些劳动者本人和亲属带来很多不便和痛苦，使许多滞留农村的孩子享受不到完整的家庭温暖，也导致大量教育、心理和社会问题。未来这一大批缺失家庭关爱的孩子长大后，还可能出现更多的社会问题。

第三，在现行体制下，多数进城的劳动者不得不在四十岁上下、已经成为有丰富技能和经验的熟练工人的时候，放弃工作、返回农村[①]。这实际上是对人力资源的极大浪费,同时也人为造成了劳动力供应短缺。企业不得不重新招募更年轻的非熟练工人,从头做起。对企业来说,也是一笔不小的损失。目前面临的"刘易斯拐点"困扰,实际上是因为制度障碍而提前到来了。一些调查说明,农村四十岁以上的劳动者并不缺乏,有些是面临种种困难不能进城,有些是进城之后重新返乡,他们很多人仍然处于不充分就业的状态。

第四,由于许多转移劳动者的家庭成员被迫留在农村,进城劳动者不得不积攒一笔钱最终返回农村,这延缓了人口转移的速度,阻碍了城市化发展,也压缩了居民消费空间,是导致内需不足的一个原因,也将是影响未来城市化健康发展的因素。

第五,由于这些不完整转移的家庭无法在城市安家,也就无法放弃农村的土地。这在很多地方导致了土地抛荒和过于粗放的耕作,降低了土地的使用效率,阻碍了土地的规模化经营,妨碍了农业生产效率提高和农业现代化进程。

二、公共服务分配不均

公共服务的基本宗旨,是要让所有上不起学的孩子有学可上,让所有看不起病的穷人有病能医。因此,公共服务应该是全社会共享的、普惠的系统。这样一个系统,是缩小收入差距、保持社会稳定和谐的有效手段。不过当公共服务的分配违背了这一基本原则,用来有选择地为某些特定人群提供服务,而忽略更大数量的群体,它的基本功能就被扭曲了,就不再能够起到为全体公民提供基本服务的作用,

---

[①] 这一情况近年已有较大改变。据国家统计局"2020年农民工监测调查报告",全部农民工中 40 岁以上者已占到 50.6%(但在外出农民工中他们只占 33.2%,说明他们较多在本地就业)。——作者 2021 年注

反而有可能导致分配不公、收入差距进一步扩大。

我国公共服务长期以来在城乡之间、地区之间、不同人群之间分配不均。公共教育经费和卫生经费的分配，农村远远低于城市，中小城市低于大城市，落后地区低于发达地区。有些调查显示，收入越低的人群，自费看病的支出比例越高，享受公费医疗和医保报销的比例越低。在教育资源的分配上，不仅存在上述城乡、地区差异，而且存在初等教育、中等教育和高等教育之间的分配倒挂，以及普通学校和名校之间的分配倒挂。有些名牌大学把大把的经费用在缺乏效益的方面，而同时许多农村中小学基本教育经费严重不足。

这种社会保障和公共服务体系"嫌贫爱富"、选择性遗漏，严重影响了社会保障体系和公共服务体系在缩小收入差距和合理进行再分配方面的作用，反而在某些情况下导致了逆向再分配，导致贫富差距进一步扩大。针对这种情况，需要加快实现社会保障的全面覆盖，改革公共服务体系的资金分配制度。

在公共教育资金和师资的分配上，长期存在重城市教育、轻农村教育；重高等教育、轻初中等教育；重普通教育、轻职业教育的倾向。不过在城乡间教育资金的分配上，近年来有了明显好转。表5-8显示了从1997年到2009年国家财政性教育经费在城乡间的分配。

表中显示，1997年全国农村人口（包括镇人口，下同）占全国人口的77%，但农村初中（包括设在镇上的初中，下同）只分得了初中财政性教育经费的49%。根据城乡人口比例粗略推算，城市每个初中生的财政性教育经费是农村每个初中生的3.5倍。2003年，农村人口占全国人口的71%，但农村初中只分得了52%的财政性教育经费。城市初中生的人均经费是农村的2.2倍。到2009年，城乡中小学教育经费的分配才大体持平（农村初中略少，小学略多）。

表5-8 财政性教育经费在城乡中小学的分配

类目	国家财政性教育经费			农村所占比重		
	1997年	2003年	2009年	1997年	2003年	2009年
全国初中（亿元）	416.7	716.4	2 721.8	—	—	—
农村初中（亿元）	204.7	376.4	1 631.3	49.1%	52.5%	59.9%
全国小学（亿元）	637.9	1 268.1	3 972.6	—	—	—
农村小学（亿元）	384.1	766.4	2 642.6	60.2%	60.4%	66.5%
全国人口（亿人）	12.363	12.923	13.345	—	—	—
农村人口（亿人）	9.518	9.145	8.334	77.0%	70.8%	62.5%
城市/农村生均经费						
初中（倍数）	3.46	2.19	1.11	—	—	—
小学（倍数）	2.21	1.58	0.84	—	—	—

注：据了解，表中的农村初中和农村小学统计口径包括县以下建制镇的学校。为使数据可比，农村人口中也加上了县以下建制镇人口，而城市人口包括县城人口，不包括县以下的建制镇人口。其中，2009年建制镇人口依据2008年及以前数据推算。

数据来源：国家统计局，1998，2004，2011；住房和城乡建设部计划财务与外事司，2009。

但是教育经费在普通教育和职业教育之间的分配仍然是不均衡的。政府花在高校和普通中学的经费支出，仍然远远高于花在中等职业学校的支出。2009年，国家财政性教育经费支出用于普通高校的部分为2 265亿元，用于普通高中的部分为1 109亿元，而用于中等职业学校（包括中专、职业高中、技校等，下同）的部分仅为814亿元。中等职业学校每个学生的人均财政性教育经费只相当于普通高中学生的81%，相当于高校学生的37%（根据国家统计局，2010、2011数据计算）。但因为职业学校需要更多的教学器材、实验设备等，所需要的人均教育经费要显著高于普通高中。

第五章 影响收入分配的体制与政策

政府教育经费在地区间的分配也是不均等的。按照各地区各级学校在校学生人数加权合计计算，平均每个学生分得的财政性教育经费在不同地区间差别很大（根据全国财政性教育经费在各级学校的分配情况，小学生权重取 1，中学生近似取 1.2，大学生取 2.6；这样得到的计算结果，相当于折合每个小学生的财政性教育经费）。北京最高，平均每个学生为 1.45 万元，而河南最低，只有 2 406 元，两者相差 6 倍之多[①]（排序见图 5-2，数据见表 5-9）。

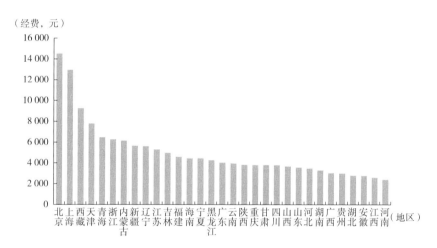

图 5-2　各地区每个学生的财政性教育经费（2010 年）

数据来源：根据国家统计局（2011）计算。

表 5-9　各地区每个学生的财政性教育经费（2010 年）

地区	在校学生 万人	教育经费 亿元	生均经费 元/人	地区	在校学生 万人	教育经费 亿元	生均经费 元/人
北京	298	433	14 520	云南	944	372	3 945
上海	295	383	12 957	陕西	890	341	3 834

---

① 这种情况到 2018 年基本没有改变。——作者 2021 年注

续表

地区	在校学生 万人	教育经费 亿元	生均经费 元/人	地区	在校学生 万人	教育经费 亿元	生均经费 元/人
西藏	62	58	9 267	重庆	612	232	3 799
天津	231	180	7 804	甘肃	622	236	3 796
青海	112	73	6 479	四川	1 612	611	3 788
浙江	947	595	6 282	山西	811	298	3 671
内蒙古	437	269	6 155	山东	1 790	636	3 555
新疆	458	259	5 665	河北	1 352	469	3 471
辽宁	737	414	5 623	湖南	1 223	403	3 295
江苏	1 392	740	5 316	广西	1 006	305	3 034
吉林	477	238	4 983	贵州	895	268	2 996
福建	709	326	4 589	湖北	1 221	341	2 790
海南	204	91	4 451	安徽	1 297	360	2 773
宁夏	152	68	4 444	江西	1 041	271	2 599
黑龙江	647	276	4 267	河南	2 439	587	2 406
广东	2 256	907	4 021	全国	27 171	12 231	4 502

数据来源：根据国家统计局（2011）计算。

从图5-2可以看到，除了北京、上海的生均教育经费最高，为生均1.3—1.4万元，排序靠前的还有西藏、青海、内蒙古、新疆等少数民族地区和少数民族比较集中的地区，生均在6 000—9 000元，说明它们得到较高的中央财政补贴。但同样少数民族集中，而且地处西部地区、农村相对贫困的广西、贵州，生均教育经费却相当低，只有3 000元左右。此外生均教育经费更低的省份还有河南、江西、安徽、湖北等中部省份，只有2 400—2 800元。这些情况表明，政府教育经费的分配，尽管考虑到了对少数民族地区和边疆地区的照顾，但缺乏统一、明确、合理的标准，导致地区间教育资源分配苦乐不均，尤其是中部地区被严重忽略。这种情况迫切需要调整，否则会严重影响中部地区发展。

在医疗卫生方面的公共资金分配上,上述城乡间不均等的情况同样明显存在,而且不均等的程度更为显著。表5–10提供了不同年份全国卫生总费用在城乡间的分配情况。它显示,农村人均卫生费用只相当于城市人均卫生费用的1/4,这一情况从1990年到2008年这近30年期间几乎没有变化。表中的分城乡费用数据无法区分来源,但就全国而言,政府预算卫生支出和"社会"卫生支出(后者应主要指单位报销部分)合计约占卫生总费用的一半。因此可以合理地推断,公共卫生经费在城乡间的分配是严重不均的,甚至有可能比城乡间个人卫生支出水平的不均等程度更大。

表5–10　全国卫生总费用在城乡间的分配

项目	卫生总费用			农村/城市		
	1990年	2000年	2008年	1990年	2000年	2008年
城市卫生总费用(亿元)	396.0	2 621.7	11 255.0	—	—	—
农村卫生总费用(亿元)	351.4	1 964.9	3 280.4	88.7%	74.9%	29.1%
城市人均卫生费用(元)	158.8	812.9	1 862.3	—	—	—
农村人均卫生费用(元)	38.8	214.9	454.8	24.4%	26.4%	24.4%

数据来源:卫计委,2011。

教育是消除贫困的有力武器。但作者2005年使用分省历史数据所做的一项计量模型实证研究,发现在1996—2002年期间,我国人均教育水平的提高,不仅没有缩小城镇居民的收入差距,反而导致了收入差距的进一步扩大,使城镇居民基尼系数提高了0.141,其影响的显著程度达到了1%的水平。基本医疗保险也发现有扩大基尼系数的作用。这显然说明当时公共教育资源和医疗卫生资源的分配过于不均等,而且已经导致了收入差距扩大的不良后果。

三、全民保障钱从何来

2010年左右，各级政府已经越来越认识到上述问题的危害。但解决这个问题需要大幅度增加政府的社保和公共服务投入，似乎要大大增加公共财政负担。尤其是农村转移人口特别集中的大城市，这一矛盾尤其突出。囿于这些担心，相关改革进展缓慢。2010年中央一号文件表示，"当前要把加强中小城市和小城镇发展作为重点。深化户籍制度改革，加快落实放宽中小城市、小城镇特别是县城和中心镇落户条件的政策，促进符合条件的农业转移人口在城镇落户并享有与当地城镇居民同等的权益。"这一政策，为户籍制度改革开了一个口子。但同时也反映了对于增加大城市财政负担的担心。

小城市和小城镇在城市化过程中扮演重要角色，其作用不能忽视。而且由于它们的公共服务和社会保障水平较低，首先解决中小城市和小城镇的转移人口户籍问题，可能难度低一些，所需增加的财政负担轻一些。不过，问题还有另一面。

首先是小城市和小城镇自身的城市聚集效应不足，对产业的吸引力弱，就业机会有限，它们只能在与大中型城市结合的城市群结构中才能获得较好的发展空间。这些都决定了小城市和小城镇能够吸纳的转移人口是相对有限的。即使采取倾斜政策，将转移人口向小城市和小城镇吸引，也无法解决全局问题。这一政策不能解决更多转移到大城市的流动人口的社会保障和公共服务问题。

其次，小城市和小城镇的公共服务和社会保障水平较低，放宽落户条件需要额外增加的财政支出少一些，但它们的企业盈利水平和财政实力也都较低，财政承受能力远远弱于大中型城市。

其三，一项较早的实证研究发现，我国100万—400万人的大城市，净规模收益达到城市GDP（地区生产总值）的17%—19%，而10万人以下的小城市和小城镇未能发现净规模收益（见王小鲁、夏小林，1999）。这些小城市和小城镇除了规模经济性差，而且人均占地面积是大城市的几倍。如果采取倾斜政策过多发展小城市和小城镇，将降低生产要素配置效率，导致土地资源浪费，劣化发展质量。

因此，解决农村转移人口落户问题，虽然中小城市和小城镇可以先行一步，但不能指望通过"重点发展"中小城市和小城镇来根本解决问题。从全局看，城市化发展只能是大中小城市和小城镇协调发展。在2011年公布的十二五规划纲要中，重新肯定了"大中小城市和小城镇协调发展"的方针，是一个积极的信号。在各类城市中，人口超过100万的大城市和一些具有较大规模的城市群，将由于其更高的效率而自然成为城市化发展的主力。而在这些大城市中，农村转移人口的落户问题，仍然是一个绕不开的主要矛盾。只是对北京、上海这类人口集中度过高的少数超大城市，有必要实行更严格的落户条件。

面对上述挑战，有些地方政府已经主动迈出一步，对解决进城务工劳动者的城镇户籍和相应的社会保障、公共服务问题进行了大胆改革。这些探索非常有意义。所寻找到的解决办法以及在落实过程中遇到的各种新问题，必将为全国解决此类问题提供可贵的经验。目前，在全国范围内解决这些问题，已经成为一项迫在眉睫的任务。

一个普遍性的问题，是扩大社保覆盖面和公共服务均等化的资金来源问题。一种观点认为，我国政府收入占国民收入的比重已经太高，而要扩大社保和公共服务覆盖范围，必然要增加政府收入，加重企业和居民税负，因而对此持怀疑或否定态度。另一种观点则认为我国政府收入占国民收入或国内生产总值的比重不仅与发达国家相比，而且和一些发展中国家相比也还较低，因此还可以进一步扩大政府收入比重，以落实扩大公共服务的财源。

这两种说法都有不够准确的地方。计算我国政府收入，不能仅计算公共预算收入，还应该把社保基金收入、土地出让收入以及其他政府性基金收入都包括在内。这几项合计，2011年约占GDP的36%。这一比重已经高于许多发展中国家和美国，认为我国政府收入还很低是不对的，但也并非太高，毕竟仍低于多数发达国家。

计算公共服务支出，同样也应该把政府性基金等收入中用于公共服务的支出计算在内。在本章第一节，已经给出了一个粗略的计算结果，即2011年政府用于公共教育、医疗、就业和社会保障、保障性住房的支出，约占全口径政府支出的31%。这一比例，不仅远远低于所有发达国家，也低于不少发展中国家，说明目前我国政府支出结构存在的问题远远大于政府收入比重存在的问题。而上述这两种观点，有一个隐含的共同点，即都把原有的政府支出结构视为刚性，不能改变，要扩大社保和公共服务支出，只能增加政府收入。这种看法大有商榷的必要。

在发达国家的政府支出结构中，用于社会保障、公共教育、医疗、保障性住房的支出，普遍高达政府支出的50%以上。与它们相比，我国政府支出中用于这些方面的比重显著偏低，但用于政府自身行政管理支出、政府消费以及用于投资的部分明显偏高。根据以前年份公布的数据显示，该项行政管理费支出占国家财政支出的比重自改革开放开始一直呈膨胀趋势：1978年只占全部财政支出的4.7%，到

2006 年已经上升到 18.7%，2006 年为 7 571 亿元[①]。

我国财政预算数据从 2007 年开始按新的分类统计，不再有"行政管理费"这一项。目前的行政管理成本究竟怎样，需要按新的财政统计口径进行计算。这应包括如下内容：

第一，在财政决算支出中，"一般公共服务"部分，加上未包括在"一般公共服务"中的各政府职能部门支出中用于行政管理方面的支出，通常包括"行政运行""一般行政管理事务""机关服务"分项和其他一些用于行政管理的分项，再加上"行政事业单位离退休"支出（增加这一部分是因为行政和事业单位离退休金由政府负担，而平均水平是社会基本养老保险人均水平的几倍，这是一种行政成本，不应视为一般的社会保障。但还有一些行政管理成本包括在各个"其他"分项和"事业单位"分项中，无法区分出来，只能省略）。这些支出 2011 年合计为 1.86 万亿元，占当年财政支出的 16.9%。但这比以前的行政管理费口径更窄，没有包括公共安全和外交支出。此外，未包括在公共财政预算的政府性基金、社保基金和政府的国有企业资本经营收入也应该计算在政府收入内，其中用于行政管理方面的支出也应包括在行政管理费中。

第二，按照过去的行政管理费统计，公共安全（公、检、法、司）支出和外交支出应计算在内。另外还应该列入政府性基金支出中用于行政管理的部分。政府性基金支出基本上未公布按用途分项的数

[①] 国家统计局和财政部历来公布的数据（截至 2006 年）中包括三个名称相同但口径不同的"行政管理费"，数额相差悬殊。这里用的是宽口径数据，因为只有这个口径有长期历史数据。国家统计局对窄口径指标没有解释，对中口径指标有一个简单解释："行政管理费中包括公检法司支出和外交外事支出"。另有一个不同的指标解释："行政管理费：包括行政管理支出、党派团体补助支出，外交支出，公共安全支出，司法支出，法院支出，检察院支出和公检法办案费用补助。"（《中国统计年鉴》2007）。看来是指宽口径指标。中、宽两个指标解释的差异主要是后者包括"党派团体补助支出"。2006 年这两个口径相差近两千亿元。

据，但一般认为这些基金（除了土地出让收入中用于征地拆迁补偿、土地开发和城市建设的部分外），大部分用在了行政管理（或政府消费）方面。这里采用一个比较保守的假设，按其中的1/3用于行政管理支出来计算。在社会保障基金支出和中央国有资本经营支出中，都没有列出用于行政管理的部分。这里忽略不计。根据以上估算，2011年行政管理支出为3.84万亿元，为全部政府支出（包括政府性基金支出、社保支出和中央国有企业经营支出）总额的22.7%。

第三，以上计算中未包括"党派团体补助支出"。因此和过去的宽口径行政管理费相比，仍然偏窄。但这一项未在财政决算数据中明确列出。在"党派团体补助支出"中，各级党委及其下属部门的支出可能是主要的，而且未必比政府行政管理部门的支出小很多（同年"政府办公厅（室）及相关机构事务"支出是3 220亿元）。假定2011年全国财政决算中的"其他支出"2 903亿元是指这一笔开支，那么加上这一项后，2011年行政管理费将达到4.13万亿元，其占政府支出总额的比重会进一步上升到24.5%。按国际标准，这是一个相当高的比重。

而发达国家行政管理支出占财政支出的比重，一般仅略高于10%；转轨国家平均在15%左右（见表5-11、5-12）。我国的行政管理费占政府支出比重大约是发达国家的两倍多，比其他转轨国家也高得多[1]。

表5-11 行政管理支出占财政支出的比重：发达国家

国家及年份	财政支出（亿本币）	行政支出（亿本币）	行政/财政（%）
挪威 2007	9 255	856	9.3
瑞士 2006	1 647	239	14.5

---

[1] 国外行政管理费数据按一般公共服务、公共安全和外交支出三项合计计算，与上述国内数据基本可比，但不包括"党派团体补助支出"一项，因为国外政党的费用不由政府开支。

第五章 影响收入分配的体制与政策

续表

国家及年份	财政支出（亿本币）	行政支出（亿本币）	行政/财政（%）
丹麦 2007	8 637	915	10.6
美国 2007	51 291	5 739	11.2
荷兰 2007	2 569	389	15.2
瑞典 2006	15 754	2 106	13.4
芬兰 2006	816.2	107	13.1
英国 2006	5 843	642	11.0
奥地利 2006	1 270	145	11.4
加拿大 2007	6 068	608	10.0
德国 2007	10 616	1 145	10.8
日本 2006	1 835 969	182 218	9.9
法国 2007	9 910	1 037	10.5
意大利 2006	14 900	880	12.3
澳大利亚 2007	3 729	453	12.2
平均	—	—	11.7

资料来源：转引自杨宇立，2011。数据来自 IMF 在线数据库。原数据中删去了卢森堡和新加坡，因为这两个国家规模太小，缺乏可比性。

表 5-12 行政管理支出占财政支出的比重：转轨国家

国家	财政支出（亿本币）	行政支出（亿本币）	行政/财政（%）
捷克	14 209	2 066	14.5
斯洛伐克	6 536	990	15.2
爱沙尼亚	701	93.8	13.4
拉脱维亚	52.3	9.2	17.6
立陶宛	347	43	12.4
波兰	4 832	594.7	12.3
罗马尼亚	1 508	272.5	18.1
俄罗斯	85 300	17 600	20.6

续表

国家	财政支出（亿本币）	行政支出（亿本币）	行政/财政（%）
哈萨克斯坦	25 885	4 478	17.3
塞尔维亚	10 692	1 303	12.2
白俄罗斯	481 956	81 483	16.9
保加利亚	214	37.9	17.7
阿尔巴尼亚	2 856	439.6	15.4
乌克兰	3 118	361.8	11.6
摩尔多瓦	224	34.2	15.3
平均	—	—	15.4

注：爱沙尼亚和俄罗斯为 2006 年数据。其余国家为 2007 年数据。
资料来源：同表 5–11。

如此巨额的行政管理费支出，究竟用在了哪些地方？显然，不断膨胀的政府管理机构，不断扩大的人头费，是一个基本的部分。截至 2011 年全国在册的公务员人数 700 万人，但加上列入"事业编制"的政府机构人员和具有行政管理职能的国有事业单位人员的数量，至少是以上数字的两三倍。从上到下每一级政权机构都有党、政、军、人大、政协五套班子，至少几十个委、办、局，每级机关和每个部门七八个领导干部，再加上工、青、妇等机构，人浮于事的情况较为严重。

党政机关的公款宴请、公车消费和公款出国支出，即所谓"三公"消费，同样是一个巨大的部分。"三公"消费究竟有多少包括在政府行政管理费支出中，有多少并未包括在内，仍然是一个未知数。除此之外，一些政府部门用于自身楼堂馆所建设的费用，以无关或虚假发票虚报冒领的费用，以及通过私设小金库分掉的资金，也会是一项巨额支出。这还没有包括某些党政官员利用职权转嫁给企业负担的支出，即"政府消费、企业买单"的部分。

在政府主导的投资项目中，除了用于基础设施等方面的必要投资外，也可以看到有大量公共资金耗费在"形象工程""政绩工程"和政府设施上。在许多地方政府的投资冲动背后，还往往有钱权交易的利益动机，使大量投资资金通过各种渠道层层流失，转化为某些人的额外收入与消费。

因此，要实现基本社会保障和公共服务的全社会覆盖及其均等化，解决其资金来源问题，未必需要进一步扩大政府收支在国民收入中的比重，关键在于改革财税体制，转变政府职能，限制政府过度消费，把公共资源真正用于公共服务。

设想如果能够通过体制改革转变政府职能和改善政府行为，把行政管理费占政府支出比重接近25%的水平降到其他转轨国家平均的15%水平，按2011年政府收支数字计算，每年可以节约1.6万亿元资金。如果将其全部用于社会保障或者公共服务，可以使目前的社保支出水平提高85%，或者使公共教育、医疗和保障性住房支出增加60%以上。目前社会保障和公共服务不足的问题将能够在不提高税负的情况下基本得到解决，收入分配状况会得到极大的改善。

第六章

推进改革，优化分配的战略思考

作者提示

本章阐述了作者关于推进体制改革、改善收入分配若干大思路的考虑。

首先,作者不赞成"政府主导经济"的主张,也不认为靠政府主导经济能够改善收入分配。作者认为,政府应当在市场失灵的领域发挥重要作用,而不是对市场进行广泛干预,并具体讨论了需要政府发挥作用的六个领域。但同时指出,在这些领域的不适当行政干预也导致资源不合理配置、腐败、公共资金浪费和收入分配扭曲,需要通过行政管理体制改革和财税体制改革,转变政府职能,规范政府行为,改善资源配置和收入分配。

第二,生产要素收益分配制度的改革对改善收入分配至关重要。这包括土地制度和相关税制的改革,资源性和垄断性行业的改革,资本市场监管制度改革等。

第三,针对居民收入和劳动报酬增长缓慢、在 GDP 中占比偏低的情况,有必要促进居民收入和劳动报酬增长加快。但除了制定合理的最低工资标准外,所需要的不是对工资的市场决定进行行政干预,而主要需要完善法律和建立工资协商谈判机制、改善小微企业经营环境。

第四,上述改革都有赖于推进走向民主和法制的政权建设。

回顾过去一个时期的情况变化,作者认为,迄今为止本章所述需要政府发挥作用的领域和需要推进改革的领域,仍然是适用的。还需要补充的是,在本书完成后的 9 年间,居民可支配收入占 GDP 的比重下降趋势已基本停止，初步判断这与劳动力供求关系的改变和一些民生政策的推行有关，但该比重并没有出现回升（据国家统计局资金流量表数据，2000年居民可支配收入占GDP的67.1%，2009年占60.8%，2019年占60.2%）。初次分配的劳动者报酬占GDP的份额还继续下降了1.2个百分点。居民收入差距过大的局面也没有发生显著改变。这说明推进上述领域的体制改革仍然是迫切需要的。

作者于2021年10月

有一种说法把收入分配领域的改革和缩小收入差距的政策，概括为"提低、扩中、限高"，即提高低收入居民的收入，扩大中等收入阶层，限制高收入居民的收入。这一概括存在两个误区：

其一，提高低收入居民的收入是必要的，但是不可能靠政府命令就把低收入居民的收入提上来。在市场经济条件下，工资主要由市场决定，政府命令的作用是有限的。提高最低工资标准有一定的作用，但也有一定限度。如果真的到了靠政府一纸命令就能全面改变全社会工资水平的时候，那就意味着退回到了旧的计划经济时代，必然意味着低效率和贫穷。

在工资方面，目前政府能够直接干预的，一是提高最低工资标准，二是提高公务员和国有企业职工的工资。前者有必要，但需要有一个合理的范围。调节不足，会有少数企业钻市场机制作用不充分的空子，把工资水平压得过低；而调节过度，也会超过一些企业的承受能力，使部分企业陷入困境甚至破产倒闭，结果减少了就业机会，居民收入也将受到影响。而在现有条件下，如果靠行政手段大幅度提高公务员和国有企业职工工资，不仅无助于缩小收入差距，反而会拉大这些部门与一般竞争性领域企业的收入差距。

提高低收入居民的收入，主要靠健全市场机制，并在市场调节的基础上合理调整最低工资标准，通过立法和实实在在的执法保护劳工的合法权益，通过改善市场环境和调整政策来促进中小企业的发展、促进就业和正常的工资水平增长，通过社会保障体系的全社会覆盖和公共服务均等化、提高转移支付等制度措施来改善低收入居民的生活状况。

其二，合法、正当的高收入不需要限制，也不应该限制。通过合法经营和市场竞争取得成功的企业家，有重要贡献的科学家、工程技术人员、艺术家和其他方方面面的杰出人士，他们是推动中国发展、促进社会进步的动力，他们的高收入是社会公众广泛接受和认可的。在依法纳税之后，理应受到保护。当前对社会造成严重危害的不是这些正当合法的高收入，而是腐败导致的非法收入和制度缺陷导致的灰色收入，也包括因为制度不健全造成的垄断部门高收入。这是造成收入差距过大和分配不公的主要原因。对这些问题，也不单纯是"限制"能够解决的，而要靠严厉打击腐败，和推进制度改革，堵住造成收入分配扭曲的制度漏洞。不加区别地讲"限制高收入"，非常容易导致误解，把改革引向错误的方向。

因此，改善收入分配，关键要靠制度改革，而主要不是靠对工资水平的干预。其中，一方面要解决某些情况下工资水平过低、劳动者合法权益得不到保障的问题，社会保障覆盖不全和公共服务不到位的问题，农村居民基本生产生活条件不良和小微企业经营环境不良等问题，另一方面还要解决腐败和收入分配不公的问题。这是当前在收入分配方面一个亟待解决的核心问题。在这方面，上一章列出的种种影响收入分配的因素，都与现行的政府管理体制、财税体制、行业管理体制、要素市场管理体制、企业管理体制、社会保障和公共服务体制存在的问题直接相关。要真正解决收入分配失衡的问题，只有从源头做起，推进这些领域的体制改革，才能消除收入分配存在的弊端。

第六章 推进改革，优化分配的战略思考

第一节　改革行政管理体制和财税体制

一、职能转变：从政府主导到政府服务

一个时期以来，一种说法广为流行，即：中国过去三十多年经济发展的成就，主要是"政府主导经济"的成就。这也被一些人看作是"中国模式"或者"中国特色"的主要特征。他们说，"政府主导"的优势就是能"集中力量办大事"，因此"效率高"。

这种说法，是对中国当代发展历史的片面理解。如果"政府主导"就能带来效率和发展，那么中国从 1978 年以来的改革开放就是不必要的，中国应该退回到改革开放以前那个彻底由政府主导经济的时代。但尊重事实的人都知道，改革开放以前中国搞了二十多年的计划经济，人均 GDP 只达到 200 美元，在世界上排在少数贫穷国家行列，三分之一农村人口处于赤贫状态。而目前人均 GDP 超过 5 000 美元的水平，这是摆脱了旧的计划经济体制以后这三十多年实现的[①]。按照安格斯·麦迪森（2008）的购买力平价计算，中国在 1952—

---

① 根据世界银行的数据，中国 1983 年的人均国民收入是 300 美元，在 126 个有数据的国家中排在第 108 位，位于世界上少数低收入国家之列。2009 年中国人均国民收入是 3 650 美元，在 213 个国家中排在第 125 位（按购买力平价计算是 6 890 美元，排第 119 位），大致位于世界各国的中间位置。有些网上流传的文章说，中国在改革期间在世界上的人均国民收入或人均 GDP 排名"下降了"，试图证明改革不如不改革，但完全不提是在总数多少个国家中的排名。这是歪曲事实，是极不客观的。中国的人均国民收入在 2011 年按汇率计算已超过 5 000 美元，按购买力平价计算估计应在 8 000 美元以上。（2020 年，中国的人均国民收入和人均 GDP 都超过了 1 万美元。——作者 2021 年注）

1978年的改革前期间，在世界 GDP 中所占份额不仅没有上升，反而从 5.2% 下降到 4.9%。而在 1978 年的市场化改革后，2003 年占世界 GDP 的份额上升到 15.1%，比重是 1978 年的 3 倍。

国内外经济学者的大量研究证明，中国过去三十多年的高速经济增长，主要是市场化的经济改革带来的。普遍的市场竞争打破了国有经济垄断，带来了非国有经济的高速发展，促进了资源配置改善和效率提高，打破了城乡分割的体制，促进了大量农业劳动力向其他产业转移，发挥了劳动力丰富的比较优势，推动了出口导向产业的发展。因此，中国过去的高速发展，首先要归功于市场经济体制，而不是归功于"政府主导"。

在市场导向的经济发展过程中，政府的确扮演了一个很重要的角色。这主要表现在如下几个方面：

第一，政府能够有效集中资源，进行大规模的基础设施建设，解决制约经济发展的交通运输、电力供应、通信设施、垃圾和污染处理等瓶颈因素，并进行合理的城市规划，推动城市化进程。在自发的市场经济发展过程中，这些涉及提供公共产品和具有外部性的重要部门，发展速度常常会滞后于市场竞争的部门，因而形成对经济继续发展的制约因素。而在政府参与之下，能够很快解决这些瓶颈问题，就可能迅速提高经济的整体效率、促进经济发展。在美国唱主流的"新自由主义"经济学，在倡导"大市场、小政府"的同时，有意无意地忽略了这些事实。

中国过去若干年中的经济快速发展，除了市场的主要贡献以外，与政府推动的大规模公路和铁路建设、有线和无线通信设施建设、发电能力建设、污染处理、城市规划和城市建设等等，确实也有着密不可分的关系。在这些方面，中国比很多国家做得多、进展快、规模大，对提高宏观经济效率、促进发展起了很大的作用，对此是不应忽视和否认的。

但同时也必须说明，即使在基础设施建设方面，也并不意味着政府主导必然带来积极的结果。如果政府在基础设施投资方面主观盲目决策、缺乏科学依据，或者好大喜功，大量花公众的钱搞政绩工程、形象工程，或者掌权者贪污腐败、弄虚作假，借政府投资吃回扣、捞外快，那就必然导致公共资源的大量浪费和流失，造就许多无用工程和豆腐渣工程。这对未来发展不但无益，还后患无穷。在现实中，这些情况在某些地方是存在的。这事实上也是导致分配不公、收入分配状况恶化的一个重要原因。如果不能从有效制止这些现象，从制度上进行改善，其负面作用就很可能会逐渐超过正面作用，使政府的积极参与从推进经济发展的因素变为阻碍经济发展的因素。

第二，由各地政府推动的招商引资和土地开发，能够使本地的劳动力、土地等闲置资源迅速得到有效利用，加快经济发展的步伐，提高就业水平。这在过去的地方发展中所起的作用是不可忽视的。

但各级政府也有可能为了追求短期政绩和利益而牺牲公众的长远利益，廉价出让土地，压低劳动成本，以环境污染、生态危害和资源浪费为代价换取当前的经济高速增长；或违法强征强拆、巧取豪夺，及一味推高地价房价，捞取眼前收入，损害老百姓的利益；或者超越必要的范围，把政府干预延伸到竞争性领域的一般经济活动，弱化、排挤和替代市场竞争的作用，制造和保护垄断，导致效率的损失。这些问题，现实中在某些地区也出现过，也导致了收入差距扩大和不公平的分配。

第三，政府在必要的时候对宏观经济进行适当干预，有利于保持经济稳定发展。例如在面临外部需求不足导致经济大幅度下滑时，采取积极的财政政策和货币政策以改善短期的总需求状况，可能避免大萧条的出现。而在出现经济过热时，政府采取从紧的宏观调控措施，对于防止通胀威胁和结构失衡也是必要的。

但这些有赖于政府调控的科学性、预见性和干预程度的适度性。不适当的宏观干预、过度使用财政和货币杠杆，以及反应不灵敏的滞后调控和对形势的错误判断，都可能反而加剧经济的不稳定，导致大起大落。这种不稳定，对收入分配也是一柄双刃剑，在经济过热时推高通货膨胀，降低中低收入居民的实际生活水平；在经济过冷时减少就业岗位，导致大量失业。我国在金融危机时期的2009—2010年，金融政策曾一度几近失控，贷款一年扩大近10万亿元，货币供应量猛增32%；地方政府大量设立"融资平台"，在"四万亿"中央政府投资之外又增加了上10万亿元的投资规模。过度调节造成了后来一个时期的通货膨胀、产能过剩和结构恶化，给调整带来了困难。

第四，在市场调节失灵的情况下，政府对某些微观经济活动的干预，也是必要的。一个例子是医药和食品安全监管。很清楚，这个领域的政府合理干预对于保障人民生命安全是必需的，但前提是需要一个清正廉洁、有效率并积极作为的政府。不然，监管者就可能对危害公众安全的行为视而不见、不作为，甚至官商勾结，共同对社会公众进行掠夺。国家药监局郑筱萸等人的严重腐败案件，就是一个严重的教训。

另一个例子是某些行业由于过度投资导致持续不断的产能过剩。而由于市场信息不充分或地方政府对本地产业的保护，无法靠自发的市场调节机制抑制过度投资和淘汰过剩产能。在这种情况下，中央政府采用行政手段控制投资或压缩产能，在某些特定时期可能发挥积极的作用。

但也必须清醒地认识到，有些市场失灵本身就是政府干预的结果（例如地方政府保护本地产业和过分热衷于投资的行为）。根本解决这类问题的途径，应该是减少政府的这些不适当、不必要干预，使市场机制重新发挥作用。只有在地方政府这类行为短期内无法改变的特定情况下，中央政府的行政干预才有一定的合理性。这实际上是用一种行政干预来纠正另一种行政干预，用相反方向的市场扭曲来抵消早先的市场扭曲。此类手段需要谨慎使用。一旦方向、方法和力度把握不准确，就有可能加剧市场扭曲。而且叠床架屋的行政干预（以及各种对象不同的优惠政策），容易削弱企业的自主权，侵蚀市场机制，创造寻租机会，导致腐败和低效率。同时也由于政策往往厚此薄彼，会造成不公平的收入分配。

第五，在某些天然垄断性行业（例如石油），某种程度的垄断可能无法避免。在这种情况下，私人垄断可能导致收入和财富严重分配不均，而在合理制度框架下的国有企业垄断，有可能将垄断收益纳入公共财政渠道，用于符合公众利益的目的。但这不是说扩大国有企业的份额就自然带来收入分配的改善。没有合理的制度和严格的监督，国有企业的垄断同样可能侵占公众利益。

例如我国过去相当长时期，利润丰厚的国有石油部门的发展，除了和其他竞争性部门一样依法纳税外，并没有为全社会做出额外的贡献。丰厚的石油利润，主要是由石油部门自身享用的，也可以想见有可观数量的流失。这类情况扩大了垄断行业与一般竞争性行业之间的收入分配差距。2011年的石油和天然气部门资源税改革，使情况有所改变，为公共财政增加了200亿元左右的收入。加上国企红利上缴的部分，可能加倍。不过，这与巨大的石油收益规模相比，还只是一个很小的部分。

第六，发达国家的经验证明，在市场机制扮演经济发展的主导角色的同时，在公共服务领域和其他一些提供公共产品，以及生产具有外部效应的领域，例如社会保障、医疗、教育等等，政府和国有企事业机构都有可能、也有必要扮演重要的角色，以建立有效的公共服务和社会保障体系，及改善收入分配。我国公共服务和社会保障体系的建立，也对多数公民的基本生活保障和改善低收入居民及弱势群体的生活状况起了重要作用。

但目前各级政府的激励机制更趋向于鼓励投资和增长，而这些民生领域常常是各级政府关心不够、容易忽略的方面。同时也存在社会保障覆盖不全和公共服务分配不均等的问题，都对收入分配有不良影响。此外，政府和国有企事业机构从事公共服务，同样需要建立一套完善的制度规范和公开透明的运作机制，需要社会公众的监督。凡是市场竞争机制不能充分发挥作用、制度监管不严、社会公众监督不到的地方，也正是腐败最容易泛滥的地方。

综合以上六种情况，可以看到，政府的确可以在经济和社会发展中发挥重要作用。但这基本上都是市场竞争和社会自组织机制不能充分发挥作用，或不能导致社会公众利益最大化的领域。政府在这些特定领域发挥合理的作用，可能促进经济发展和效率提高，同时促进社会公平。中国过去一个时期经济发展较快，也显然与政府在这些领域所发挥的作用相关。

但过度及不合理的政府干预也会起消极的作用，甚至可能滋生既得利益、导致贪污腐败、形成垄断和权力与资本的勾结，从而危害长远发展、扭曲收入分配。权衡这两种可能性，就需要在市场经济的基础上，在发挥积极的政府调节作用的同时，建立一套对各级政府进行有效监督和约束的制度，理顺政府的激励机制，保证政府目标与社会大众的根本利益相一致。因此，在一个市场经济社会，政府在经济中应该具有的基本职能，与其说是主导，不如说是服务：为市场服务，为社会公众服务，为长远发展服务。把政府服务变成政府主导，就根本颠倒了政府和社会的主次关系，偏离了1978年以来经济体制改革的基本方向。

某种程度上来说，政府职能转变的任务没能迅速完成，关键在于缺乏一套合理的制度框架和运行机制来端正政府行为。在制度不健全、不合理的情况下，就很难避免政府行为蜕变；政府权力越大、干预越多，寻租和腐败的机会就越多，越容易产生既得利益集团，积极作用就越可能转变为消极作用。在过去的一段时期内收入分配领域产生的一系列严重问题，大部分都与制度弊端导致的这种政府权力的蜕变有关。因此，解决收入分配失衡问题，有赖于政治体制改革的推进。其中摆在第一位的任务，应当是行政管理体制改革。这涉及各级党、政机关领导方式和管理制度的转变。

二、改革行政管理体制

以上讨论，刻画了行政管理体制改革的基本原则。基于这些原则，行政管理体制改革主要应包括以下各项内容。要注意下面在说到政府体制和政府职能的时候，是广义的概念。由于各级党委处于权力的核心，行政管理体制改革不应仅限于各级政府的管理体制，也包括各级党委及其所属部门的管理体制。

第一，依法行政，公开透明。改革党政机关工作机制，用法律和制度规范党政机关的工作，并在此基础上实现政府工作的公开透明，实现阳光管理，接受社会公众对政府工作的监督、批评和问责。各级党政机关和政府职能部门的具体工作职责都应该向社会公开，党政机关的重大决策都应该有法可依，不允许任何人凌驾于法律之上，以权代法。在某些地区或部门权力过分集中、权大于法、一把手个人决策凌驾于党纪国法之上的情况依然存在。这与转变政府职能的改革方向背道而驰，而且也是导致腐败滋生的重要原因。针对这种情况，必须改革制度。

第二,推动行政职能转变,还应该从改变党政官员的产生办法入手,各级主要党政官员的任命必须以选举为前提,以民意为重要依据,全面实行差额选举制度。未来应逐步扩大选举的差率,推动民主进程。各级人代会应当在这方面发挥重要作用。人大代表的产生办法和人大的组织结构、工作程序也应当进行相应改革,使人代会能够真正代表人民群众的切身利益,反映广大公众的要求,参政议政,代表人民对政府实行监督。对政府官员的渎职、腐败和违法行为,人代会应有进行弹劾和罢免的权力。

第三,改变政府政绩考核体系和激励机制,使政府从全能型、管制型的政府、人治的政府,转变为服务型的政府、法制的政府。现行体制下,各级政府关心和对下级政府主要考核的政绩指标仍然是GDP。在缺乏严格监督的情况下,扩大政府收入和政府投资、保持和扩大政府审批和干预的权限,还往往与各级官员的切身利益直接相关。因此尽管中央政府反复号召转变发展方式、转变政府职能,各级政府追求的主要目标还是经济增长、政府收入、政府权限,而不是提供社会服务。它们在追求这些目标时,常常可能偏离服务社会的主旨。

要改变这种情况,首先需要从上到下改变各级政府对下级政府的政绩评价和任务考核体系,把公共职能完成得如何放在首位。经济增长只能作为次要参考指标。政府服务工作涉及方方面面,有些很难量化为数量指标,有些即便能够量化,也常常受到数据失真的干扰。因此最真实、最可靠的评价指标,就是老百姓对政府工作的评价。应当建立不通过本级政府执行的民情民意调查机制,以经常性的民意调查作为考核政府政绩的基本依据。同时,改造政府信访机构,彻底改变信访机构互相推诿、推卸责任的状况,使之成为收集听取民意、改进政府工作、评价下级政府政绩的重要信息渠道。

第四，定期清理政策，减少对市场的干预。凡是市场调节能够发挥作用的领域，政府干预应逐步退出。凡是因政府干预或市场发育不良导致的市场扭曲，应当首先着眼于消除导致市场扭曲的原因，而尽量避免以一种干预去纠正另一种干预。仍以某些行业的产能过剩为例，基本的解决途径是通过完善法制，限制地方政府对本地企业（特别是对本地国有企业）的保护，同时促进行业协会等市场中介组织的发展，完善市场信息（包括产能、投资项目、国内外市场需求等信息）的沟通和市场预测，以消除导致产能过剩的机制性原因[①]，而尽量减少用行政性项目审批、行政性压缩产能等手段解决产能过剩问题。

三、改革财政体制

目前全口径政府收入总额占了 GDP 的三分之一以上。政府资金管得好不好，不仅关系到国民经济健康发展，而且直接影响收入分配状况。要改革目前弊病丛生的政府收支管理，必须推进财政体制改革。

第一，实行财政公开，统一预算管理。

在某些地区，政府收入渠道众多，缺乏规范，透明度低，支出随意，监督不到位，缺乏问责制。其中土地出让收入数额巨大，长期未纳入财政预算，与预算内收入的管理相比，透明度更低，管理松懈、漏洞百出。目前虽然列入了政府性基金预算管理，但根据一些现象来看，管理改善并不明显。其他一些纳入了政府性基金管理的原预算外资金收入，看来也存在类似的问题。这些导致了巨大的公共资金

---

① 这里还应补充，解决产能过剩问题，首先需要理顺宏观经济政策，避免持续的货币刺激和政府过度投资。其次是完善市场竞争机制和市场信息沟通机制，尽量避免在造成产能严重过剩局面后再用行政手段压产能。——作者 2021 年注

管理漏洞，流失严重，腐败现象泛滥，是导致收入分配扭曲的重要原因。

财政体制改革的方向，首先是清理整顿政府收支，建立统一的政府财政预算体制，把全口径政府收入纳入预算管理，严格财经纪律，杜绝额外收费、消除独立于预算体制之外的资金渠道。要建立制度，细化财政预算和决算，并使各级政府全部财政收支公开透明，只有公开透明才能让社会公众参与监督，才能制止腐败和挥霍滥用公共资源。全口径政府收支除接受审计部门审计和上级财政部门检查外，必须在网上公布，做到可查询，可问责。财政公开必须细化到所有政府投资、采购和资助项目。每年预算和决算要提前提交各级人大专门委员会审查，接受人大代表和居民质询，经人大表决通过或不通过。政府投资、采购项目的公开招标制度必须严格执行，指标程序必须有严格的规定。对不执行招标和实行"定向邀标"的项目必须向社会公开解释。政府资助项目必须有详细的资助标准并向社会公布，通过公开申请程序才能发放。政府"三公消费"和其他消费性支出项目必须严格管理，向社会公开。对财政违规、违法行为必须追究行政和法律责任。

第二，协调财权与事权关系，规范财政资金合理。

在一段时期内财政分配格局过多照顾历史延续下来的既得利益，各地方财政收入苦乐不均，穷的地方入不敷出，难以为继；富的地方突击花钱、大把消费。中央对地方的转移支付过多采取一事一议的专项资金拨款方式，而不是充实地方政府的常规预算。这造成了地方政府"跑部钱进"的机制，使获取上级政府拨款变成一种寻租行为，不仅增加了成本，败坏了风气，而且使地方政府常规预算不能满足其公共服务职能的情况变成常态，只能依赖卖地收入来支撑。这是"土地财政"大行其道的一个重要原因。

因此需要清理整顿和重新界定各级政府的公共职能，根据各级政府担负的职能，依照财权与事权基本匹配的原则，调整中央和地方，以及各级地方政府间的财政分配关系。重新划分中央对地方的转移支付标准，把现在一事一议的专项支付，大部分转用于充实地方政府常规预算。要保证地方政府不乱花钱，靠中央部委直接分配资金不能解决根本问题，只有靠完善的制度约束才能奏效。

四、公平纳税，均衡税负

2011年8月，个人净资产超过500亿美元、曾被列为世界首富的沃伦·巴菲特在《纽约时报》上发表了题为《停止娇惯富豪们》的文章，呼吁美国向富人征税，以帮助政府削减财政赤字。巴菲特在文中指出："我的朋友和我自己长期以来被对亿万富豪极为友好的美国国会过于宠爱，现在是大家共同为国家做出牺牲的时候了"。他透露，自己缴税的税率为17.4%，而他的秘书却要缴纳30%的所得税。其他美国中产阶级家庭的税率，一般都在25%—35%之间，普遍高于富人的税率。

2012年，在白宫向国会提交的2013财年政府预算案中，美国总统奥巴马明确提出要依照"巴菲特规则"，确保年收入在百万美元以上的富人所缴纳的税费不低于其收入的30%。

但是很多人不知道，巴菲特指出的美国富人税率低于普通人的情况，在中国也存在。在目前的个人所得税税制结构之下，税负不均也是一个相当普遍的问题。按现行税法规定，工薪所得实行超额累进税率，从3%递增到45%；而财产收入、红利所得的税率为20%，不实行累进。这导致了劳动收入和非劳动收入之间的税负不均。举例说，假定某私人企业主年红利收入1亿元，只需按20%交个人所得税。该企业雇用的经理年收入200万元，约一半的收入要按45%的税率交个人所得税。后者的年收入只相当于他的老板的1/20，但平均税率是

36%，比他的老板高 16 个百分点。这显然是不合理的。实际上目前个人所得税存在的主要问题不是起征点的问题，而是税负不均，富人少交税、中产阶级多交税的问题。

图 6-1　奥巴马为巴菲特授勋

来源：维基百科。

中国 2011 年个人所得税的免征额为月收入 3 500 元。① 这一标准大致相当于 2011 年"城镇单位"人均月工资水平，但该统计只覆盖了 3.59 亿城镇就业者中的 1.44 亿人，占一小半，遗漏了绝大部分农民工和非正式部门就业人员。因此实际上月工资水平低于 3 500 元的工资劳动者应仍占大多数，目前多数工资劳动者可以免交个人所得税。未来，随着人均收入水平提高和物价上涨等因素的变化，个人所得税起征点还应当有进一步的调整。不过就目前而言，大幅度提高个税起征点的受惠者将主要是中等、中等偏上收入及高收入居民。因此如果从缩小收入差距的角度出发，近期内提高个税起征点并不是一个有效的手段。

中国未来的个人所得税改革，一个需要解决的突出问题还是所谓

---

① 2018 年我国将个税起征点从 3 500 元提高至 5 000 元。——作者 2021 年注

第六章　推进改革，优化分配的战略思考

"巴菲特规则"的问题。即：改变对不同人群实行高低不同税率的不公平制度，实行平均税负的政策。可以设想如下几项改进：

（1）征税对象从个人改为家庭，根据家庭年收入征税。可以采用按月预征，年终退税或补税的征收方式。

（2）对家庭人均收入不分工薪所得还是财产、红利所得或其他所得，一律实行统一的超额累进所得税率。

（3）将超额累进所得税最高一档税率从个人所得的45%降到家庭人均收入的40%。税率可以在3%到40%之间按几个档次递增。这样，高级白领工作人员、高级专业技术人员和其他专业人员的税负会减轻，而更富有的资本所有者和其他富人的税负会适当增加。关键在于，不同身份的纳税者将面临同样的税负[①]。

在个人所得税问题上，税收征管问题与税制问题至少具有同等重要的地位。目前一个最突出的问题是针对不同人群的个人所得税税收征管力度不均衡，对工薪收入征管严格，遗漏少；而对非劳动收入征管不严，漏洞多，漏税严重。非劳动收入来源复杂，渠道多，征管难度较大，这是客观因素。但另一方面，这也说明我国的税收征管体制仍然不健全，存在大量漏洞。其结果，是工薪劳动者（主要是中等及中上收入的白领工薪阶层）税负相对较重，而以非劳动收入为主要收入来源的高收入人群，则因征管不到位而实际税负较轻，这在税制设计上税负不均的基础上，又增加了一个新的因素，使税负分布可能从理论上的累进变成实际上的累退，从而扩大了收入差距。

根据作者的调查和推算，2008年中国城镇10%高收入居民家庭的人均可支配收入，平均为13.9万元（见本书第四章第三节）。如果

---

① 实际上在公平纳税的条件下，把最高税率降到35%，也不会减少，反而可能增加政府的个税收入。但同时必须严格依法保护公民的合法私有财产权不受侵犯。——作者2021年注

按其中40%的个人收入超过12万元计算，该年人均收入超过12万元的城镇居民约2 200万人。但是该年全国个人申报年收入超过12万元的人数总共只有212万人，还占不到推算人数的10%。漏税情况之严重，可见一斑。

另据兴业银行和胡润研究院的联合调查和推算，2012年中国有270万人的个人资产超过600万元（兴业银行、胡润研究院，2012）。根据数据模拟分析，如果按财产与收入之间平均5倍的关系（未进行价格平减）推算，那么这270万富裕人群的年平均收入（现值）应在120万元左右。这高于12万元的个税申报门槛10倍，但人数与申报12万元个人收入的人数相差不多。由此也可以看到申报个税人数有多大的遗漏。

要堵住税收征管的漏洞，首先需要推进税务部门的制度建设，完善税收管理，打击渎职腐败，严格依法征税，建立信息收集和评估系统。同时也需要全社会一系列基础性制度建设的配合。这至少包括如下一些方面：

（1）严格管理现金交易，改善支付手段、财会和票据制度、会计师管理制度；

（2）加强金融监管，对银行资金往来实行有效监控，实现银行间信息共享，将反洗钱调查常规化；

（3）实现公民纳税、社保、住房信息系统一体化和全国联网。

第二节　改革生产要素收益分配制度

过去二三十年间，中国的财富大量涌现，土地收益、资本收益、自然资源收益迅速增长。这在很大程度上应归因于这些生产要素的资本化过程,即随着某些生产要素进入市场,随着经济发展和市场深化达到一定程度,原来无价值或者很廉价的生产要素,在市场上获得了前所未有的价值,或者说,其潜在价值在市场上得到了体现。

作者在本书第五章第二节中指出,土地的溢价,在经济学中不被视为新形成的价值,这在理论上有其合理的一面。这是因为土地在溢价之前已经存在,土地的买卖并不是一个创造价值的生产过程。但这也导致了另一方面的理论悖论。因为当一片土地在溢价后的市场价值反映了其真实的价值,而这部分价值在此之前从来没有被承认过,那么这部分价值的产生过程究竟在哪里?这是现有的经济学理论没有解释的一个重要问题。而不解决这个问题,经济学对财富及其创造过程的解释就是不完备的。对此,未来经济学的发展,很可能要从经济活动的溢出效应上找到解释。

不管未来的经济学如何解释,在现实经济活动中,我们都不能忽略这部分价值的实际形成和存在,不能不把这部分价值看作过去或者现在的国民收入的一部分。否则,就无法全面、合理地解释国民收入的分配。在涉及收入分配的改革时,也必须正面考虑与生产要素溢价的分配相关的体制和政策问题。此外,除了土地溢价,自然资源的溢价和资本的溢价,也都应该在考虑范围以内。

一、土地收益分配的改革

随着城市化的进展,土地溢价已经成为政府收入的一个重要组成部分。2011年各级地方政府土地出让年收入已经达到3.3万亿元的规模,相当于地方政府本级财政收入的63%(未包括在本级收入内),成为地方政府在常规预算收入以外的一大财源。房地产业的估算利润也有 1 万多亿元，其中主要部分实际上也是来自土地。

但在目前体制下，土地收益的分配不合理，是导致地方政府腐败、三公消费过大、收入分配不合理的重要原因。土地出让收入虽然按规定纳入了政府性基金预算管理，但管理的严格程度和透明度都有待观察。在财政部公布的 2011 年地方政府性基金支出决算表中，关于这项 3 万亿元巨额资金的支出只列了七八个分项，看不到更具体的内容。审计署还发现，各地土地出让收入任意减免、未纳入基金预算管理的情况非常普遍。这给腐败、幕后交易以及公共资源的挥霍浪费留下了很大的空间，是当前收入分配扭曲的一个重要环节。

同时，土地出让收入将出让土地未来 70 年的收益，变成地方政府的一次性收入，抬高了土地价格和房产价格，导致当前的过度繁荣和对未来发展的透支，形成了畸形的地方政府激励机制，使地方政府过度热衷于土地开发和项目投资，热衷于推高土地和房产价格，以至于发展方式转换难以实现。这种不合理的激励机制还导致了各地政府强制拆迁、掠夺性开发的事件层出不穷，激化了政府和人民群众之间的矛盾。

土地是不可再生资源，这种靠大规模土地开发出让推动的短期过度繁荣和政府高额收入，也是不可持续的。这种开发模式如不改变，一旦土地资源耗尽，经济必然陷入类似"荷兰病"的长期萧条。

因此，土地出让和土地收益分配制度的改革，势在必行。以下是一个不成熟的初步改革思路，以供讨论。

（1）开放土地市场，改革土地征用和出让制度。

在上一节中，讨论了财政体制改革的问题。如果能够通过财政体制改革实现财政资金合理分配、合理支出，地方政府就不必过度依赖卖地，现行的低成本征地、高价拍地，导致推高房地产价格的状况就可以改变，农民就可以得到更合理的补偿，房价可以降下来，土地收入可以更合理分配。设想未来可以放开土地市场，除了公益性用途的土地外，政府不再直接征地，由供需双方直接交易。对公益性用途的土地，国家必须征用的，应参照土地的市场价格给予补偿。

宪法规定，农村土地归农村集体所有。开放土地市场，在符合国土资源规划的前提下，土地供需双方通过市场交易转让土地是合理的选择。在土地交易中，政府要起监督作用，保障土地公平交易，特别是保护让地农民的利益，并对高额的土地溢价征收所得税或增值税，用于平衡收入、提供社会保障，并使边远落后地区农村居民能够分享城市化的收益。

由于不同区位的土地地价相差悬殊，在经济发展中心区域，特别是大城市郊区的土地，在出让中可能出现上百倍的土地溢价。农村居民中因出让土地而暴富的情况时有出现，但只占农村居民的极少数，绝大多数农村居民享受不到。而这种巨额的土地溢价与其持有者的自身贡献（劳动或经营）无关。为了平衡收入差距，也为了稳定地方政府的收入来源以保证其有效履行公共服务职能，对土地初次转让的额外收入，可以考虑纳入土地增值税应用范围，制定全国基准地价，对超过基准地价的土地转让收入征收累进的土地增值税。而对再次转让的土地，则按实际增值额征收增值税。该税种应该按增值的比例征收，而不应按地价的比例或是按定额征收，防止获利者（供方）推高地价，将税负转嫁给需方。

土地增值税收益应保证用于地方的长期发展和公众福利。为了平衡不同地区因地价巨大差异导致的苦乐不均，土地增值税可考虑设为以地方为主的地方与中央共享税，中央收入部分用于对欠发达农村地区进行转移支付。

（2）全面推行房产税改革。

逐步用长期可持续的、制度化的房产税代替地方政府的土地出让收入。这有几方面的好处。其一，房产税是一个在土地使用全过程中可长期持续征收的税种，税源稳定，具有可持续性，有利于纠正地方政府追逐土地开发眼前利益的短期行为，也有利于防止土地收益的挥霍浪费和流失。其二，增加了房地产持有的成本，有利于抑制囤房炒房的投机行为，有利于促进房价的合理回落。其三，有利于促进土地资源的节约和合理利用。房产税收入应该作为地方政府的一个重要收入来源，纳入财政预算，接受制度化管理和各种监督。一个时期以来，房产税改革迟迟不能在全国范围推行，看来主要是因为触及了部分人的既得利益。但向既得利益屈服，必然伤害大多数人的利益，并导致进一步的经济失衡。

在房产税改革中，为保障广大中、低收入居民的利益，对每个居民家庭合理居住面积内的自住房应予免税。为了减轻在高房价时期已购房居民的负担，也可以考虑对超出免税面积一定范围内的房产给予一定期限的免税期。但应防止对拥有大量房产的既得利益者的过度保护，房产税的适用范围不宜过窄，力度不应过小，否则将失去房产税改革的本来意义。房地产税的全面实行，会提高投机性购房、囤房的成本，抑制投机需求，必将导致房价和地价的合理回落。这远远好于采用行政性的限购政策抑制房价。同时，这将增加地方政府稳定和可长期持续的财政收入，减少地方政府当期的土地收入，因此起到对后者的替代作用。

推行房产税改革要求同时改革土地出让制度，否则会形成土地出让金和房产税重复征税的局面，要避免这一点就要大幅度免税，结果房产税也难以落到实处。同时，以房产税代替土地出让收入，可能会减少地方政府的当期收入，必然要求充实地方政府的常规财政预算。这就需要重新调整中央和地方之间的财政分配关系。同时，必须推进财政公开，提高财政收支的透明度，形成社会公众对财政资金使用的监督机制，以减少腐败和财政资金的流失滥用。不改革现行财政体制,这些都是很难做到的。因此土地出让制度改革、房产税改革和财政体制的改革需要互相协调,配套推进。

(3)保障农民权益和保护土地流转。

开放土地市场、改革土地征用和出让制度,必须首先确认农民承包土地的长期使用权并给予法律保护。农村土地的出让涉及农村集体与农户之间的关系,在村级治理不完善、村民缺乏参与的情况下,土地交易中可能出现贪污腐败、中饱私囊的弊病。因此必须对使用土地的农户的合法权益加强保护,使土地出让的主要收益落实到农户。

在改革国家对农村土地征用和出让制度的同时,也应该伴随城市化进程,稳步开放土地使用权交易市场,允许土地使用权的合法有偿转让。

我国目前正处在城市化过程中,每年有一两千万人或者从农村地区迁移到城镇地区,或者通过就地城市化的方式转变为城镇居民。2011年城市化率已经超过50%,未来20年中,要达到发达国家70%—80%的城市化率,还将有3—4亿人将要由农村居民转变为城镇居民。农村人口的城市化,也将消除农村剩余劳动力,把大量人口从土地上解放出来,改变农村人口与土地的关系,从而创造条件实现农业生产的规模化和现代化经营。这个过程也要与城镇户籍制度改革协调进行,通过改革使长期进城务工的农村劳动者及其家属能够转变为城镇居民,脱离土地,在城市安家落户。

这是一个资源重新配置和实现优化的过程。在这个过程中,不仅人口和劳动力资源要重新配置,土地资源也要实现重新和优化配置。这个过程将主要通过市场来完成。除了一部分土地将要转变为城市非农业用地,另外还将有大量土地要通过有偿流转,由离开土地的农户转移给继续从事农业生产经营的农户,实现土地集中和规模化经营。这是农业现代化的必经之路。为此,需要开放和建立土地流转市场,允许农民通过租赁、一次性转让使用权、土地入股、股份合作等多种方式转让土地,并逐步建立一套市场规范,保障转让双方的合法权益。

农村集体建设用地和农户宅基地的流转也应当开放。农民的宅基地是农民世世代代安身立命的基础,农民拥有对宅基地事实上的产权。在合理范围以内,应当对此予以某种形式的法律承认,并允许宅基地和宅基地复垦指标进入土地市场进行交易,最终逐步形成全国范围的土地市场。上述这些改革,可以根据不同地区的经济发展程度、城市化程度和农民转移及就业的程度,循序渐进地推进。

二、资源性和垄断性行业改革

目前垄断性行业在经济中的地位日益强化,收入分配向垄断性行业严重倾斜,有专业人士估计,垄断性行业和竞争性行业间的实际人均收入差距在 5—10 倍之间。单纯靠调整工资显然不可能解决这些问题。而且围绕垄断性收益的分配,产生了大量寻租行为,市场竞争的积极作用逐渐被削弱,寻租行为日益强化。目前垄断有向更多行业扩展的趋势,经济中的垄断程度在逐渐提高。这使得整个经济的发展面临从积极有效的竞争性市场逐渐滑向低效率和不公平分配的垄断性市场的危险。广义的垄断性行业大致可分为下列几种情况:

第一,资源性行业。典型的情况包括石油和天然气,其他具有类似特征的行业还包括煤炭和有色金属、黑色金属和非金属采矿业。由于地下资源的有限性,像石油这类资源性行业不可能形成完全竞争,某种程度的垄断是必然的,也是世界各国这类行业的通例。煤炭等采矿业因为资源分布广泛和分散,竞争程度相对较高,但其盈利性也在很大程度上由地下资源的蕴藏情况决定,这种情况很难通过竞争来改变。俄罗斯等国在资源领域改革的经验教训也说明,在这些领域,简单的私有化不解决垄断问题，反而导致财富的进一步不公平分配。

在我国，采矿权的授予制度不健全，也是造成不合理收入分配的一个重要因素。由于缺乏完整的地下资源合理估价体系和采矿权招拍挂制度存在漏洞，采矿权的出让常常存在官商勾结、暗箱操作、虚假招标等现象，导致低价出让，公共资源大量流失、财富不合理分配。也由于制度不健全，政府不仅可以轻易地出让开采权，也同样可以轻易地剥夺私人矿主的开采权，将其国有化。在某些情况下，这又可能侵害私人企业家的合法权益。

资源性收益的分配制度是另一个关键问题。因为缺乏一套合理的资源税体系，使丰厚的资源收益被少数企业和个人占有，使行业间收入分配差距悬殊。资源税改革只在某些领域和某种程度上使情况有所改善，但还远没有到位。需要继续推进和完善资源税改革。此外对于从事资源性行业的垄断性企业，也应强化审计监督。

因此，资源性领域的改革，主要应从资源开采、占有的制度和资源税等资源性收益的分配制度入手。

第二，因行政性限制导致垄断的行业，例如金融业。金融业有规模经济性，大银行具有天然优势地位。但一般而言，在竞争性的市场上，中小银行和其他地方性小型、微型金融机构也有很大的发展空间。我国金融业中，大银行垄断的程度过高，主要还是因为苛刻的行政性和政策性准入限制，使小型民间金融机构难以进入和发展。这种情况减弱了市场竞争促进提高效率的功能，不利于信贷资金的有效和合理分配，加剧了小型微型企业融资困难，阻碍了小微企业发展。此外，由央行规定的存款和贷款基准利率，人为地保持了远远高于国际一般水平的存贷利差，从而人为保持了金融业的巨额垄断利润。这也是导致收入分配失衡的一个重要因素。在这些领域，关键在于促进竞争，减少垄断。

第三，因规模经济性和其他行业特征导致天然垄断的行业。一些行业不适用完全竞争模式，例如铁路、管道运输、电力、电信。还有一些行业的市场竞争会自然导致较高的市场集中程度，例如钢铁、有色冶金、航空、远洋运输等。在这些行业，较大的企业规模、较高的行业集中度，会由于技术经济性的优势而带来较高的效率。但是这并不意味着这些行业不需要竞争和反垄断措施。因为具有垄断地位的大企业也可以采用不公平竞争的手段排挤竞争对手，或者垄断价格和市场，损害消费者利益，最终导致低效率、停滞和不公平的分配。

因此在这些领域，可以保持较高的行业集中度以发挥其规模经济性（但不是用人为的行政和政策手段保持垄断性），又需要以适合其行业特征的方式保持和促进市场竞争，以市场竞争最大限度地抵消垄断带来的分配不均和对效率的不良影响。同时还需要有反垄断立法和监督措施，制止过度垄断和对消费者利益的侵害。目前存在的问题是天然垄断常常与行政性垄断互相交叉，政府常常用行政手段给处于垄断地位的大企业以特殊保护或特殊优惠，事实上这些措施和政策对中小企业具有歧视性作用，不利于公平的市场竞争。

第四，广义而言，提供公共服务的领域都有一定的垄断性，例如医疗和教育。这些领域常常是公共服务和市场竞争并存。政府必须向担负公共服务职能的公立机构分配资源。这一方面是必要的，另一方面也常常导致公立机构和私营机构之间的不平等地位，使公立机构处于某种垄断地位。此外，这些领域往往存在供需双方之间的信息不对称，例如医院和医生拥有患者所没有的医药知识和关于患者的医学信息，使医疗服务的供应方相对于需求方（患者）而言处于某种垄断地位。这些是导致高价药、大药方、"以药养医"的前提条件。

针对以上情况，垄断性行业的改革可以考虑如下几个方面：

（1）进一步推进资源税改革，优先考虑参考澳大利亚资源税改革模式，把从价税改为针对利润征收的直接税，以防止纳税企业通过提高资源价格把税负转移给下游企业和消费者。税率可以参考澳大利亚资源税，定在利润额的 30%—40%，但对资源级差条件较差的企业可以适用较低税率。同时，把资源税改革范围扩大到煤炭和其他矿产资源领域。如果继续保持从价税的征收方式，也需要考虑提高资源税率和根据资源条件的差别实行级差税率，例如在石油和天然气行业的级差税率可考虑设在 5%—25% 之间。

（2）推进国有企业红利上缴制度的改革，上缴率视企业的垄断程度可考虑从现行的 5%—15% 提高到 20%—60%。国有企业红利不应由国资委掌握，而应纳入公共财政。或者针对垄断性企业实行垄断利润调节税，将超额垄断利润的主要部分纳入公共财政，用于覆盖全社会的社会保障和公共服务体系。

（3）坚持公平市场竞争的基本原则，促进竞争，促进民营企业进入，消除过高的进入门槛和不合理的准入限制，消除不平等的政策待遇；防止政府政策向国有企业和大型企业倾斜，防止行政保护导致的垄断；通过竞争优化资源配置，提高效率，改善分配状况。

（4）对天然垄断性行业和具有某种垄断地位的国有企业加强监督、审计，提高其经营管理的透明度，保障其依法经营和垄断性收益依法分配。对触犯反垄断立法的企业采取拆分和其他措施以保护竞争。

（5）对教育、医疗、文化、传媒等既属于公共产品部门，又具有竞争性的行业，应当在完善公共服务的同时引进竞争，消除针对民营机构的进入限制，尽量形成公平的竞争环境，以促进提高效率和多样化服务。同时需要针对不同行业的特点制定相应的管理制度和政策，以消除信息不对称和资源垄断带来的垄断地位。在医疗卫生领域，特别需要改革医疗卫生工作者的薪酬体系，实行医药分家和严格的医疗管理制度，实行严格的医药监管制度，改变药费虚高、以药养医等不合理现象。

三、资本市场监管制度改革

资本市场是一个资本要素进行交易和重新配置的场所，也是财富重新估值定价的场所。特别是对一个快速发展中的经济体而言，由于经济迅速增长和结构不断变化，这些财富再配置和再估值的过程（或者叫"重新洗牌"的过程）会频繁发生，从而使资本市场能够不断产生财富溢价，和导致大量财富重新分配。

在一个理想的资本市场上，保持要素的灵活配置会带来生产率的提高。因为资本市场的盈利总是与更高的生产率相联系；资本的再配置通常总是从效率低的生产领域流向效率高的生产领域，从而改善资本的配置效率；财富的重新估值则意味着对高效率资本的奖励。假定一家企业的利润率从 10% 提高到 20%，它的股票市值就可能翻番，意味着资本大幅度溢价。如果一个国家总是能够保持生产率的不断提高，那么其资本的溢价就不是泡沫，而的确意味着真实财富的增加。

可惜的是，理想的资本市场少之又少。与某些"主流"经济学理论（尤其是在世界金融危机之前的"主流"）告诉我们的情况不同，现实生活中人们经常看到的情况是，一个缺乏监管、自由放任的资本市场，往往就是一个赌场。股价的涨跌与生产率变动几乎没有什么必然关系，资本的流向与资本的优化配置功能也几乎没有关系。而一个对监管者缺乏监管的资本市场，则往往变成庄家和某些赌客联手洗劫投资者和其他赌客的场所。

因此，资本市场监管制度的任何不完善和缺失，都会导致收入分配的不公平和扭曲。而我们的资本市场，恰恰是一个监管制度不完善和不严格，透明度很低，受权力左右程度很大，社会公众监督严重缺失的市场。企业上市常常成为某些企业通过幕后交易进行寻租和非法获利的手段，上市前的参股搭车行为也常常成为某些人利用特殊私人关系敛财暴富的手段。这些领域中的管理漏洞导致巨额财富向寻租者手里集中，导致收入和财富分配不公和分配不均。

一个监管不善的股市，也会变成富人洗劫穷人的场所。一般而言，小股民属于信息不灵通、专业知识不足、资金实力薄弱，因而无法左右市场，只能成为被市场左右的一方；而具有资金实力、常常有内部消息、常常能联手做局的大炒家，则通常是能够操纵市场的一方。因此，股市的通行规则是资金从广大的散户手中向少数庄家转移，完成财富的逆向再分配。

基于这种情况，资本市场的改革主要是建立健全严格的管理规则和监管制度，严格公开信息披露，杜绝虚假信息，防止内幕交易，防止操纵市场，防止官商勾结，防止老鼠仓，保障公平交易，保护广大股民的合法权益。任何机构的监管都是有缺陷的，可能绕开、可能失效。最根本的监管，是社会公众的监管，也包括公众对监管机构的监管。而要做到这一点，必须做到规则的透明和过程的透明，将资本市场的参与和监管过程都置于老百姓的视线之内。

第三节　提高居民收入和劳动报酬的途径

在本书第二章中，作者分析了居民收入和劳动者报酬增长相对缓慢的情况和原因，指出居民收入增长慢于经济增长的原因，是长期以来劳动报酬增长缓慢，其占 GDP 和国民收入的比重不断下降。而劳动者报酬增长缓慢的原因，又与大量劳动力在城乡之间转移导致的劳动力供给饱和、缺乏对劳动者权益的法律保护、小微企业经营和发展环境不良、社会保障和转移支付体系不健全等等问题相关。

近几年来，由于劳动力市场供求形势的改变、最低工资标准的调整、惠农政策的实施等原因，劳动者报酬增速加快，居民收入提高幅度相对较大，在一定程度上缓解了劳动者报酬增长滞后的问题。但是要纠正多年来劳动者报酬占比过低的分配结构偏差，还需要有进一步的调整，而且需要在一个时期内劳动者报酬增长快于 GDP 增长。

在这一节里，作者将对提高劳动者报酬和居民收入的几种可能途径，以及它们各自的利弊得失进行讨论。

一、推动劳动报酬增长的政策手段

用法律和行政手段继续提高工资性收入和居民初次收入分配的比重，是一个舆论普遍关注的话题。这些手段包括提高最低工资标准，促进劳资间工资协商谈判机制的形成等等。

近年来，各地政府对最低工资标准的调整，对促进工资水平提高，起了积极的作用。2008 年，全国大多数省市的最低工资标准在 600—700 元，部分东部省市在 700—900 元。最低的银川为 350 元，最高的是深圳，为 1 000 元。到 2012 年上半年，全国大多数省市的最低工资标准都超过了 1 000 元，深圳最高为 1 500 元，海南最低为 830 元。

这期间，平均工资水平的提高，与最低工资标准的提高幅度，大体同步。如果用城镇单位平均月工资水平的变化进行观察，在 2008 年全国城镇单位平均月工资为 2 408 元，2011 年提高到 3 483 元[①]，名义增长幅度为 45%，与最低工资标准的增长幅度接近。扣除物价变动

---

① 但该统计只覆盖了城镇就业人员的不到 40%，被遗漏的主要是私营、个体部门就业人员和非正规就业人员。而后一部分就业人员的工资水平相对较低。另外，由于普通工薪阶层和管理人员的工资水平差距较大，后者的工资会拉高平均水平。因此这里的平均工资数肯定在某种程度上高于实际的全国平均工资水平，也会高于多数人的实际工资水平。但可用的统计数据有限，这里无法作更详细的分析。

因素，工资年增长率约为11%，稍稍超过了同期经济增长率。与过去二三十年的情况相比，这是一个显著的变化。工资水平加快增长对某些企业而言，的确构成了较重的成本上升压力，但总的看来，最低工资标准的调整幅度并没有超出企业可承受的范围。

我国是市场经济国家，总体而言工资水平仍然应由市场决定而不是由政府决定。过去一个时期工资水平增长较快，尽管与政府政策推动有一定关系，但基本的背景原因仍然是劳动力市场供求关系发生了变化，特别是一般非熟练劳动力供给从普遍过剩转向局部短缺。可以判断，在此期间劳动力供应的局部短缺，是导致工资水平提高的主要因素；而提高最低工资标准，是导致工资水平上升第二位的因素。

未来，根据物价变动和生产率提高的情况，继续循序渐进地调节最低工资标准，这一空间是存在的。但是调整空间和有效性并不是无限的。如果调整过当，也会超出企业承受能力，迫使一些企业压缩雇员人数甚至无法维持经营而破产倒闭，从而对就业带来负面影响，也会因此影响中、低收入劳动者的收入。因此政策调整需要把握适当的力度，防止过度使用行政手段干预市场、提高工资、解决收入分配问题，以免造成市场供求关系失衡和扭曲资源配置状况。

此外，通过完善法律和建立工资协商谈判机制来保护劳工利益，是两个非常必要和非常重要的方面。在对劳工的法律保护方面，目前的关键问题仍然是有法不依，已经于2008年施行的《劳动合同法》在许多地方没有得到认真的贯彻执行。例如关于劳动者社会保险的问题，尽管《劳动合同法》有明确规定，但直到现在，大部分在城镇就业的农民工社会保障问题仍然没有得到解决。在工资协商谈判机制的建立方面，各国都有很多成熟的经验。可惜的是，我们的各级工会在保护工人利益方面做得有限。在实质性地推进政治体制改革之前，这方面的改革不大可能取得实质性的进展[①]。

至于政府对公务员和国有企业职工工资标准的调整,基本上不能作为调整收入分配的政策手段。除非公务员和国有企业职工工资已经低于社会一般水平,否则超出社会一般工资水平单独给公务员和国有企业职工提高工资,势必拉大收入差距,并引起社会不满。这方面的调整必须注意公平性,保持与社会工资水平的大体平衡,避免加剧收入分配的扭曲。此外,提高公务员的合法工资必须与打击腐败、严控官员的灰色收入协调同步进行。

但以上这些手段作用相对有限,并不意味着在促进劳动报酬合理增长方面只能无所作为。还有其他许多影响劳动者收入的因素值得考虑。

二、改善小企业融资和经营环境

促进就业是改善收入分配状况的一个重要方面。如果对劳动力需求旺盛,就业岗位充分,劳动者报酬的增长就有了基本条件。而就业岗位的增长,主要靠中小企业,特别是小型和微型企业。后者提供了中国多一半的非农业就业机会。但是一个时期以来,各地政府热衷于招商引资,发展大企业、投资大项目,对小企业发展缺乏关心,小企业面临的经营环境不良问题长期以来没有解决。

在我国的工业统计中,从1998年以来使用了所谓"规模以上"企业的概念,把销售收入500万元以下的企业排除在统计外。这一统

[①] 据各界的反映,现行劳动合同法在保护劳工利益方面发挥了很好的作用,但其中也有些条款过于严苛,例如关于无期限劳动合同的相关规定,可能导致劳动力流动性降低、雇主用工成本过高等情况,对扩大就业可能产生不利影响。这些问题,有待在各界充分的讨论前提下通过修法解决。——作者2021年注

计口径忽略了绝大部分微型企业和相当一部分小型企业。2011年,"规模以上"的标准又提高到主营业务收入2 000万元以上。这样一来,小微企业的经营和发展状况,在常规统计数据中就根本无法看到,它们也基本上不在各级政府的视野之中。根据一些调查信息看,这些小型或微型企业的经营环境较差,融资条件更差,基本上处在自生自灭的状态。

我国缺乏完整的小、微企业统计。在本书第五章第四节中,作者采用对常规统计数据和经济普查数据进行对比的方法,计算了1998—2008年期间"规模以下"小微工业企业的变化情况,发现这期间"规模以下"工业企业的数量从781万家锐减到148万家,其就业人数从8 917万人减少到2 900万人(见表5-7)。这反映了小微企业经营环境的恶化。这实际上也造成了就业机会的大量损失,对收入分配产生了不良影响。

尽管小微企业的发展受到融资条件和其他经营环境不良等因素的限制,但根据2008年经济普查数据和工业统计数据计算,我国小型微型工业企业和从事工业的个体经营户,从业人员仍然占到工业从业人员总数的65%,仍然是提供非农业就业岗位的主力军。这其中,所谓"规模以下"小企业(以微型企业为主)和个体经营户提供了占工业就业总数34%的就业岗位,而"规模以上"的小企业提供了31%(数据见国务院第二次全国经济普查领导小组办公室,2009;国家统计局,2009)。

在一些服务业领域,例如零售、餐饮、生活服务等等,"规模以下"小微企业和个体经营户的就业比重可能更高。一旦小企业(包括微型企业)的融资限制和其他方面经营环境限制的情况得到改善,我国的就业机会必将有充分的扩展,对劳动力的需求会更加旺盛,劳动报酬必将有更大幅度增长。因此,通过改善小企业经营环境、扩大就业机会来调整收入分配，有很大的政策空间。

改善小企业经营环境，一个主要方面是要依法行政、改善政府管理，严格管理公务员队伍，杜绝公务人员以监管名义对企业巧立名目、设置障碍、敲诈勒索、增加企业负担。这些行为不仅仅增加了企业的成本负担，也增加了企业经营的障碍，妨碍了企业的正常发展。

小企业缺乏融资渠道是影响它们发展的另一个主要因素。融资条件不良，又与金融市场发展的不均衡状况有关，尤其与我国目前的大银行主导的金融市场结构有关。在对企业的信贷服务中，小微企业很少在大银行的视野之中。它们缺乏符合大银行要求的贷款抵押和担保条件，贷款数额小，不确定性和风险较高，对大银行而言得不偿失。在金融市场发展较好的一些国家，小企业的外部融资需求基本上是由小型民间金融机构来满足的。而我国长期以来对小型民间金融机构政策帮助太少、限制过多、门槛过高，因而发育不良，这是制约小企业发展的一个主要因素。在合法的民间金融机构发展受限的情况下，从事高利贷经营的地下钱庄应运而生，迫使小企业在需要资金周转的时候不得不借高利贷，增加了它们的成本负担和风险。

根据央行数据，截至2012年5月，全国金融机构人民币存款余额为58.7万亿元。其中以工、农、中、建这四大国有控股银行为主体的中资全国性大型银行占了其中的54.7%，中资全国性中小型银行占了26.4%，其余的18.9%是外资银行和中资地方性金融机构。其实这些全国性中小银行、外资银行和地方性银行的多数，对于为小企业提供融资服务而言，规模仍然偏大，它们更感兴趣的服务对象可能还是中型企业和一部分大企业，而不是小微企业。在地方性金融机构中，真正为小企业服务的小型草根金融机构又只占一个很小的比例。由此可见，在目前的金融市场结构中，小企业的融资空间是非常有限的。

一个健全的金融市场，应该由大、中、小不同规模、不同服务对象的金融机构组成。我国的金融市场发育不全，其中突出的问题是地方性小型金融机构没有发展起来。而这恰恰制约了小企业的融资空间，抑制了小企业的发展，从而也抑制了就业机会的扩展和普通劳动者的收入增长。

除了融资服务外，我国的职业介绍、就业培训、中等职业教育、企业技术服务、企业管理咨询、信息服务和行业组织等领域也亟待发展和规范。这些领域可以称为社会基础设施。目前妨碍扩大就业和提高劳动者报酬的，除了上述因素以外，主要是社会基础设施发育不良，需要从这些社会基本建设做起。这对小企业的发展有更加重要的意义。

在这些社会基础设施中，行业协会没有很好的发展，未能给企业提供更多的服务，是影响企业发展的一个重要因素。我们的行业协会绝大部分是由政府组织的，往往缺乏与企业切身利益的直接关系。而企业自己组织的民间行业协会受到的鼓励少，限制多，难以发展起来。为了促进协调发展和结构改善，在这些方面还需要有更宽松、更开明的政策。

三、结构性减税和促进小企业发展

结构性减税应当是调整收入分配的一个重要手段。其中，首当其冲的是需要减轻小微企业的税负。2012 年，由于外需不振和房地产业投资减速等直接因素的影响，我国经济增长速度出现下滑。但这实质上是长期以来经济增长过度依赖投资和出口拉动，而国内居民消费增长持续滞后于经济增长、最终消费在 GDP 中占比过低的结构失衡局面的一个反映。在经济下行中，受影响更大的还是小企业，而由于小企业在提供就业岗位方面的重要作用，它们经营困难必然意味着就业形势恶化，进一步也会导致消费需求疲软。我国小微企业劳动密集度高，经营环境较差，减少小企业的税负有可行性，对扩大就业、提高劳动者报酬、提振消费需求会有明显的帮助。

一般而言，小企业在市场竞争中容易受到某些客观环境的影响，而处于相对不利的地位，但它们在就业和技术创新方面都发挥着主要作用。因此世界各国都有对小型企业不同程度的优惠政策。我国的小微企业提供了大部分非农业就业岗位，在调节收入分配方面有不可忽视的作用。但它们普遍面临若干困难，包括贷款难，各种税费负担较重，容易受到各种行政干预的影响，以及自身经营素质不足、人力资源缺乏等等。

我国于2002年制定了《中小企业促进法》，2007年的《企业所得税法》规定了对小型微利企业减按20%征收所得税的政策，近年来国务院及有关部门还进一步出台了一些针对中小企业或小微企业的优惠政策。但总体来看，我国的中小企业或小微企业优惠政策与发达国家相比仍然力度偏小，有些政策规定过于笼统而缺乏可操作的具体内容。

近一时期，我国经济增长由于内需不足和外需疲软处在减速过程中。虽然扩大投资能够在短期对内需不足有所缓解，但无法根本解决问题。在国内经济结构失衡问题得到根本解决之前，内需不足问题可能将长时期持续，使经济面临陷入中等收入陷阱的危险。为了改善内需状况，也为了改善就业和收入分配形势，有必要实行力度更大、惠及面更宽的小微企业优惠政策[①]。在经济不景气的情况下，改善小微企

---

① 这里强调的是小微企业而不是中小企业，因为后一个概念内涵太宽。例如，按照工信部、统计局等四部门2011年的企业规模划分规定，工业领域的中型企业是指从业人员300人到1 000人以下，且年营业收入2 000万元到4亿元以下的企业；小型企业是指从业人员20人到300人以下，且年营业收入300万元到2 000万元以下的企业；达不到小型企业标准的为微型企业。其中中型企业按其规模，在国外一般也不享受针对小企业的优惠政策。

业经营状况将有利于稳定生产和就业、提高中低收入居民的收入、扩大居民消费。

在当前投资率过高、产能过剩越来越严重的情况下，以继续放松信贷为主要内容的货币政策，和以扩大政府投资为主要内容的"积极财政政策"，作用越来越短期化，已经越来越难以起到扩大需求的积极作用，而其负面作用则越来越严重。因此，宏观经济政策有必要转型，转向以结构性减税为主要内容的改善内需政策。

目前正在推进的"营改增"，对原来征收营业税的一些行业具有减税的作用。但并不必然导致税负下降。据试点行业的一些调查，有相当数量的企业出现税负不减反增的情况。因此在全面推行之前，还需要对方案设计进行认真研究。

另外一个可考虑的措施，是对适用增值税的全部小型和微型企业，全面降低增值税税率。例如原来实行17%增值税税率的所有小微企业，税率可降至13%，原按13%税率的降至9%。小额纳税人的税率可相应调减[①]。

此外，还可以考虑将原小型微利企业减半征收所得税的政策，扩展为全部微型企业减半征收所得税的政策。

以上前一项减税措施的减税额，按2011年的情况粗略推算，可能在3 000亿元左右。这占10万亿元财政收入的3%，不会对财政收入产生很大影响。但将减轻全部小、微企业的负担，有利于改善其经营状况。这也将间接改善占全部非农产业就业60%的小微企业从业人员就业、收入和福利状况，对于改善收入分配和启动内需都会有明显的作用。

[①] 在本书首次出版数年后，财政部和税务总局已在2017—2019年陆续将原17%增值税税率统一降至13%，原13%税率降至9%，企业的增值税税负已显著减轻。对小型微利企业减免税政策的覆盖面也扩大了。——作者2021年注

第四节　走向民主与法制的政权建设

本章以上部分所涉及的，与收入分配息息相关的几个重要方面的改革，包括政府财政与税收体制，生产要素和资源管理体制，市场、企业和社会管理体制，无一不与政治体制和政权建设相关。实际上，上述方面所出现的问题，主要可以归结为过去相当长时期政治体制改革严重滞后，政权建设不能适应经济体制改革和经济、社会发展的新形势。如果不解决这个核心问题，很难保证上述一系列问题能够得到根本解决，也很难理顺收入分配。

解决上述问题，必须推进政治体制改革，必须在民主与法制的框架下进行政权建设。

1945年，民盟和民建的发起人黄炎培访问延安，在窑洞中与毛泽东长谈。他说："我生60多年，耳闻的不说，所亲眼看到的，真所谓'其兴也勃焉，其亡也忽焉'。……一部历史，'政怠宦成'的也有，'人亡政息'的也有，'求荣取辱'的也有。总之，没有能跳出这个周期率。"毛泽东答道："我们已经找到了新路，我们能跳出这周期律。这条新路，就是民主。只有让人民来监督政府，政府才不敢松懈；只有人人起来负责，才不会人亡政息。"

"让人民来监督政府"的道路是曲折的。新中国成立以后，如"反右""大跃进""文化革命"等历次政治运动，使政权建设与此渐行渐远，严重偏离了这个方向。1978年以来的改革，在经济上逐渐改变了旧的体制，使中国走上了市场化的轨道，但推迟了政治体制改革。这在当时的条件下是合理的选择，避免了政治经济体制同时变革可能导致的动荡和失控。但时隔三十多年，政治体制改革的必要性已经越来越显著，成为当前摆在中国面前的一个主要课题。

从根本上说，解决当前收入分配问题的关键，是通过逐步推动政治体制改革来推进民主与法制建设，实现"让人民来监督政府"和"依法治国"。政治体制改革不应当走某些国家走过的"休克疗法"道路，而完全可以根据中国国情，走一条渐进式改革道路；在不引起剧烈社会动荡的前提下，兴利除弊，逐步实现上述目标，完成民主化和法治化建设。

第七章

建设以人为本的社会

作者提示

本章进一步讨论了与收入分配直接相关的城市户籍制度、社会保障、公共服务体系和教育体制等问题。特别强调为了建设以人为本的和谐社会，需要加快改革城市户籍制度，首先放宽大城市户籍限制，让新城镇居民加快入籍、安家落户，同时需要改革农村土地管理制度，保护农民对土地的合法权益。这些也将有利于提高农村居民的收入。

其次，通过数据分析指出城乡社会保障体系有了重大改善，但还有很大缺失，特别是城镇职工各项基本保险覆盖面仍然过低，需要加快实现对新城镇人口的社会保障全覆盖，同时提高农村养老保险和低保标准；政府应当调整支出结构来补充社保基金的不足。

第三，指出我国的公共教育和医疗支出占GDP之比与世界各国相比明显偏低，同时国内各地教育、医疗等公共服务支出水平差距过大，公平性不足，需要改进财政转移支付制度，缩小公共服务差距，推进公共服务均等化。

第四，主张改革现行教育体系，改变以考分为中心、层层淘汰的应试教育，改变忽视学生全面发展和社会多方面需求、导致人力资源供求错位的现状，走出教育的官本位模式和教育腐败，实现教育公平，注重能力培养，走普教职教并重、公办民办双轨、教育多样化发展的道路。

最后一节，讨论了公平分配、共同富裕与市场经济体制的关系，以及在市场经济条件下如何实现公平分配、怎样建立合理有效的社会福利制度，并对一个公平和谐、健康发展的社会做了一个基本轮廓的勾画。

在本书完成后的最近9年左右，上述有些情况出现了某种程度的改善。户籍人口城镇化率有了明显提高，各项社会保障的覆盖率有一定程度提升。但由于常住人口城镇化率也在提高，未获得城镇户籍的城镇常住人口数量和未纳入各项社保覆盖的城镇劳动者人数都并未减少，反而有所增加（见相关地方作者增加的脚注）。说明这些方面既有进步，也仍然有重大缺失，需要付出更大努力以实现实质性改善。

作者于 2021 年 10 月

第一节　城市化与户籍制度改革

一、城镇户籍制度改革

在本书第五章第五节中,作者指出,我国曾长期实行城乡居民两种户籍、两种社会福利待遇的体制。改革开放以来,大批农民工随着城市化浪潮进入城市,长期在城市打工,甚至已经成为城市劳动大军的主力,但这种过时的制度之前一直没有改变。数以亿计在城市就业的农民工,大部分至今不能获得与城市原住民同等的户籍身份,多半没有被城镇社会保障体系覆盖,无法享受提供给城镇居民的各种福利待遇,长期在城市和农村之间漂流,没有稳定的就业和生活保障。这是导致居民收入差距和分配不公的一个重要原因[①]。

这种情况是不正常、也不应长期维持的。在城市打工的农民工,是我国劳动大军的一个最主要部分。过去四十多年间,他们为我国的经济发展和城市化建设做出了巨大贡献。仅仅因为出生于农村,使他们无法享受应得的社会福利和保障,这样的政策实质上是歧视性、剥

[①] 这种情况在2014年发布《新型城镇化规划》后已有所改变。从2012年到2019年(尚未公布更新的数据),户籍人口城镇化率从35.3%上升到44.4%,提高了9.1个百分点,约1.46亿人获得了城镇户籍,这是一个明显的进步。但有两点需要注意:其一,新增城镇户籍人口中有部分人是因居住地的行政区划由农村地区划为城镇地区而转为城镇居民,其公共服务和社会保障状况可能未发生实质性改变。其二,同期由于城镇化发展,常住人口城镇化率提高了9.6个百分点,城镇常住人口的增加快于城镇户籍人口的增加,因此城镇无户籍的常住人口反而从2.42亿人扩大到2.58亿人,户籍人口城镇化率与常住人口城镇化率的差距从17.8%扩大到18.3%,未能实现该差距缩小2个百分点左右的预期目标。——作者2021年注

夺性的，在世界大多数国家也不存在而且无法接受。这样一种制度和政策，是在旧的计划经济体制下形成的。之所以在改革期间长期没有改变，在早期主要是因为城市化水平低，城市的政府财政支出能力有限；而随着城市化率从30年前的不到20%提高到50%以上，财政力量也越来越雄厚，这一问题已经到了不能不解决、也没有理由不解决的时候。现有的种种关于不能解决的理由，实际上都是从城市既得利益团体的立场出发，找出来的借口。

针对这种情况，一些地方政府已经走在前面，进行了一些有益的改革探索。例如成都市和安徽铜陵市等在其管辖范围内进行了城乡一体化的户籍制度改革，取消了城乡两种户籍的区分，对区域内的城乡居民实行了同等待遇。还有些城市对在城市打工满一定年限的农民工放开了户籍限制，允许转为城市户籍。实践证明，这些改革的效果是好的，为全国改革取得了宝贵的经验。不过，由于改革试验的主体是少数地方政府，改革的范围是有限的，只涉及所在市当地户籍的农民或农民工。由于这是一个涉及全国性体制的普遍性问题，最终还需要中央政府对此做出部署，在全国范围实行改革。

但上述试点城市也有一些特殊性。例如成都市和铜陵市的城镇户籍人口都超过了农村户籍人口；进行城乡一体化的户籍改革，相对而言财政负担较轻。而就全国而言，虽然城镇常住人口已经超过了全国人口的一半，但拥有城镇户籍的人口只占总人口1/3，还有两亿多城镇常住人口没有城镇户籍。而且近年来这部分人口的数量在逐年增加。因此在全国范围全面推行这项改革，可能面临的财政成本更高一些，问题更复杂些，需要循序渐进。

目前，国家政策已经放松了对中小城市和小城镇的户籍限制。已经有一些农村人口在这些中小城市和镇取得了城镇户籍。但由于许多城市政府对此不积极，进展还非常有限。关于大城市的户籍制度，除了个别城市进行了改革探索,政策上至今没有放松。中国目前有287座地级市和地级以上级别的城市,其中市辖区人口超过100万人的大城市已有125座。这些城市恰恰是发展快、就业岗位迅速增加、需要大量农民工进入的地方。而维持既有的限制性户籍政策,已经导致了这些城市用工紧张、劳动力短缺,对城市化发展产生了不利影响。

解决大城市的户籍限制问题,可以分步进行。例如,为了减轻特大、超大城市的人口压力和财政压力,以及优化城市规模,可以首先在市辖区人口200万人以下的普通大城市实行放宽城镇户籍限制的改革。在市区打工满一定年限(例如3年或5年)的农民工可以根据自愿原则取得城市户籍,再满足一定年限要求的(例如再增加1—2年),家属可以随迁入户。在解决户籍问题的同时,相应解决社会保障参保问题。第二步,经过一定时期,将这项政策延伸到200万—400万人口的大城市。市区人口超过400万人的特大城市,户籍改革可以更晚一些,条件也可以更严一些。对于像北京、上海这样市区人口接近或超过2 000万人的超大城市,可以允许制定一些特殊政策,以防止人口无限膨胀[①]。

在城镇户籍改革的同时,鼓励和积极推进城乡一体化改革,有条件的城市可以先行取消城乡两种户籍的区分,实现辖区范围内的城乡户籍一体化和所有当地居民的同等权利、同等待遇。户籍改革的目标,是经过一个时期后,在全国范围消灭城乡两种户籍、两种身份,最终实现全体公民同等权利、同等国民待遇。

---

① 在这项建议提出6年后,这方面已出现了积极的变化。2019年中办和国办发文要求全面取消城区常住人口300万以下的城市落户限制,全面放宽城区常住人口300万至500万的大城市落户条件,完善城区常住人口500万以上的超大特大城市积分落户政策。这是一项意义重大的变化。但该项政策具体落实情况如何,目前尚无公开数据。观察发现有些城市对此并不积极,实际效果有待观察。——作者2021年注

在户籍改革进行过程中,所有已经取得城镇户籍的原农村迁移人口,和实行城乡一体化改革城市的所有居民,均有权利享受同等的社会保障、公共服务和其他适用于市民的福利待遇,不应有待遇的差别。

实行户籍改革,必然扩大公共服务和社会保障的覆盖范围,需要所在城市的政府增加一部分财政支出。一般而言,通过财税体制改革(见本书第六章第一、第二节),各地城市政府应能够大量压缩不必要的开支,地方常规财政收入可能增加(包括增加的资源税收入、房产税收入、国有企业分红和垄断利润调节税收入等)。有困难的地方,政府财政收入状况将通过中央和地方财政分配关系的调整得到改善,从而基本上满足城市政府公共服务和社会保障支出扩大的需要。对于一部分自身财政实力较弱的城市,其不足部分,省级政府和中央政府有必要提高转移支付予以支持。

二、城市化与提高农村居民收入

城市户籍制度改革和城乡一体化改革,必将有效改善农村进城迁移人口的生活和保障状况,促使城乡协调发展,也必然会促进城市化进程。而城市化的健康发展,将直接推动农业进步和农村居民收入水平提高。为什么如此?下面是一个简单的原因分析。

长期以来,我国城乡居民收入差距悬殊,农村居民收入水平远低于城市居民,最基本的原因是农业人口多、劳动力过剩,而土地有限,因此农业劳动生产率非常低。经济改革初期(1978年),我国农村人口是7.90亿人,到1995年,农村人口达到了8.59亿的峰值。而全国农业18亿亩耕地的状况基本没有改变,1995年人均只有大约两亩地。由于城市化的发展,2011年农村常住人口降到6.56亿,人均耕地相应上升到 2.8 亩[①]。

人均耕地这一有限的提高，对于提高农业劳动生产率有一定的帮助，但作用仍然不显著。中国是一个地少人多的国家，而且目前还有一半人口居住在农村，与发达国家 70%—80% 的城市化率相比，中国的城市化率还较低。未来要达到发达国家的城市化水平，中国还将有 3 亿—4 亿人从农村人口转变为城镇人口，其中还有很多人要转变为城镇非农业劳动者。届时，农村人口将只有 3 亿—4 亿人，留下的农村劳动者中也将有相当部分从事非农产业或兼业，真正的农业劳动力将降到 1 亿人以下，很可能只有几千万人。

到上述目标实现的时候，农业人口对土地的压力就将根本消除，就有条件真正实现农业规模化经营，因此也就能够以高效的机械化和现代化农业来取代现在的小农经济。到那时，农业才能够整体改造为现代农业，城乡之间的巨大收入差距才能最终弥合。

农业现代化也将有效解决目前相当严重的食品安全问题。因为大规模的农业生产有利于农产品的品牌化经营和安全管理，消除因为千家万户农民小规模经营带来的质量控制困难和食品安全隐患。

下面的图 7–1 是一个可用来解释城市化过程中城乡收入差距变化的简单两部门经济模型。图中 $VMPL_1$ 和 $VMPL_2$ 分别代表城市部门（非农业）和农村部门（农业）的边际产出曲线（方向相反），它们会随着本部门劳动力数量的增加而递减，反之则递增；同时它们也分别决定了城市劳动者和农村劳动者的人均收入水平。横坐标表示全国劳动力总量在城市和农村之间的分割。城市劳动力由左边的 L_1 代

[①] 根据新的统计数据，2019 年全国有耕地 127.9 万平方公里（19.2 亿亩）。这并不意味着耕地面积扩大了，而是通过国土资源调查修正了原来不精确的耕地统计。但随着农村人口不断向城镇转移，2020 年乡村常住人口已经减少到 5.10 亿，农村人均耕地面积已扩大到 3.8 亩。——作者 2021 年注

表，农村劳动力由右边的 L_2 代表，在初始的时点上，它们的分割点是 L'。

由于劳动力在城乡之间的流动存在一定程度的障碍（户籍制度的限制也是一种障碍），农村在一定时期内存在大量剩余劳动力。因此农业的劳动生产率很低，此时城镇部门的边际产出水平（也决定了劳均收入水平或者工资水平）远高于农村部门的边际产出水平和劳均收入水平。城市劳均收入由 a 点的纵坐标位置决定，而农村的劳均收入由 b 点的纵坐标位置决定。可以看到城乡收入差距很大（a 点和 b 点间的垂直距离）

如果通过改革消除城乡之间的劳动力流动障碍，那么农村劳动力会继续流入城市，农村劳动力和城市劳动力的分割点就将从 L' 向右逐渐移至 L''。这会扩大城市劳动力的供给，使城市部门的边际产出水平下降；同时减少农村的劳动力供给，使农村部门的边际产出水平上升，最终使两者相交于 c 点。此时，城乡的劳动报酬将趋于均衡，城乡收入差距将会消除，而资源配置将达到最优。

城乡差距消除之后与消除之前相比，不仅农村居民的收入水平提高了，而且经济的整体效率也提高了。这是因为消除了因城乡劳动力流动的制度障碍造成的效率净损失（由图 7-1 中三角形区域 abc 表示）。

还需要说明的是，为简单易懂起见，上图表现的是一个静态模型，并不反映城乡收入变化的实际动态过程。在静态分析中，随着农村劳动力流向城市，农村劳动者的收入水平提高，而城市劳动者的收入水平将随之下降。但在动态过程中，由于经济增长（而且受到城市化的推进），城市劳动者的收入水平一般而言不会下降，但理论上可能在一定时期内不增长或者增长相对较慢（这是刘易斯模型所解释的内容）。而在这个过程完成以后，城乡劳动者的收入水平都将随着经济增长而增长。这两个过程之间的分界点，可以称为"刘易斯拐点"

（见图 7-1 中的 c 点）①。

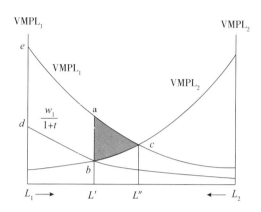

图 7-1　城乡劳动力转移将消灭城乡差距

资料来源：取自作者的博士论文（Wang，1997）。

在当今的中国，"刘易斯拐点"可以说提前到来了，而此时城乡差距还没有消除，农村剩余劳动力还没有真正吸收完毕。这恰恰是因为现行城乡分割的户籍制度和相关的社会保障及公共服务制度缺陷等造成的障碍。接下来，这些制度的改革还会带来城市化的继续推进、人口与劳动力的转移和资源配置的优化。

以上模型说明，消除城乡之间的制度障碍、加速城市化进程，对城市经济和农村经济而言都是有益的，而且对低收入的农村居民而言，收益会更大，收入提高会更快。

但是，伴随城市化发展及人口和劳动力继续向城市转移，农村经济需要相应进行一系列调整。首先，农村人口和劳动力减少，人与土

---

① 但要注意，这里使用的模型与刘易斯模型是有区别的。在刘易斯模型中，城市工资水平在剩余劳动力完全吸收之前基本上是不变的，而这里的模型允许工资水平变化。

地的关系必然发生改变。如果土地市场不开放、土地流转不畅通，一部分耕地就可能出现抛荒，一些原农村居民的房屋和房基地也会出现闲置。这种情况要求重新配置土地资源，使之得到有效利用。现在之所以还没有大规模出现这种情况，主要是两个原因造成的：

其一是因为城市的新移民受到户籍制度、现行社会保障和公共服务制度等等限制，无法彻底脱离农村土地在城市定居。土地是他们的唯一保障，因此他们往往宁可让土地闲置，也需要保持对土地的持有，以应付随时可能发生的风险。

其二，现行农村土地制度和一系列相应的规定，限制了农民自由转让他们承包土地的使用权和自有房基地的实际上的产权。这些限制，使农民对土地的合法权益不容易实现，很难给他们带来实际的利益和帮助[①]。

因此，在对城市户籍制度和其他相关的制度进行改革的同时，还需要推进农村土地制度的改革。目前农村各地进行的土地"确权颁证"，是这方面改革的一个推进。这是一个有深远意义的改革。但还需要明确若干问题，以免"确权颁证"流于形式。

第一，农民对承包土地的使用权应当受到法律保护。这也包括对承包土地租赁和有偿转让的权利。对已经永久性离开土地的农民来

---

① 农民的宅基地在中国的长久历史上都属于农民个人所有，1954年中华人民共和国第一部宪法规定："国家依照法律保护农民的土地所有权和其他生产资料所有权"。即使在人民公社时期和"文革"时期，宪法也只规定了生产资料主要实行全民所有制和集体所有制，而农户宅基地属于生活资料，并未规定将其收归集体所有。1975年宪法规定"国家可以依照法律规定的条件，对城乡土地和其他生产资料实行征购、征用或者收归国有"，并未改变没有征购、征用或收归国有的土地归属。1978年宪法基本沿用了75年宪法的这些相关规定。只是1982年宪法增加了一条："农村和城市郊区的土地，除由法律规定属于国家所有的以外，属于集体所有；宅基地和自留地、自留山，也属于集体所有。" 但在现行法律框架下，农户对宅基地拥有无限期的使用权并可以继承，实际上意味着不完整的产权。——作者2021年注

说，也应当有权利根据自己的意愿，对土地的长期使用权进行一次性有偿转让。法律对此应予保护。对这一权利的保障，不仅有利于进城落户的农民获得一定的财产收入，以帮助他们在城市地区安家落户和创业，而且有利于农村土地资源的重新整合和有效利用。

第二，应当承认农民对其房产和宅基地事实上的产权。农民的房产和宅基地是他们祖祖辈辈生活的根基，应该承认他们对宅基地的权利事实上就是所有权，因此也应当允许他们对自己的房产和宅基地进行处置，包括一次性有偿转让。这样做的好处，与上一条的理由是一样的。目前的宪法规定农民的宅基地为集体所有，实际上还是旧的人民公社体制在思想上的残存表现，需要与时俱进，加以改变。①

第三，农民在自己宅基地上建设的"小产权房"，其所有权也应当属于农民。在已经城市化的一些地区，这些"小产权房"也发挥了积极的作用，给低收入的农民工提供了住所。只要政府的廉租房和公租房没有给所有的进城农民工和其他迁移人口提供适合的住所，这些"小产权房"就有存在的意义。当然这些房屋的存在，最终也需要服从城市的整体规划。在必须重新整治或拆迁的地区，应当给所有者以合理的赔偿。

第四，随着农村人口的转移，农村耕地的规模化经营将成为趋势。地方政府和村级组织应该在这个过程中扮演积极的角色，同时必须照顾农民的利益，根据自愿、有偿的原则进行，绝不能违反农民意愿强迫推进，绝不能因此导致农民失地、生活无着落。在允许和引进外来农业投资时必须尊重农民的意愿，应当积极鼓励农民合作组织的形成，通过农民的自愿联合组成规模经营的联合体。这有助于保护农民的利益。

---

① 在确认这一点时，也需要考虑到历史变迁的各种因素。例如，对个别农户因为额外多占宅基地而得到的既得利益，不应给予法律保护。

第五，在具备条件的地方，新农村建设或者城镇化建设有利于人口的合理布局和改善农民的居住条件，有利于节约土地资源，并有可能通过所节约土地的开发或复垦、指标转让，使农民在城市化开发过程中分享土地增值的收益。但这必须区分不同的情况，以当地农民的意愿为前提，不能采取搞运动的方式大拆大建，必须制止某些地方政府为了获得土地收益而强迫农民拆迁。农民对土地的合法权利和利益，应当受到严格的法律保护。同时对于土地的复垦，也应当有制度化的质量控制，有保障措施，防止假复垦，防止复垦土地质量大幅度下降。

第二节　建立全民覆盖的社会保障体系

一、社保覆盖面和目前的社保缺陷

近年来，我国城乡基本社会保障体系有重大的改善，覆盖面迅速扩大。到2011年末，一项最主要的成绩是城乡基本医疗保障合并计算已经覆盖了城乡大部分居民。此外，城镇职工养老保险覆盖了2.84亿人（其中参保职工2.16亿人），工伤保险覆盖了1.77亿人，失业保险覆盖了1.43亿人，农村社会养老保险覆盖了3.26亿人，城镇和农村最低生活保障分别覆盖了2 277万和5 313万人（数据见国家统计局，2012b；卫计委，2012；民政部网页）。这些数据与5年前相比都有百分之几十乃至成倍地增加。但距离基本社会保障的全民覆盖，仍然还有较大距离。对此必须有清醒的认识。

第一，城镇养老保险、工伤保险、失业保险覆盖率仍然过低。根据统计，2011年全国城镇就业人数为3.59亿人。按就业人数的参保率计算，城镇养老保险只覆盖了60%的城镇劳动者，工伤保险和失业保险分别只覆盖了49%和40%。

第二，基本医疗保障虽然覆盖率有大幅度提高，但远未达到全覆盖。有媒体报道称，中国城镇基本医疗保险和新型农村合作医疗（简称"新农合"）已经分别覆盖了4.7亿和8.3亿人，两者合计，基本医疗保障已经覆盖了超过13亿人，基本实现了全民覆盖。这一过早宣布全民覆盖的做法是不慎重的，是严重失实的。

根据统计，2011年我国城镇常住人口为6.91亿人，而城镇职工基本医疗保险和城镇居民基本医疗保险两项参保人数，到2011年底合计为4.73亿人，据此计算，城镇医保的覆盖率合计只达到68%。同时，农村常住人口为6.57亿，即使100%参合，也不会有8.3亿人参加新农合。新农合参合数字的可靠性很值得质疑。

之所以统计数据反映出超高的参合人数，应该是下列原因导致的：

第一，农村的"新农合"通常以户为单位参加，而户人口的统计包括了外出打工的农民工（全国至少有1.6亿人）。这些登记（或者"被登记"）参加了"新农合"的外出人员，即便个人交了费，除非在他们回乡探亲期间，基本上享受不到当地"新农合"的医疗保障。

第二，各地政府可能有动机尽量多统计"新农合"的参合人数，因为这与取得中央的财政补贴有关。虽然外出者享受不到"新农合"的服务，但这笔补贴可以归地方，可能增加地方政府的可支配资金。

以上情况说明，"新农合"参合人数的统计可能名不副实。此外，还可能有某些已划入城镇地区的居民仍然参加新农合，但同时也有某些农村居民参加了城镇医保。两者相抵，不可能导致数据发生如此大的偏离。究竟是否存在某些地方为套取中央财政补贴而虚报参合人数的情况，值得认真检查，防止作弊。2011年各项基本社会保障的参保率计算见表7-1。还需要说明的是，由于城镇就业人数统计有偏低之嫌，表中计算的各项城镇职工参保率很可能还存在高估[①]。

表7-1 2011年全国各项基本社会保障覆盖率计算

类型	参保人数（亿人）	应保人数（亿人）	覆盖率	应保未保人数（亿人）
城镇职工基本医保	2.52	3.59	70%	1.07
城镇居民基本医保	2.21	3.32	67%	1.11
城镇职工养老保险（职工）	2.16	3.59	60%	1.43
城镇职工养老保险（离退休）	0.68	—	—	—
工伤保险	1.77	3.59	49%	1.82
失业保险	1.43	3.59	40%	2.16
新型农村社会养老保险	3.26	—	—	—
新型农村合作医疗	8.32	6.57	*127%*	*-1.75*

注：城镇职工基本医保、职工养老保险、工伤保险、失业保险以城镇就业人数为应保人数。城镇居民基本医保以城镇人口减去城镇就业人数的差额（城镇非就业人员）为应保人数。新型农村合作医疗以农村人口为应保人数。"—"表示数字不详。斜体字表示数据值得怀疑。
数据来源：国家统计局，2012b；卫计委，2012。

以上计算说明，截至2011年末，在城镇就业者中至少还有一到两亿人仍然没有被各项基本社保体系覆盖；在城镇非就业居民中还有一亿人没有纳入城镇居民基本医保。这其中，特别值得注意的是在城镇打工的农民工。就业者中被遗漏的部分，主要就是他们。这可以从

---

① 此后这些年里，社保覆盖率继续有所提高。2011—2019年，按城镇就业人数和各项保险参保人数计算（统计数据有更新），城镇职工基本养老保险覆盖率从60.0%上升到68.9%，失业保险参保率从39.9%上升到46.4%，职工基本医疗保险参保率从70.2%上升到74.4%，工伤保险参保率从49.3%上升到57.6%；各有4—8个百分点的提高，但与此前的8年相比，提升速度显著放慢。2019年，仍然有1.2亿—2.5亿城镇就业人员未纳入城镇各项社会保障，未参保人员基本上是原籍农村的城镇常住人口。——作者2021年注

国家统计局 2012 年的农民工调查数据中得到证实。2011 年全国 1.59 亿外出农民工中，参加养老保险的只占 13.9%，参加工伤保险的只占 23.6%，参加医疗保险的占 16.7%，参加失业保险的占 8.0%（国家统计局，2012c）。

另以北京市为例，2011 年全市常住人口 2 019 万人，其中常住外来人口 742 万人，全市参加基本医疗保险人数为 1 188 万人，参加新型农村合作医疗人数 277 万人。两者合计，基本医保覆盖了 1 465 万人，覆盖率只有 73%；还有 554 万常住人口没有覆盖，占全市常住人口的 27%（数据见北京市统计局，2012）。很明显，没有被覆盖的基本上是常住外来人口，而且后者的大部分没有被医保覆盖。

在农民工的基本社会保障问题没有根本解决之前，中国决不应过早宣称实现了社会保障的全面覆盖。

二、如何建立包括农民工的社保体系

建立包括农民工在内的社会保障体系，牵涉若干方面的体制问题，当然有一些困难的问题需要解决。概述如下：

第一，需要推进上一节所说的城镇户籍制度改革。那些长期在城市打工的农民工，一旦获得城市户籍，相关的社会保障问题也将比较容易解决。但是解决他们的社保问题决不能坐等户籍问题解决之后。因为户籍改革将是一个循序渐进的过程，即使乐观估计至少也需要几年时间才能完成。而且有相当一部分农民工因为流动频繁，或者半农半工，可能无法获得城市户籍。而基本社会保障是居民生存之必需，需要与户籍制度改革同时并进，并尽可能更快地解决。

第二，解决农民工的社会保障问题，需要全面落实劳动合同法，促使企业真正承担起为农民工社保缴费的义务。解决这个问题是有一定阻力的。尤其是许多地方政府还没有意识到自己应对外来农民工所负有的社会责任，常常更多地保护本地企业的利益，而把农民工视为"外人"，置他们的合法权益于不顾。这有赖于地方政府政绩观和激励机制的改变。另外，对小企业而言，通常劳动密集度高、经营条件和企业实力都较差，落实劳动合同法的困难更多。因此，在全面落实劳动合同法的同时，非常有必要推进税制改革，实现对小型和微型企业全面减税（参见本书第六章第三节），以减轻企业负担，同时地方政府也有责任帮助小企业解决一系列经营环境方面的问题。

第三，目前城镇职工基本保险的资金来源，基本上由个人缴费和企业缴费组成。其中企业承担约3/4，2011年支出应有1万多亿元规模。如果覆盖全部职工的基本保险，企业支出应相当于工资总额的30%—40%，负担偏重。而在一些发达国家，劳动者的基本保障资金来源通常是由个人缴费、企业缴费和政府补助三部分组成。这将减轻企业负担，有利于推进社保全面覆盖。设想未来社会保障体系的改革，应逐步实现由政府负担其中一部分，适当减少企业支出的比重。考虑到对财政支出影响较大，可以采取逐步过渡，逐渐提高政府负担比例的做法。

增加政府的社会保障支出当然涉及资金来源的问题。如果把前面所建议的减税政策和这里建议的社会保障支出增加加起来，是一笔不小的支出，可能使财政减收增支上万亿元。在现行财政体制和政府收支结构不变的情况下，是难以承担的。但正如本书第五章第五节中分析过的，如果能够通过行政管理体制改革，使政府每年的行政管理费支出降低到国际通常水平，就能够节约1.6万亿元资金，用于上述减税和社会保障目的，绰绰有余。

第四，因为农民工在全国各地流动性强，实现社会保障的异地接续和全国联网非常必要，同时要尽可能简化接续手续、降低投保者的接续成本。因为目前各地的经济发展水平和社保标准各不相同,这中间有一些技术性问题需要解决。可以设想在全国范围建立一套各地通用的基础保障标准,并在此基础上设置几个更高的保障档次,各地可以根据本地情况选择适合的,或与原来的当地保障标准最接近的档次来安排社会保障,从而实现全国一体化的社会保障体系接轨。在此基础上,可以实现社保体系的全国联网。尽管中国人口众多,但在目前的计算机技术条件下,全国联网应该是不难做到的。

三、提高最低保障标准

这里还有必要讨论一下社会保障标准的问题。各项社会保障的标准都需要随着经济发展、物价水平变化等因素而进行调整。其中,当前有必要优先考虑的是适当提高农村低保和农村养老保险标准,并加快推进农村养老保险全覆盖的步伐。2011 年末,全国农村低保覆盖了 5 313 万人,人均月支付水平 96 元,平均保障水平 143 元/月,折合年保障水平为 1 718 元,未达到 2011 年制定的年纯收入 2 300 元的农村贫困线。农村养老保险的基础养老金每月只有 55 元,折合年金 660 元。如果能将两者的保障标准适度提高,有利于改善低收入居民收入状况、缩小收入差距和扩大消费需求。此外也应当合理调整离退休早、养老保险标准过低的离退休人员的养老金给付标准。

2011 年,国家大幅度提高了农村贫困线,从 2010 年的人均纯收入 1 274 元大幅提高到 2 300 元,按新的标准,全国农村贫困人口也相应从 2010 年的 2 688 万人猛增到 12 238 万人。1 亿人被重新界定为贫困人口,当然也对财政转移支付的能力提出了新的要求。但农村低保还未能作出相应调整,2011 年末全国保障人数仅比 2010 年末略有增加,从 5 228 万人微增到 5 313 万人,平均保障标准折合年收入从

1 404 元提高到 1 718 元。这就意味按新标准定义的农村贫困人口还有多一半拿不到低保，而且大部分省份的实际农村低保标准，从原来的高于全国农村贫困线，变为低于新的全国农村贫困线。

现在的问题是要不要把农村低保标准与新的农村贫困线统一起来？要不要把贫困人口都纳入农村低保？理论上的答案是肯定的。否则提高农村贫困线就没有实际意义。而且提高了的农村贫困线，也只达到人均每天 1 美元纯收入，以国际标准衡量，仍然是低标准。中国作为一个人均 GDP 已经超过 5 000 美元的中等收入国家，应该有能力负担这一转移支付。但这要涉及几个问题：

第一，需要多少资金？

如果假定全国农村低保统一按农村贫困线为标准，而且对所有贫困人口都能准确认定，准确纳入低保，并假定原来的低保户都是符合全国标准的贫困户，那么实行新标准后需对原有低保户人均增加支出 582 元（按 2011 年情况计算），全国总共增加 309 亿元。2011 年农村低保人数要从 5 313 万人扩大到 12 238 万人，新增 6 905 万人。如果假设他们原来的人均纯收入是 2 000 元 / 年，那么对新增低保户全国需要增加保障支出 207 亿元。两项合计，需增加政府支出 516 亿元。

不过，这只是一个理论假设。实际的认定工作会困难得多，也远远做不到精确。在这种情况下，只能扩大保障范围，增加保障支出，才能保证把大部分真正的贫困人口纳入农村低保。假设需要扩大一倍，则按 2011 年计算需要增加转移支付 1 000 亿元，以后还需要根据保障标准的变化进行调整。

第二，如何认定贫困人口？

认定贫困人口，是个说起来容易，做起来很难的事情。统计局公布的全国贫困人口数仅仅是个推算。要严格根据人均纯收入水平认定每个贫困家庭，不仅需要农村每家每户充分的家庭收支信息，而且还需要具备专业知识；要在全国范围普遍这样做是无法做到的。实际上连农户本身也常常不能正确计算他们的家庭纯收入。

因此在实践中，各地确定农村低保家庭所采取的办法，通常是根据辖区内下属各行政区域（市、县、乡……）的农村平均收入水平，分配低保户指标，逐级分解到村，然后根据家庭贫困程度以自报公议的原则确定低保户。在目前条件下，这是一个近似公平的解决办法。当然这还有赖于指标分解是否合理、能否真正做到自报公议、避免暗箱操作等等条件。不过即便解决了这些问题，各地低保户的分布与实际的贫困人口分布也会有差异。通常，很难避免一个地方一个低保标准。

第三，能否把各地标准变成全国标准？

目前虽然有全国统一的农村贫困线，但各地执行的农村低保标准差异非常大。例如 2011 年末，各省份之中标准最高的北京，折合年收入为 4 597 元，而标准最低的西藏，折合年收入只有 968 元，两者相差近 5 倍。在全国，标准超过 3 000 元的有 5 个省份，在 2 300 元以下的有 23 个省份，其中低于 1 200 元的有 4 个省份。在各省份内，市、县之间的差距也很大。之所以有如此大的差异，是因为各地经济发展水平差异巨大，而低保资金又主要由地方筹措。越贫穷的地方，财政收入越少，贫困人口越多，地方政府的财政压力也越大；只能采纳比较低的保障标准。

显然，短期内是无法实现全国统一标准的。但有必要逐渐向统一标准的方向推进。要做到这一点，不大可能降低较发达省份的标准，只能将中央财政补贴集中用于相对落后的省份，并增加中央转移支付的力度，逐步提高过低的标准。就 2011 年而言，如果要把低保标准低于 2 300 元的省份都提到这一标准，高的不动，那么理论上大约需要增加转移支付 700—800 亿元；考虑到无法精确定位的损失和可能的流失，扩大一倍，则将达到 1 400—1 600 亿元。但如果能做到这一点，那么全国农村贫困人口就基本上都可以脱贫，从而一举解决长期困扰中国的农村贫困人口问题。

提高农村低保标准，是否一定要额外增加财政支出？农村低保制度在全国的普及，实际上意味着农村扶贫战略发生了重大改变，从过去重点帮扶贫困县，开始转向了标准更加统一的普惠型保障政策。只要这一政策能得到合理的落实，就能在很大程度上代替原来针对贫困县的帮扶政策。只要能够将贫困县的贫困人口基本纳入农村低保，并适当提高保障标准，也就基本解决了贫困县的问题。

我国对农村贫困地区每年有大量财政转移支付；全国目前有 592 个国家级贫困县，每年享受大量通过各种渠道下拨的财政转移资金，估计平均每个县有几亿元。全国合计可能有两三千亿元。但这些财政支出的针对性不强，使用效率不高，减贫效果并不明显，有些钱根本没有用于减贫。其中，有些县实际早已脱贫，但为了继续享用无偿的资金，迟迟不摘贫困县的帽子。2011 年，一些早已上榜"全国百强县""中部百强县""西部百强县"的富裕县份，突然被新闻媒体发现同时还名列国家级贫困县的名单，长期享受国家的财政扶贫资金。直至 2012 年，在间隔了 11 年之后，国家级贫困县名单才进行了一次新的调整，有 38 个县被调出贫困县名单，并新增补了 38 个县。

在这些贫困县中，还有更多的县份多年来年复一年地接受扶贫资金，但至今没有脱贫。有些贫困县挪用扶贫资金、用于政府消费和楼堂馆所建设等现象相当严重。除了少数自然条件非常恶劣的县以外，对那些多年不能脱贫的县来说，扶贫资金的减贫效果值得怀疑，值得进行深入调查，看看扶贫资金是怎么用的。

因此，原来的扶贫政策需要清理，多渠道的资金支出需要梳理调整，砍掉那些无效支出，转用于农村低保补贴。其余的扶贫资金，可以集中用于自然条件恶劣、基础设施和公共服务很差的地区，改善其物质和社会基础设施条件。

第三节　改善公共服务，实现公共服务均等化

改善公共服务的话题经常引起一些人的质疑：某些欧洲国家实行高福利政策已经导致了严重的债务危机，经济濒临崩溃；连美国的巨额负债也成了其沉重的包袱。难道你想让中国重蹈它们的覆辙吗？

在这一点上，作者和这些质疑者没有分歧。中国的确不应该搞超前的高福利、高负债，决不能重蹈某些南欧国家的覆辙，也不应当模仿美国的负债消费模式。不过，中国面临的问题，与上述国家完全不同。这里不妨把希腊、葡萄牙、西班牙等三个近来面临严重债务危机的南欧国家以及2008年遭遇了严重金融危机的美国，与中国的几组数字做一个比较，见表7-2。

表7-2　中国与欧美高负债国家的几组数字比较（2008年）

国家	住户消费/GDP（%）	资本形成/GDP（%）	净出口/GDP（%）
希腊	71	26	-23
葡萄牙	65	22	-7
西班牙	57	31	-7
美国	70	20	-6
中国	37	43	7

资料来源：世界银行，2010a。

表中可以看得很清楚，上述这些债务危机国家基本上都是高消费、低储蓄的国家，而中国的情况恰恰相反。希腊和美国的居民住户

消费占GDP比重超过了70%，中国只有37%（2010和2011年进一步下降到35%以下），差不多只有这两个国家的一半。葡萄牙和西班牙的住户消费比重低于美国和希腊，但它们有大量公共福利支出没有计算在住户消费中。

同时，上述欧美国家的资本形成仅仅超过GDP的20%，而中国高达43%（2011年进一步上升到49%）。上述欧美国家都是贸易逆差国，逆差占到GDP的6%—23%，而中国是贸易顺差国，顺差在2008年占到GDP的7%。近几年虽然比重下降了，但仍然保持了相当的贸易顺差。

相比之下，中国目前比上述国家的宏观经济情况要好很多。但这不能掩盖一个事实，即上述这些国家存在过度消费，而中国面临的问题恰恰是消费不足和储蓄过度。这些问题导致了我国经济过度依赖出口和政府投资的拉动，已经导致了内需不足、产能过剩、投资大量浪费、外汇储备越来越多并且超出了合理界限。这种结构性失衡，如果不能及时纠正，将会对中国未来的经济发展提出越来越严重的挑战。

在本书第三章中，作者已经对此进行了专门分析。更大的问题在于，中国虽然已经成为中等收入国家，但还有大量人口仍然停留在低收入或贫困状态，他们的医疗和教育条件不足，居住和其他生活条件较差，缺乏最基本的公共服务。这种情况亟待改变。我们需要的并不是超前的高消费，而是让全体人民能够共享发展的成果，都能够得到最基本的生活保障和起码的公共医疗、教育等服务。公共服务只为一部分人服务，而把另外很多人排除在外的情况，必须改变。

在本书的第二章第五节和第五章第五节中，作者着重分析了我国在公共服务方面的几个薄弱环节：农村居民仍然存在大量因为教育不足和因为健康原因（长期患病、残疾、年老丧失劳动能力）导致贫困的状况；医疗和教育方面的公共资源在农村和城市之间，以及在不同地区之间分配严重不均；农村和一些地区必要的医疗和教育投入不足。这些无疑也是导致过大收入差距的重要原因。

如何解决这些问题？以下提出一些设想。

一、改善政府支出结构，扩大公共服务

教育是国家的未来。因为教育决定国民的素质，决定一个国家的创新能力和技术进步速度，而且影响整个社会的精神面貌。中国未来长期发展的状况如何，最重要的决定因素是其人力资本状况，而这取决于当前的教育规模和质量。这是投资建设多少高楼大厦和工厂设施都不能替代的。国内外很多研究都证明，对教育的投资是一项远期回报率非常高的长期投资。不过在一个相当长的时期里，这一点没有引起政府有关部门的足够重视。这体现在各级政府对固定资产投资的重视程度通常远超出对教育的重视程度。在1992—2010年期间，国家财政预算支出的教育经费增长了24倍，而财政预算支出的固定资产投资资金增长了41倍（国家统计局，2011a，2012d）。

中国近些年来虽然扩大了公共服务支出，但公共教育和医疗支出占GDP的比重在世界上仍然明显偏低。2011年，我国用于公共教育的财政支出占GDP的比重为3.4%，仍然比2009年全世界低收入国家这一支出的平均比重（3.7%）还低，与中等收入国家和高收入国家相差更远。我国用于医疗卫生的公共支出只占GDP的2.0%，低于全世界低收入国家平均水平（2.2%），更远低于中等收入国家和高收入国家。我国公共教育和医疗卫生支出占GDP的比重比低收入国家还低，但与此同时，我国政府支出中用于行政管理费的比重则大幅度超过许多国家，是发达国家的两倍多，比其他转轨国家高60%（见表7-3）。这笔超过国际通常水平的行政支出只要能够节约一小部分，就足够把

公共教育和医疗卫生支出占GDP的比重提高到中等收入国家的平均水平[①]。

表7-3 中国公共教育和医疗支出比重、行政管理费比重的国际比较

各类型国家	公共教育支出/GDP	公共医疗卫生支出/GDP	行政管理费/财政支出
低收入国家	3.7	2.2	—
中等收入国家	4.1	2.7	—
高收入国家	5.1	6.8	11.7a
转轨国家	—	—	15.4b
中国	3.4	2.0	24.5c

注:"—"表示无数据。a根据15个主要发达国家数据计算,b根据15个转轨国家数据计算,见本书第五章第五节,表5-11、5-12。c来自作者的估算,见本书第五章第五节。
资料来源:国家统计局,2012a;世界银行,2011b(2008—2009年数据);本书第五章。

很明显,扩大公共教育和医疗卫生支出,未必需要额外增加政府收入。当务之急是调整政府支出结构,压缩不必要的政府行政管理支出,特别是要压缩涉及腐败的过度"三公消费"和其他政府自身消费,打击腐败奢靡之风,精简机构,同时也需要压缩不合理的政府投资支出,改善政府采购、政府招标的管理办法,杜绝浪费和流失,把节约下来的资金用于改善全民教育和健康。

这涉及政府自身改革和政府职能转变这一根本问题。即将政府职能从围绕GDP服务、为投资服务、为政府自身服务,转向为公共服务的轨道。公共服务,应当成为政府的中心任务。

[①] 按更新过的国家统计局数据计算,2011年财政性教育支出为GDP的3.8%,2019年上升到4.1%,赶上了中等收入国家较早的平均水平。2011年政府的公共卫生支出为GDP的1.5%,2019年上升到1.8%,与国际水平比较仍然很低。改善明显的是社保基金支出已从GDP的3.8%上升到7.6%。——作者2021年注

二、缩小城乡间和地区间的公共服务差异

在本书第五章的表 5-9 中，作者计算了我国各省份 2010 年折合每个小学生的财政性教育经费（对大中小学生分别取了不同的权重）。北京最高，平均每个学生为 14 520 元，河南最低，只有 2 406 元，两者相差 6 倍。其他生均财政性教育经费特别高的省份，除了上海、天津等直辖市外，还有西藏、青海、内蒙古等几个少数民族集中的地区，生均都在 6 000 元以上。对少数民族地区教育的优惠政策是合理的，但同样是少数民族比较集中的广西和贵州，却只有 3 000 元左右。更低的是湖北、江西、安徽等几个中部省份，只有两千多元，与河南接近。

这种情况说明我国的教育资源分配，缺乏统一、明确、合理的标准，有很强的随机性，导致地区之间公共教育的资金状况苦乐不均。这种情况也发生在公共医疗卫生资源的分配上。特别是在城乡之间公共卫生费用的分配非常不均等（见本书第五章，表 5-10）。

要缩小这种不合理的差别，促进公共教育和医疗卫生服务的均等化，需要制定中央对地方财政转移支付的若干基本规则。转移支付的基本目标，是改善落后地区的公共服务、社会保障、基础设施条件和减贫能力。围绕这些目标，应当根据各地的经济发展程度和其他若干因素（例如，对少数民族地区的照顾应是因素之一，各地原有的教育条件、医疗卫生条件、基础设施条件、人口结构状况、贫困人口数量等等也应是考虑因素）制定一系列具体、透明、可量化的标准，使财政转移支付的数量、在各地区之间的分配、在各类公共服务用途上的分配有章可循，按照统一标准进行。这将对改善收入分配、缩小城乡差距、地区差距和不同人群之间的差距，发挥重要的作用。

上述规则的制定，不要求一步做到城乡之间、地区之间的公共服务均等化。在初始阶段，只要求缩小目前的人均公共服务水平的差距。但需要有一个时间表，经过若干年，伴随城乡差距和地区差距的缩小，实现城乡间和不同地区间的公共服务均等化。但公共服务均等化的进程，应该领先于城乡差距和地区差距缩小的程度，从而起到通过公共服务均等化来促进收入差距缩小的作用。

在制定上述规则的时候，还需要考虑到外来常住人口的问题。一些地区有大量外来人口和劳动力流入，长期在当地就业，对他们需要一视同仁地提供公共服务，并使他们能够在当地安家落户。这部分公共资源的需求应当在制定转移支付政策时考虑在内，当地政府也应当承担为外来人口提供公共服务的责任。而对人口和劳动力流出地区而言，只要这些人口的迁出是稳定的、长期的，就需要相应减除当地的公共服务支出。经过这样的调整，才能让公共服务在全国范围内逐步实现均等化，也有利于实现进城农民工的市民化。

第四节　改革教育体制，提升人力资本

一、改变教育的中心目标

我国的教育体制一直是一个宝塔型结构、"千军万马过独木桥"的应试教育体制：小学教育的目标是小升初，初中教育的目标是中考，高中教育的目标是高考。高考的竞争更加激烈，目的是获取上极少数名牌大学的机会，而争夺这样的机会是为了在毕业后得到高的社会地位。为了在这千军万马竞争的淘汰赛中取胜，最终把学生送上名

牌大学这个金字塔尖，中小学教师和家长都不惜对学生施加高压，牺牲学生的一切休息时间、课余兴趣爱好，甚至身心健康，把他们的青少年光阴全部投入于在题海中摸爬滚打，在灯光下苦读苦记，把学生训练成解题和背诵标准答案的考试机器。

与其他国家相比，我们的教育体制有一些长处，主要是中小学生的基础知识比较扎实牢固，特别是数学解题能力很强。但缺陷也是非常明显的：

其一，学校只教学生做题，不教学生做人；公民的基本德育教育被数理化挤占、被标语口号式的政治教育代替；教育忽视对学生的社会公德心的培养、价值观的确立、自立自强的人生理念的树立，忽视培养学生形成互相尊重、礼貌师长、友善待人的待人处事态度。尤其是近些年来在物欲横流、金钱至上、腐败盛行的意识侵蚀下，情况更趋严重，学校甚至成为传播这些庸俗理念的场所。一代人的精神面貌出现严重问题，对未来的社会发展构成了严重挑战。

其二，全力专注于课堂教材的应试教育限制了学生的自主精神和全面发展的空间，使学生丧失独立思考和探索能力，习惯于背诵标准答案和模仿已有先例；超量的作业挤占了学生休息、体育锻炼和发展个人兴趣爱好的时间。常常看到国内大学生在考试时有很强的竞争力，一旦到国外攻读学位、独立写论文时就茫然不知所措，与国外大学生的独立研究能力相差甚远。这样培养出来的人才，如何担负自主创新、推动未来中国科技发展和社会进步的历史责任？

其三，教育的目标从育人、育才演变为应试竞争，进行筛选淘汰，所学所考的内容是否符合社会需要就不重要了，重要的是必须用各种偏题怪题筛选出少数解题精英，而把大多数人挡在金字塔尖的下面。难怪目前一方面是企业严重缺乏适合需要的人才，另一方面是每年数百万大学毕业生难找工作。

在这样一个教育层级结构中，只有少数名牌大学的毕业生才被看作成功者，多数普通大学生和大专生实际上是被当作次一级的产品输入给社会的。而未能进入大学和普通高中者就更成了"不合格产品"。他们所学的东西都是为考大学服务的，不是就业技能，不能适应工作需要。而一旦被现行教育体制淘汰，他们就变得一无所长，十年寒窗所学的东西大部分都不再有用，只能以一个失败者和非熟练劳动者的身份进入劳动力市场。

职业教育本应是教育部门为社会培养有用人才的最重要的组成部分，但在现行教育体制下，职业教育被视为容纳从普通教育淘汰下来的失败者的场所。中等职校被认为低于普通高中，高等职业教育被教育部门列为"专科"，人为地给予一个低于"本科"学历的等级评定。这实际上对社会观念起了错误的引导作用，实际上把有职业技能的劳动者视为低人一等，只有那些学习成绩不佳、考普通高校无望者，和家境贫寒、无力支持其大学学业者，才会选择走这条路。这不但在社会观念上、在生源上把职业教育和普通教育做了高低之分，而且这种被淘汰的心理状态也非常不利于职校学生的学习和未来的健康发展。

因此，我国目前的教育结构存在严重的偏差。这种情况也对收入分配格局产生了非常不利的影响。一个突出的例子是近年来在全国范围内高等教育扩招幅度过大，而社会上对普通高校毕业生的需求量没有很大的增长，使高校毕业生就业难，报酬下降。相反，市场上对符合需要的中等职业教育毕业生需求持续旺盛，但不能满足需要。2011年，全国高校本、专科毕业生已经达到608万人，比10年前（2001年为104万人）增长了近5倍。同期，普通高中毕业生从341万人增长到788万人，增长了131%；而普通中专、职业高中和技工学校毕业生合计只从364万人增长到609万人,仅增长了67%①。

近来有报道称,大学生的平均工资已经降到低于农民工工资的水平。与此同时,符合市场需要的中等和高等职业教育不足,导致人力资源供应紧张,尽管报酬增长很快,企业还是找不到所需要的专业技术人员、管理人员和熟练工人、熟练服务人员。这已经成为制约企业发展和整体经济发展的一个瓶颈因素,同时也制约了就业和劳动者报酬的增长。

中国教育市场为什么出现如此严重的供求错位?究其原因,我们整个社会的教育理念和社会层级概念都已经远远落后于时代发展。在当今的发达国家,看不到体力劳动者和脑力劳动者之间社会地位有什么明显差距,看不到社会对蓝领阶层有什么歧视,也看不到白领阶层普遍自以为高人一等的愚蠢观念。哪个行业缺乏人才,就会成为高收入行业,成为人才汇集的场所。政府官员和大学教授一旦不被社会所需要,照样卖菜或当清洁工。

而在中国,延续了几千年的"万般皆下品,唯有读书高"仍然是主流观念;而读书的目的并非应用和自我完善,而是在一个"劳心者治人、劳力者治于人"的层级社会中爬到"治人"的地位。虽然大学生严重过剩,人人都仍然要考大学。政府招一个公务员,会有成百上

---

① 近些年来上述有些情况变得更加突出。2020年与2011年相比。高校毕业生增加了189万人,其中专科毕业生只增加48万人。普通高中的毕业生人数持平,中等职业学校毕业生反而减少175万人(从660万人降至485万人)。并非社会不需要职业教育,有不少行业对有专业技能的劳动者需求旺盛但仍得不到满足。一个主要原因是教育部门对职业教育有严格的行政控制,职校大部分直属于教育部门,企业或民间机构根据需要办职业教育往往通不过审批;而教育部门远离生产第一线,对企业需要哪些专业人才、专业技能了解有限,也缺乏有针对性的师资和教材,导致人才供求错位。这说明教育行政化、官僚化对教育发展有严重阻碍,需要推进教育体制改革。下文所说的社会观念问题也是一个重要问题。——作者2021年注

千人蜂拥而至。尽管有专业技能的劳动者非常缺乏,但有些办在城市里的职业学校却乏人问津。这反映了"官本位"的复归。这种社会现状与改革开放的早期阶段相比,也是一个倒退。

解决上述问题,第一需要调整教育结构,重视、加强和改善职业教育,提高职业教育的质量,解决根据社会和市场需要培养人才的问题。在当前,对职业教育的重视应当超过普通教育,打破职教和普教间的高低划分。名牌高校可以设立高等职业教育学院,授予本科学位。现有的高等专科院校中教学质量高、社会评价好的,允许在满足一定条件后授予本科学位。中等职校可以开展评选活动,授予一批名牌职校称号,改变职业教育低人一等的观念。

第二,需要改变教育评价体系,把教育的基本目标从考试升学、进名牌大学、培养精英,转向为社会广泛培养各类需要的人才,全面提高广大受教育者的社会公德、基本素质、就业能力、解决实际问题的能力。培养尖端人才的精英教育有存在的必要,但这只是整个教育体系中的一个组成部分,绝不应当成为教育的中心目标。

第三,教育实行公办和民办两条腿走路,减少限制,杜绝歧视,积极鼓励民办教育,特别是鼓励多样化、多种形式办学,鼓励面向市场、面向实际需要的民办职业教育发展。

第四,转变教育理念要从教育部门做起,改变传统等级观念,扭转对有专业技能的劳动者的歧视和对职业教育的歧视,把培养满足社会需要,能够为社会做出贡献的劳动者作为教育部门光荣的使命。

第五,职业教育体系本身也需要改革。目前很多职业学校课程设置不符合社会需要,教师知识结构和教学内容老化、脱离实际,也是影响职业教育发展的关键障碍。职业教育要与社会实践相结合,学校要及时淘汰落伍过时的课程设置,强化师资的再教育,及时进行人才和课程更新,使教育能够面向实际需要。提倡教育部门与企业联合办学，允许企业办学，跟踪最新的产业技术发展，根据产业部门的实际需要培养专业技术人才。

通过这些调整，要使整个教育体系的整体效率迅速提高，活力增加，社会对人力资源的需要得到更大满足，受教育者的素质全面上升。

二、走出官本位和教育腐败

目前和分数竞争并驾齐驱的另一个竞争手段，是用"拼爹"代替"拼分"。一些被认为顶尖的中小学校，生源通常由四部分学生组成：就近生、高分生、"条子生"和"赞助生"。就近入学是教育部门的规定，但好学校有限，只能凭运气。选择部分高分学生和特长生是好学校的权利，只能拼分数、拼奥数或拼其他特长。接受权势人物送自己和亲朋好友的子女入学的"条子"是学校的无奈，但教育服从权力，不能不接受。以大笔赞助为条件接受学生是学校的筹资渠道，但也要与其他渠道的生源、特别是与"条子生"进行平衡。

据调查，北京市有些顶尖的中学，条子生占了一半，以致人满为患，一个年级扩充到几十个班。一个新的趋势是，写"条子"目前也成了一项高盈利的商业活动，只要有足够的权力，可以凭写"条子"大量收受钱财。这种权力干预教育带来的腐败，是对教育事业的严重破坏。

一个时期以来，教育部门采取了两项措施：（1）禁止学校接受赞助。（2）禁止办奥数班、搞奥数竞赛，竞争入学。这两项禁令本意可能是好的，旨在保证公共教育的公平性和大众性。不过，不去阻击肆无忌惮的教育腐败，不去开辟更多的教育机会，而是对分数竞赛和金钱竞赛展开堵截，事实上越发助长了权力竞赛和教育机会的不公平，使"条子"的通道越开越大，生意越来越好，腐败现象越来越严重。学校不收赞助的结果，是把赞助费的收费权让给了有权力写"条子"的人，本来还可以流向教育的资金现在流向了权势者的私人腰包。这些现象，教育部门决定政策的人士不可能不了解，但不知他们为何从未针对教育腐败制定政策，痛下杀手。

相比之下，凭竞赛、凭分数入学尽管带来了不少弊病，但毕竟择优录取还是相对公平的。最不公平的是"条子"；持"条子"的学生不必好好学习，可以凭一个"好爹"，挤进别人无法进入的好学校，并挤掉他人的受教育机会；写"条子"的人还可以凭借权力和影响大发其财。教育腐败的直接结果，是导致教育资源和受教育机会的不公平分配，把公共教育从促进社会公平的重要手段变成加剧社会不公平的重要因素。

教育领域的腐败现象，与教育部门的"官本位"直接相关。因为教师的评级、校长的升迁、学校的拨款，都控制在权力部门手中，而且对这些权力的使用缺乏监督，这给权力部门和权势者提供了大量的寻租行为。这说明，治理教育腐败，关键在于治理权力腐败，首先从主管教育的政府部门做起。

从教育体制方面看，走出教育腐败的重要一步，应该是改变教育的官本位，实行学校自治。现行教育主管部门对学校的管理方式，是政府部门行政层级管理方式的直接延伸。实际上是把学校当作政府教育部门的下级行政单位或从属机构来管理的。这与改革前国有企业的情况非常类似。在计划经济体制下，国有企业被当作政府主管部门的下级机构来管理，从企业的生产任务、人事任命直到财务收支，无一不是由政府来决定。这扼杀了企业的主动性，造成了计划经济时期国有企业的低效率和发展停滞。

国有企业改革是从扩大企业自主权开始的。在改革中，政府逐步退出了对企业的直接行政管理。一些经营不善的国有企业破产倒闭或者完全改制了，一些企业实行了股份化、产权多元化的改造，仍存的国有企业实行了自负盈亏，与众多的私营企业、外资企业一起参与市场竞争，而政府则主要是对企业的绩效进行考核，不再干预企业的具体管理。现在看来，这些改革是有效的，尽管现存的国有企业仍然存在若干体制方面的问题，但总体而言竞争力增强了，实力壮大了，效益提高了。

与产业部门的国有企业相比，公立学校有自己的特点。它们承担社会职责，某种程度上提供的是公共产品，并非经营性企业。但它们也有不少与企业相似的地方。例如，它们既有投入也有产出，有效率高下之分；它们互相之间存在事实上的竞争关系；它们在合理的制度下可以充分发挥主动精神，把教育办得有声有色，而在不适当的制度条件下也可能故步自封、消极被动、不思进取。

纵观国际上许多成功的教育经验，公立学校完全可以摆脱现行的官本位模式，实行更大程度的自治；完全可以以教育专家治校代替政府官员治校；完全可以各具不同理念和特色，探索不同的教育发展道路，而不必千篇一律地按照同一个官定教学模式进行运作。扩大公立教育的自主权，将不仅是摆脱教育腐败的出路，也是改善和振兴教育的出路所在。

三、实现公平和有效的教育

要走出现行教育体制的困境，需要进行一系列的变革。

其一，扩大公立学校的自主权，实行专家治校，多样化办学。教育方针和教学标准的制定，应当逐步由政府部门移交给专业的学校自治联合体。公办教育实行自治，并不等于对公办教育放任自流。由于其担负社会职责，提供公共产品，因此需要有约束和监督制度，防止其腐败、损公肥私和过度商业化等不良倾向。但政府要从行政性管理转向进行监督、指导，同时政府管理方式和教育管理理念也必须改革。

其二，要改变现行教育体系的评价标准和激励机制。普通中小学从以升学率为中心的教育评价标准，和围绕提高升学率的教学体系，应当转向以培养青少年知识水平和广度，解决问题能力、动手能力和创新能力，道德水平、身体素质等多方面综合发展为尺度的评价标准和教学体系。职业教育还应当把是否满足社会对人才的需要放在首位。这些首先需要政府教育部门做出努力，并在全社会倡导和推进这样的改变。在当前情况下，能力培养应该放在更重要的位置上。

其三，实行公办教育和民办教育双轨制，在发展公办教育、实现基本教育服务的普及的同时，积极鼓励、大力提倡公益导向和市场导向的民办教育，消除歧视、减少限制、降低门槛、一视同仁，为它们创造更好的发展条件。只有民办教育发展了，才能在竞争中也促进公办教育的健康发展。

其四，需要大力改善和扩大适应人力资源市场需要的职业教育，政府在财力方面给予更大的支持，扭转重普通教育、轻职业教育的倾向，形成职业教育和普通教育并重的格局。针对当前的情况，职业教育还应当排在更加重要的位置上。并通过积极的宣传教育引导社会公众改变传统社会地位观念和价值标准，更加注重宣传高素质劳动者中的成功者。

以上诸方面，可以简单概括为四个转向：从官本位教育转向学本位自主教育；从单纯追求升学率的应试教育转向重能力培养、重全面发展的综合教育；从重公办教育转向公办和民办教育并重；从重普通教育转向职业教育和普通教育并重，强调满足社会需要。

最后，关于教育的社会观念改变，还有赖于整个社会主流观念的改变，特别有赖于政府管理体制改革和政府职能转变，从官本位的政府转向为社会公众服务的政府，从权力为中心的社会转向公平竞争的市场经济和权利平等的公民社会。没有这方面的变革，教育体制转型的难度会非常大。

第五节　同舟共济，和谐发展，共同富裕

中国距离建立一个收入公平分配的和谐社会还有很远的路要走，在一些方面还面临重重障碍。不推进体制改革，不消除这些制度障碍，很难实现这一目标。但在怎样认识收入分配状况与经济、政治、社会体制的关系，如何改革不合理的体制，需要建立一个怎样的收入分配模式等方面，目前远远没有形成社会共识，而且在很多方面存在严重分歧和激烈争论。因此有必要对这些更基本的问题做一些简单的梳理和澄清。

一、中国需要什么样的经济体制来保证公平分配

争论的一个焦点，是怎样判断收入差距过大的原因，以及与之相关的，怎样建立一个公平分配的体制。目前关于我国收入差距过大的判断得到绝大多数人的认同。很少数否认的声音也不再具有号召力。但关于导致收入差距过大的原因分析，和如何应对的主张，却南辕北辙，十分混乱。

一种极端的观点，把收入差距过大整个归咎于市场化改革。他们

以此根本否定改革开放，否定市场经济，主张倒退回旧的计划经济体制，恢复斯大林模式的中央集权、国有企业垄断经济的所谓"社会主义"。持这种观点的中坚分子思想停留在几十年前的传统意识形态理念，闭眼不看历史事实和世界大势。他们无视改革以前经济发展缓慢、效率低下、人民生活水平长期得不到改善、大量人口处于贫困状态这些基本事实，否认在旧体制下"反右""人民公社""大跃进"和"文革"等政治运动一再导致重大社会灾难和经济倒退的历史事实，以歪曲历史的手法误导公众舆论。

但他们激烈反对收入差距扩大的态度确实赢得了一些不明真相者的支持。加上对于历史上的计划经济体制、特别是"大跃进"和"人民公社"时期的错误，没有进行认真清算，许多历史真相没有公之于众，使这类观点颇有一定的迷惑力。

更主要的一个原因，是市场化改革以来，某些地区政治体制改革严重滞后，历史沿袭下来的行政管理体制漏洞百出，权力缺乏监督，导致官商勾结、腐败泛滥、收入分配严重不公，引起广大群众不满，使否定市场化改革的上述观点获得了似是而非的论据支持，给他们提供了市场。

另一种极端观点主张，市场经济就是优胜劣汰，自然会导致收入差距扩大，因此收入分配严重不均的状况既不需要改变也不应该改变。这种观点的持有者常常就是不合理收入分配的既得利益者，生怕改变现状会使他们丢失既得利益。而这些人的既得利益恰恰不是通过公平的市场竞争得到的，而是钱权交易、巧取豪夺的产物。他们打着市场经济的招牌，实际主张的是权贵资本主义。他们的观点是过时的社会达尔文主义，主张穷人是市场上的失败者，所以应该受穷；救助弱势群体、搞社会福利和再分配都会影响市场，不应该搞。

他们的观点同样远离社会现实，因为他们主张的"纯粹"私有化和"纯粹"自由放任的市场经济,是当今世界上根本不存在的。现代的发达市场国家奉行的,早已不是他们所主张的丛林法则,而是更公平、更人性化的市场经济。现代市场经济理论中的优胜劣汰,讲的是通过市场竞争促进提高效率、淘汰落后产业和落后企业,实现资源的有效重新配置,而绝不是社会领域的弱肉强食,任富人富可敌国,任穷人自生自灭。但是因为这些人常常打着维护市场竞争原则的旗号,他们的主张也经常能够迷惑一些人,特别是一些对现代市场经济理论和实践一知半解的人。

事实上,以上这两种貌似水火不容的极端观点,却有若干共同之处。他们都趋向于把收入差距扩大的原因归于市场经济体制,却对造成收入差距无限扩大的真正原因视而不见:腐败、钱权交易、市场垄断、既得利益集团的暗箱操作等等。这些都不是市场经济本身的特征,而主要是不受约束的权力与资本结合的产物,是对公平竞争的市场原则的破坏。这些现象是在政治体制改革不到位、没有在制度上形成对权力的有效约束的情况下,频繁发生的现象。

这两种极端观点实际上都在维护某些权贵集团的利益,只是一种打着"社会主义"旗号,而另一种打着资本主义旗号。前者主张的,是不但取消市场经济,也取消公众的民主权利,主张由政府精英主导经济、主导社会、主导思想和文化的"权贵社会主义"。因此他们不仅反对市场竞争,而且对一切主张民主、法治、公民权利的观点视为仇敌。后者主张的,是权力与资本结合的"权贵资本主义"。他们要的不是公平竞争的市场规则,而是要权力垄断市场的结果,赢家通吃,输者无缘。

以上两种极端思潮,在当代中国都应该受到公众唾弃。中国需要市场经济,因为迄今为止还没有任何一种非市场的经济体制能够持续地推动经济发展、社会进步和大众福利的改善。过去所有中央集权计划经济国家的实践，都证明达不到这一目的。而当代发达国家的发展历程和中国改革以来的实践，都证明了市场经济体制的活力和有效性。

但市场本身并不是完美无缺的，更不是万能的。市场在涉及公共产品、外部性和天然垄断性领域，都会出现失灵，在这些领域需要合理的政府干预。市场无法自发缩小收入分配差距，这要靠税收制度、社会保障、公共福利和转移支付制度来解决。市场也无法抵制不适当的政府干预和权力渗透，这要靠法治建设及合理的政治和社会制度来解决。

发达国家在20世纪的发展，很大程度上改变了早期资本主义弱肉强食、适者生存的那一套规则，吸收了当代社会主义思潮中的合理成分，把法制建设、人文主义理念和社会公平原则融入了其制度建设，并通过税收、社会保障、公共福利、转移支付制度和反垄断立法，限制了市场的负面因素，因而大大减少了社会冲突，缩小了收入差距。这是市场经济国家在20世纪实现的制度转型。

实践证明，这些制度建设并没有与市场经济体制互相冲突，反而保障了社会和经济的和谐发展，因此也保障了基本市场机制的有效运行。尽管当代发达国家也都面临着种种问题，各国之间还存在着不同模式和不同理念的差别，它们的制度框架也还各自存在着许多缺陷，但确定无疑的是，它们早已摆脱了早期资本主义那种尖锐的阶级冲突，把社会引上了相对和谐、有利于发展的道路。

在这些发达国家中，即使政治理念最"右"的美国也并没有否定20世纪自罗斯福新政开始建设的社会福利和保障、转移支付、累进所得税等制度和政策。美国这些方面的制度仍然比中国目前更加健全。发达国家中政治理念最"左"的北欧国家，也并没有否定市场经济，市场机制仍然是它们的基本经济制度，只是加上了力度很强的转移支付和社会福利。这些不同模式的国家在对权力的监督方面，也各自有很多值得参考的地方。

从世界历史和人类文明的宝贵经验中，可以借鉴的是，中国需要公平竞争的、有合理规则的现代市场，而不是被权贵把持的、垄断的、弱肉强食的市场。在需要市场经济体制的同时，还需要一整套维护市场公平竞争的制度，和以人为本的、弥补市场缺陷、保证社会和谐发展的法律制度和政府管理体制。

二、中国需要什么样的社会福利制度来适应市场体制

当前另一个有激烈争论的问题，是关于中国未来的社会福利制度。一种观点认为，中国不应该建立一套完整的社会福利制度。理由之一，是高福利带来低效率，而且目前一些欧洲高福利国家的债务危机应该成为中国的前车之鉴。理由之二，是中国经济发展水平仍低，负担不起这样的高福利。理由之三，是超过了我国目前的财政承受能力，除非大幅度增税，否则不可能实现。

这些观点有合理的成分，但也有片面之处。

首先，欧债危机并没有发生在大多数欧洲国家，而是主要局限在希腊、葡萄牙和西班牙等少数南欧国家。看来这些南欧国家的福利水平超过了其经济发展程度可承受的范围，而其他欧洲国家只是因为互相间紧密的经济联系，在不同程度上受到了上述国家的影响，正如2008年美国发生的金融危机影响了所有发达国家一样。

尽管欧洲国家的福利水平是否普遍过高，是一个值得继续讨论的问题，但以欧债为由一概否定整个欧洲国家的福利制度也是不客观的。实际上尽管美国的社会福利水平低于欧洲国家，但负债消费的程度远甚于后者。美国的债务负担早已超过了其国力可负担的范围，只是由于美元作为国际货币的特殊地位，使其可以通过一而再，再而三

的"量化宽松"政策向别国转移负担，减轻自己的包袱。

其次，中国确实无法承受目前欧洲国家那样的高福利，绝不应该不顾国情去学欧洲的高福利体系；而且今后也应该随时警惕，党和政府都不应该为了取悦公众的短期目的而作出超过社会承受能力的高福利许诺。但我们现在面临的完全是另一类问题，即要不要普及最基本的社会保障和福利，该不该在一部分人享受社会福利的同时，把另一部分人排除在社会福利体系之外；而不是要把福利搞到多高的问题。本书第五章最后一节和第七章的前面几节，分析了我国社会保障和公共服务体系目前面临的问题，其关键是社会保障覆盖不全，存在系统性的遗漏；公共服务的提供不均等，厚此薄彼。这进一步扩大了本来就很大的收入差距，导致了社会不公平和不稳定。

其三，我国目前在公共教育和医疗卫生方面的公共财政支出，按占GDP的比重衡量，不仅仍然低于世界上中等收入国家的平均水平，而且也略低于低收入国家的平均水平（见本章第三节）。按我国的财政能力而言，公共福利支出不是太多，而是太少。公共财政中支出过多的是行政管理费用，其中最突出的是机构庞大臃肿造成的巨大支出，和掩盖在行政管理费及其他费用项下的各级党政机关自身消费（"三公消费"是其中突出的部分），以及由于缺乏有效监督管理而流失和浪费掉的公共投资、政府采购等支出。要把教育和医疗卫生支出占GDP的比重各提高一个百分点，只要把财政支出中的无效支出部分压缩两个百分点（占GDP比重），就完全可以覆盖，无负任何增税措施。

因此，作为一个中等收入国家，中国目前需要建设的是一个保障和福利水平相对较低，但平等地覆盖全民的基本社会保障和福利体系。实现耕有其田、居有其屋、劳有所得、学有所教、病有所医、老有所养，这是中国人世世代代追求的公平社会理想，但在以往的经济发展水平和社会制度条件下是无法实现的美好愿望,但经过近几十年发展和改革所积累的条件,已经成为一个近在咫尺的目标。这应该是一个全社会共同为之奋斗,并在今后十年中全面实现的目标。

三、一个和谐社会的基本轮廓

一个有活力、有效率、经济迅速发展,同时保持收入分配公平、人际关系和谐的社会,应当是一个——

以市场经济为基本制度的社会;

保护公平竞争、限制垄断的社会;

政府廉洁高效、积极为社会服务,但不过度干预经济活动的社会;

把收入差距保持在合理范围之内的社会;

全体公民能够享受基本社会保障和医疗教育住房等基本公共服务的社会;

保护公民基本权利的社会;

在法律面前人人平等的社会;

公民能够通过民主途径对政府进行监督的社会;

能够最大限度实现全民利益协调一致、分享发展成果、共同富裕的社会;

以公众的最大福利和社会成员发展为基本目标的社会。

改革开放以来,中国在一些方面距离这样一个社会更接近了,但在另一些方面进展仍不理想,距离仍然遥远,在某些方面出现了相当严重的情况。要建立一个繁荣、富裕、公平、和谐的社会,需要继续推进体制改革,兴利除弊,消除制度障碍;需要凝聚全民共识,共同奋斗,同舟共济,和谐发展。

资料来源

［1］ 安格斯·麦迪森.世界经济千年史［M］.伍晓鹰,等译.北京:北京大学出版社,2003.

［2］ 安格斯·麦迪森.中国经济的长期表现:公元960—2030年［M］.伍晓鹰,马德斌,译.上海:上海人民出版社,2008.

［3］ 北京市统计局.北京市2011年国民经济和社会发展统计公报［EB］.北京市统计局网页,2012.

［4］ 蔡昉.中国流动人口问题［M］.北京:社会科学文献出版社,2007.

［5］ 财政部,2012a.关于2011年中央和地方预算执行情况与2012年中央和地方预算草案的报告［EB］.财政部网页,2021.

［6］ 财政部,2012b.2011年全国政府性基金支出决算表［EB/OL］.财政部网页,2012.

［7］ 第二次全国残疾人抽样调查领导小组,国家统计局.第二次全国残疾人抽样调查主要数据公报［EB］.新华网,2006年12月1日.

［8］ 樊纲,王小鲁.中国市场化指数:各地区市场化相对进程报告(2000年)［M］.北京:经济科学出版社,2001.

［9］ 樊纲,王小鲁,朱恒鹏.中国市场化指数:各地区市场化相对进程报告(2001年)［M］.北京:经济科学出版社,2003.

［10］ 樊纲,王小鲁,朱恒鹏.中国市场化指数:各地区市场化相对进程

2004年报告［M］.北京：经济科学出版社，2004.

［11］ 樊纲，王小鲁，张泓骏.劳动力转移对地区收入差距影响的实证分析［A］.载于中国经济改革研究基金会，中国经济体制改革研究会联合专家组.收入分配与公共政策［M］.上海：上海远东出版社，2005.

［12］ 韩俊.农村医疗卫生政策对农村贫困的影响评估［R］.中国发展研究基金会《中国发展报告2007》背景报告，2007.

［13］ 工信部，统计局，发改委，财政部.关于印发中小企业划型标准规定的通知［EB］.工信部网址，2011.

［14］ 国家统计局，历年a.中国统计年鉴［M］.北京：中国统计出版社.

［15］ 国家统计局，历年b.中国经济景气月报［J］.国家统计局.

［16］ 国家统计局，2008b.中国资金流量表历史资料1992—2004［M］.北京：中国统计出版社，2008.

［17］ 国家统计局，2009b.新中国六十年统计资料汇编1949—2008［M］.北京：中国统计出版社，2009.

［18］ 国家统计局，2009c.中国统计摘要［M］.北京：中国统计出版社，2009.

［19］ 国家统计局，2012b.中华人民共和国2011年国民经济和社会发展统计公报［EB］.国家统计局网页，2012.

［20］ 国家统计局，2012c.2011年我国农民工调查监测报告［EB］.国家统计局网页，2012.

［21］ 国家统计局，2012d.中国统计摘要［M］.北京：中国统计出版社，2012.

［22］ 国家统计局农村司.中国农村住户调查年鉴2005［M］.北京：中国统计出版社，2005.

［23］ 国家统计局农村司.中国农村贫困监测报告2006［M］.北京：中国统计出版社，2006.

［24］ 自然资源部.中国国土资源统计年鉴2010［M］.北京：地质出版社，2011.

［25］ 自然资源部.2011年国土资源公报发布［EB］.国土资源部网页，2012.

［26］ 自然资源部土地利用管理司.中国城市地价动态监测［EB］.自然资源部网页，2012.

［27］ 国务院第二次全国经济普查领导小组办公室，国家统计局.第二次全国经济普查主要数据公报（第二号）［EB］.国家统计局网页，2009.

［28］ 国务院新闻办公室.中国农村扶贫开发的新进展［EB］.中国政府网，2011.

［29］ 李实，罗楚亮.中国收入差距究竟有多大？［J］.经济研究，2011（4）.

［30］ 马克思.资本论（第一卷）［M］.中共中央马恩列斯著作编译局，译.北京：人民出版社，1975.

［31］ 马克思.资本论（第三卷），［M］.中共中央马恩列斯著作编译局，译.北京：人民出版社，1975.

［32］ 美国公共广播公司.Commanding Heights［EB］.（2000-06-15）［2010-01-02］.http：//www.pbs.org/wgbh/commandingheights/shared/minitextlo/int_jeffreysachs.html#17.

［33］ 民政部.民政部统计数据［DB/OL］.民政部网页，2012.

［34］ 凯恩斯.就业利息与货币通论［M］.徐毓枬，译.北京：商务印书馆，1977：29-32，98-100.

［35］ 人力资源和社会保障部.2010年度人力资源和社会保障事业发展统计公报［EB］.人社部网页，2011.

［36］ 人力资源和社会保障部.人力资源和社会保障部2011年第四季度新闻发布会实录［EB］.人社部网页，2012.

［37］ 曲玥.大规模投资维持的增长速度：产能过剩研究［A］//蔡昉，主编.中国人口与劳动问题报告No.13：人口转变与中国经济再平衡

[M]．北京：社会科学文献出版社，2012．

[38] 世界银行，历年（a）．世界发展报告［M］北京：清华大学出版社．

[39] 世界银行，2008b．世界发展指标［M］．中国财政经济出版社，译．北京：中国财政经济出版社，2008．

[40] 世界银行，2011b．世界发展指标［M］．中国财政经济出版社，译．北京：中国财政经济出版社，2011．

[41] 王小鲁．灰色收入与国民收入分配［J］．比较，2010（48），北京：中信出版社．

[42] 王小鲁．灰色收入与居民收入差距［J］．比较，2007（31）．北京：中信出版社．

[43] 王小鲁，樊纲，刘鹏．中国企业经营环境调查报告（2007）［A］//李兰，主编．2008中国企业宏观环境［M］．北京：机械工业出版社，2008．

[44] 王小鲁，樊纲．中国收入分配差距的变动趋势和影响因素［A］//中国经济改革研究基金会，中国经济体制改革研究会联合专家组．收入分配与公共政策［M］．上海：上海远东出版社，2005．

[45] 王小鲁，夏小林．优化城市规模，推动经济增长［J］．经济研究，1999（9）．

[46] 王小强，白南风．富饶的贫困［M］．四川：四川人民出版社，1986．

[47] 王志浩（Green，Stephen）．中国——暖钱，炎钱，烫钱［EB］．渣打银行近期动态（电子刊物），2011.12.29．

[48] 卫计委．2010中国卫生统计年鉴［EB］．卫计委网页，2011．

[49] 卫计委．2011年我国卫生事业发展统计公报［EB］．卫计委网页，2012．

[50] 卫计委统计信息中心．中国卫生服务调查研究——第三次国家卫生服务调查分析报告［M］．北京：中国协和医科大学出版社，2004．

［51］ 兴业银行，胡润研究院.2012中国高净值人群消费需求白皮书［EB］.胡润百富网，2012.

［52］ 杨宇立.中外政府行政管理成本比较［J］.社会科学，2011（11）.

［53］ 中国残疾人联合会扶贫处.中国贫困残疾人状况［EB］.中国残疾人联合会网页，1998.

［54］ 中国发展研究基金会.中国发展报告2007：在发展中消除贫困［M］.主报告作者：王小鲁，李实，汪三贵.北京：中国发展出版社，2007.

［55］ 中评网.中央查处百亿招投标违规，涉京沪高铁西气东输［EB］.中评网，（2011-03-31）［2011-04-01］.http：//www.chinareviewnews.com.

［56］ 住房和城乡建设部计划财务与外事司.中国城乡建设统计年鉴［M］.北京：中国计划出版社，2009.

［57］ Barro，R. and X. Sala-i-Martin，1995. *Economic Growth*［M］. McGraw-Hill，Inc.19–22.

［58］ Bourguignon，François，2003. The Poverty-Growth-Inequality Triangle［A］. paper prepared for a Conference on Poverty，Inequality and Growth，Agence Française de Développement /EU Development Network，Paris，November 13.

［59］ Galor，Oded and J. Zeira，1993. Income Distribution and Macroeconomics［J］. *Review of Economic Studies*，60：35–52

［60］ EBRD（European Bank for Reconstruction and Development），1999，*Transition Report*，London.

［61］ Lewis，W. A.，1954. Economic Development with Unlimited Supplies of Labor［A］. Manchester School of Economic and Social Studies，XXII，May，139–91.

［62］ Kuznets，Simon，1955. Economic Growth and Income Inequality［J］. *American Economic Review*，Vol. 45，No. 1，1–28.

[63] Kamps, Christophe, 2004. New Estimates of Government Net Capital Stocks for 22 OECD countries, 1960-2001 [J]. IMF Working Paper 04/67, Washington, DC.

[64] Park, Albert, Sangui Wang and Guobao Wu, 2002. Regional Poverty Targeting in China [J]. *Journal of Public Economics*, 86：123-153.

[65] Ranis, G, and J. C. Fei, 1961. A theory of Economic Development [J]. *American Economic Review*, Sept. 1961, 51, 533-58.

[66] U.S. Department of Commerce, Bureau of the Census, 1975. Historical Statistics of the United States：Colonial Times to 1970 [J]. Bicentennial Edition, Part 1, 126, 226.

[67] Wang, Xiaolu, 1997, *What Contributed to China's Rapid Rural Industrial Growth During the Reform Period?* [D]. The Australian National University.

[68] World Bank, 2000. *World Development Report 2000/2001*: *Attacking poverty* [M]. the World Bank publication, Washingtong, DC.

[69] World Bank, 2003. *China Country Economic Memorandum*: *Promoting Growth with Equity* [M]. the World Bank publication, Washingtong, DC.

[70] World Bank, 2005. *A Better Investment Climate for Everyone*: *World Development Report 2005* [M]. the World Bank publication, Oxford University Press.

[71] WIDER (World Institute of Development Economics Research, United Nations University), World Income Inequality Database [DB/OL]. WIDER website accessed 2005.

第一版后记

在本书第一版完稿之际,离 2013 年的新年钟声敲响还有 20 个小时。

在过去的三十多年里,中国发生了翻天覆地的变化,从一个低收入国家变成了中等收入国家,许多人的生活彻底改变了,老百姓的收入和生活水平大幅度提高。这些都值得大书特书。然而更加值得关注的是,还有多少普通百姓的希望和诉求没有得到满足,还有多少不公平有待铲除,有多少障碍等待跨越,有多少危险需要排除。

在即将过去的 2012 年里,发生了许多事情。在新一年的关口,我们看到了少说空话、多做实事的新希望,改善收入分配、提高居民消费的新迹象。最令人期盼的,是打击腐败、推进改革、提高执政透明度的政策取向。

回顾中国走过的历程,我们看到,驱动中国前进的最大动力,不是对已经取得的成就的满足,而是全体中国人民对未来的期待,对美好社会的向往,对实现更高目标的孜孜不倦的追求,对跨越障碍的信心和勇气。正是这种精神,推动我们一次又一次从民族的挫折中爬起来、走下去,在现代化的道路上不停歇地追赶和超越,不惧艰险,不丧失信心,脚踏实地,一步一步实现中华民族复兴的伟大理想。

站在年关看未来,希望 2013 年成为推动改革之年,实干兴邦之年,结构改善之年,协调发展之年,民生取得实质进步之年。更希望这些成为推进中国长远发展和社会进步的新起点。